신극범 교육 단상

− 교육현장을 평생 지켜온 교육가의 희망 −

효석 신극범 (曉石 愼克範)

1932년 충남 논산에서 태어나 연세대학교 영문과를 졸업하고 서울대 교육대학원을 거쳐
미국 미시간주립대학교에서 철학박사 학위를 받았다. 1957년 교사 생활을 시작으로 OEC
교육관, 한국교육개발원 수석연구원, 한양대 사범대 교수 및 학장 그리고 대통령교육문화수
석을 거쳐 한국교원대학교 제3대, 제4대 총장을 연임하고 이어서 광주대학교 총장과 대전대
학교 총장까지 총 15년 간 대학 운영에 전념하였다.

한국교육학회장, 한국학술단체총연합회장, 교육부 중앙교육심의회 위원장, 한국사립대학교
총장협의회장 등을 역임한 뒤 현재는 한국교원대학교 명예교수로 있다.

이와 같이 교육학자 및 교육행정가로서 교육 발전에 쌓은 공로를 인정받아 황조근정훈장과
국민훈장 무궁화장을 수훈했다. 또한 모교인 대전고등학교로부터 자랑스런 대능인상, 연세
대로부터 연세를 빛낸 동문상, 미시간주립대로부터 자랑스런 동문상을 받았다.

신극범 교육 단상
-교육현장을 평생 지켜온 교육가의 희망-

초판 인쇄 2023년 12월 1일
초판 발행 2023년 12월 8일

지 은 이 신극범
펴 낸 이 박찬익
편 집 장 권효진
책임편집 정봉선

펴 낸 곳 **박이정**
주   소 경기도 하남시 조정대로45 미사센텀비즈 8층 F827호
전   화 031-792-1195 팩스 02-928-4683
홈페이지 www.pijbook.com
이 메 일 pijbook@naver.com
등   록 2014년 8월 22일 제2020-000029호

ISBN 979-11-5848-916-8(03370)

* 값 22,000원

신극범
교육단상

신극범

교육현장을 평생 지켜온 | 교육가의 희망

박이정

필자는 인생드라마 속에서 교육자의 배역을 맡아 열과 성을 다했다. 하지만 부족함도 적지 않았다. 그래서 세상에 미안한 생각이 드는 한편, 나를 그간 너그럽게 대해준 세상이 고맙게 느껴진다.

세상에는 이상이 있고 현실이 있다. 교육자는 이상을 추구하는 편이다. 현실과 이상 사이에는 괴리가 따르기 마련이다. 이 괴리 때문에 교육자는 가끔 현실주의자들로부터 원망을 듣기도 하고 때로는 멸시의 대상이 되기도 한다. 그렇다고 교육이 당위의 세계인 대의(大義)와 이상을 버리고 소의(小義)와 현실만을 추구할 수 없다. 그러면 사회의 발전이나 역사의 발전은 기대할 수 없기 때문이다. 정직하면 손해를 보더라도 정직하라고 교육자는 가르쳐야 한다. 진리와 정의를 수호할 의무가 교육에 있기 때문이다.

인생의 가장 큰 사명은 다름 아니다. 세상이 각자에게 맡긴 역할, 즉 자기 위치에서 해야 할 일에 최선을 다하는 것이다. 모든 사람들이 그렇게 하도록 준비를 시키는 것이 교육자의 사명이다. 일찍이 성현들은 우리에게 사람의 도리를 가르쳐 주었다. 교육은 사랑과 믿음에 바탕을 두어야 한다. 교육은 각기 다른 개개인의 인성과 덕성을 일깨워 주고 가르치고 길러줌으로써 인간이 최대의 행복한 삶을 향유하게 하는 원동력이다. 그러므로 교육은 모든 인간에게 고루 부여된 권리이자 희망이어야 한다.

이 책은 이러한 교육관을 가진 필자가 한평생을 교육이라는 화두에 매달려 살아오는 과정에서 발표한 글들을 일부 정리해 놓은 것이다.

제1부는 "교육만이 희망이다"라는 주제로 정리한 필자의 교육 단상들을 모은 것이다. 제2부는 출간, 인쇄물을 통해 만난 사람들과의 사귐에서 얻은 의미를 소중히 여겨 정리한 것이다. 그리고 제3부는 교육 현장에서 이·취임하는 이들에 대해, 제4부는 인생의 길에서 만나 축하를 받은 인사들에 관하여, 그리고 마지막 제5부는 필자가 교육 현장에서 행한 강연을 모은 것이다. 이들 대부분의 글은 필자와의 가까운 인연으로 요청을 받아 쓴 글이라 필자의 교육관이 직간접적으로 담겨 있는 것들이다.

이 책의 글들이 비록 거칠고 짧은 교육에 대한 단상과 걱정과 희망을 표한 것들이라 서로의 생각이 조금은 다를 수 있지만, 모쪼록 교육에 대한 생각을 함께 함으로써 좀 더 좋은 교육의 이상을 끌어오는 기회가 되기를 소망한다.

끝으로 이 책 편집과 제본에 정성을 다한 사장님과 편집장 및 틈틈이 글을 다듬어준 신헌재 교수에게 고마움을 전한다.

2023년 11월
저자 신극범

1998년 2월에 저는 한국교원대학교 졸업식장에서 당시 졸업생 축하 인사와 함께 정년 퇴임사를 겸한 강연을 한 적이 있습니다. 이 축하 및 정년 퇴임사에는 제가 그동안 교육자로서 살아온 삶의 단편과 함께 제 교육철학의 요체이기도 한 '교육정도'를 향한 비전이 제시되어 있기에 이 책의 서두에 올립니다.

"교육 정도(教育正道)의 구현(具現)을 위하여"
(졸업 축하 및 정년 퇴임사)

오늘 1997학년도 한국교원대학교 학위수여식에서 졸업생 여러분의 형설의 공을 치하하고 겸하여 본인의 정년퇴임인사말씀을 드리게 된 것을 영광스럽게 생각합니다.

먼저 한국교원대학교의 사랑, 신뢰, 인내의 三大 교육정신을 몸에 익히고 함양하여 나라와 겨레에 봉사하기 위하여 전국의 교육현장으로 진출하는 졸업생 여러분의 영예로운 졸업을 축하드립니다. 또한 여러분에게 오늘의 영광이 있게한 학부모님의 사랑과 노고 그리고 은사님들의 정성과 지도 그리고 정부와 사회의 지원에 감사드립니다.

오늘 저도 대학졸업 후 중등교사로 교육계에 첫발을 디딘 뒤 만 41년이 지나고 본교에 부임한 후 꼭 10년 만에 교직을 마감하며 이 아름답고 희망찬 정든 청람 벌을 떠나게 되었습니다. 그동안 저에게 베풀어주신 여러분의 협조와 지도에 감사드립니다. 본인이 이 단상에서 여러분께 축하의 말씀을 드리기 보다는 여러분과 한열에 서서 교직을 졸업하고 나가는 인사를 하는 것이 마땅하다는 느낌도 듭니다. 그러나 여러분의 졸업은 "시작"이지만 본인의 졸업은 "끝"이기 때문에 그 의미가 다르다고 생각합니다.

대학의 졸업식을 영어로 Commencement ceremony라고 합니다. 시작하는 의식이라는 뜻입니다. 여러분의 졸업은 이 청람 벌에서 갈고 닦은 지식과 기술 그리고 덕성으로 사회에 나가 2세 교육을 위한 봉사를 시작하는 의식이라는 뜻입니다. 그러나 저의 졸업은 교직으로부터 퇴물이 된다는 뜻이니 여러분의 졸업이야말로 우리 겨레의 미래를 희망으로 이끄는 뜻있고 값진 것이라고 생각합니다.

저는 문화적으로 아주 낙후된 농촌의 유교적 가정에 태어났습니다. 조부께서 조선조 말 보통학교 훈도였고 저의 선친도 애국정신이 투철한 교육자여서 일제에 반하여 창시개명도 하지 않았습니다. 일찍 작고 하셨지만 저의 선친께서는 "쇄소(灑掃), 응대(應對), 진퇴지절(進退之節)"이라는 소학에서 강조하는 사람되는 기초훈련을 저에게 깊이 심어 주셨습니다.

아홉 살 되던 해 초등학교에 입학하여 시오리나 떨어진 학교를 걸어

다녔고 등잔불 밑에서 공부를 하였습니다. 우리말도 못쓰고 일본말만 학교에서 통용이 되다가 6학년 졸업하던 해 일제로부터 해방이 되어 변변한 책 한권도 없이 한글을 다시 배웠습니다. 중학교에 들어가 일본시대 썼던 교과서를 영어단어 스펠링 연습지로 썼습니다. 6.25 전쟁으로 학업이 중단되기도 하였고 대학공부도 부산 피난지 천막 캠퍼스에서 교재도 없이 프린트물과 딕테이션(Dictation)에 의존하였습니다. 대학시절에 경험한 야간 직장과 가정교사 자취생활 등 아직도 잊을 수 없는 추억으로 간직하고 있습니다.

친애하는 졸업생 여러분!

인간에게 기본적으로 요구되는 것은 강한 체력과 정신입니다.

나의 강한 체력은 초등학교 시절 시오리를 매일 걸어서 학교에 다닌 덕분이고 나의 강한 정신력은 불의와 나태를 항상 경계하여 잘못이 있을 때 엄하게 종아리로 다스려주신 부모님과 은사님들의 훈육이 있었기에 가능했다고 생각합니다. 추울 때나 비가 올 때는 먼 통학길이 원망스러웠고 부모님의 엄한 가르침에 야속한 마음도 가졌지만 그것은 오늘의 내가 있게 한 원동력이요, 잘못된 버릇을 고쳐준 특효약이 되었음을 깨닫고 감사하고 있습니다.

본인은 오늘 정년퇴임이라고 하는 숙명에 처해있지만 한 번도 퇴임이나 정년이 내 앞에 다가온다는 생각을 하지 않고 하루하루를 성실히 살아가는 하루살이 같이 살다가 오늘을 맞게 되었습니다. 후회스러운 것은 제가 학문에 전념하여 이렇다 할 연구업적도 남기지 못하고, 교직에서 훌륭한 제자를 기르지도 못했고, 국가의 교육정책에도 관여하였지만 교육의 현안문제의 해결에 힘이 미치지 못하여 부끄러운 마음으로부터 자유롭지 못한 것입니다. 다만 제가 교육자의 집안에 태어나 교육을 위해 평생을 바쳐 오늘에 이른 것을 보람으로 생각하면서 여러분께 우리교육이 나가야 할 바를 몇 가지 말씀드리고자 합니다.

첫째로 교육자는 예리한 통찰력과 투철한 역사의식을 가져야 합니다. 솔선수범을 보여야 합니다. 교육자는 인류가 수천 년 수만 년에 걸쳐 이룩해 놓은 문화재에 새로운 생명을 불어넣어 젊은 세대를 이끌어갈 책무를 가지고 있기 때문입니다. 인간의 삶 자체가 교육의 과정이며 한 인간은 삶의 경험으로부터의 깨달음을 통하여 계속 발전하는 것입니다.

교육자는 항상 정의와 이상 편에서 정도를 실천하는데 존재 의의가 있습니다. 일찍이 여러 선각자들이 지적한 바와 같이 우리에게 부족한 것은 지식보다도 아는 것을 정의롭게 실천하지 않는 것입니다. 정의의 보람은 영원한 것이기 때문에 이상을 추구하는 정신의 명맥은 끊이지 않는 것입니다. 비록 고통이 따르고 실현이 쉽지 않더라도 세속에 지나치게 영합하거나 불의의 유혹으로부터 자신의 양심을 흔들지 않도록 보호하여야 할 것입니다.

둘째로 우리 교육의 지나친 수단적 상업주의를 경계하고 사람 만드는 교육을 강화하여야 합니다. 교육은 일상적인 삶의 현장에서 교육이 어떤 목표를 달성하고자 하는 수단적 가치와 교육 그 자체로서의 목적적 가치의 양면성을 내포하고 있습니다. 그러나 산업화를 최고의 목표로 하는 오늘의 우리 교육이 상업을 뒷받침하는 수단으로 전락하여 모든 한국 사람이 기술자나 상인이 되기를 기대하는 것은 국가의 장래를 위해 재고하여야 합니다. 돈이나 물질적 풍요가 반드시 선진국민성을 보장하는 것이 아니며 상업은 우리국민의 생존수단의 하나는 될지언정 그것이 민족전반을 위한 지상의 목적이 될 수는 없습니다. 인간의 정신적 가치는 돈으로 환산될 수 없습니다.

선진국 국민에게 필수적인 것은 그 국민의 도덕적 인간성인 것입니다. 맹자가 언급하는 것처럼 모든 것은 사람하기에 달렸다고 할 수 있습니다. 아무리 지식이 많고 물질이 많고 권력이 많아도 그것을 쓰는 사람이 악하면 그것은 모두 악을 조장하는 것이 되어 없는 것보다 못하다는 것을 의미합니다. 인간의 고귀함은 지능에 있는 것이아니라 덕성에 있습니다. 덕을 뒤로하고 재능부터 가르치는 오늘의 교육은 분명히 앞뒤가 뒤바뀐 교육입니다. 사람다운 사람을 기르는 인성 교육을 내실화하여 인간소외와 인간파괴로부터 인류공영을 도모하여야 할 것입니다.

셋째로 올바른 인간성은 기초교육이 중요하며 가정교육에서 찾아야 됩니다. 따라서 우리는 가정의 교육적 기능을 회복하여야 하겠습니다. 우리사회가 산업화에 따라 핵가족화와 도시화되면서 우리 전통윤리의

파괴를 가져왔고 가정의 교육기능이 크게 약화되었습니다

사랑을 주고받고 윤리규범과 도덕심성을 기르는 교육의 장이였던 가정의 기능이 산업사회로 흡입되면서 가족간의 사랑과 친목을 나눌 기회가 적어지고 점차 남이 되어가고 있습니다. 가정이 아닌 사회 속에서 자란 사람에게 사랑의 인간관계는 존재하기 어려우며 모두가 경쟁 관계이고 갈등과 적대관계로까지 발전하고 있습니다. 학교교육도 지식 편중의 입시경쟁을 생각하면 우리 청소년들의 공동체 의식을 약화시키고 있음을 알 수 있습니다. 전장에 임하는 전사처럼 경쟁기술을 익혀서 이것을 욕구충족과 권력획득의 수단으로 삼고 있습니다. 이것이 이루어질 가망이 없으면 이내 좌절하고 자포자기하여 반항과 파괴를 일삼고 인간이기를 거부하는 현상이 일어납니다. 가정을 빼앗긴 청소년에 의한 윤리범이 오늘날 청소년 범죄의 대종을 이루고 있음을 우리는 직시하여야 합니다. 사랑속에서 자라야할 아이들이 거센 풍파에 휩쓸려 야생적으로 자랄 때 모든 행동이 공격적이고 파괴적인 데로 흐르게 됩니다. 어린이는 어른의 거울이라는 말은 바로 부모의 자녀교육에 대한 책임을 간접적으로 표현한 말이라고 생각합니다. 우리 교육이 가정의 교육기능 회복을 위해 하여야 할 역할을 찾아야 할 것입니다.

넷째로 교육은 정도를 가르쳐야 합니다. 정도가 아닌 교육은 진리와 정의로부터 멀어져 없는 것만 못합니다. 교육정도의 구현에 우리 모두가 용기 있게 매진할 것을 강조하고 싶습니다. 교육은 교육 본래의 목적에 입각한 바른교육이 되어야 합니다. 교육정도(敎育正道)란 정의와 진리는 존중하고 사(邪)를 물리치는 용기있는 바른 사람을 만드는 교육을 뜻합니다. 그러기 위하여 무엇보다도 중요한 과제는 교육의 구조적 모순을 개선하고 왜곡된 교육관을 바로잡아야 하겠습니다. 교육을 신분 상승의 수단으로 보는 교육관을 불식하고 이기주의만을 조장하는 현재의 우리교육을 개혁하여 공동체 의식이 강화되도록 전환하여야 하겠습니다.

정직과 선을 생활화하는 인간성이 길러져야 하고 국민 개개인의 땀의 정직성과 성실성이 정당하게 평가받아 자아를 실현할 수 있는 사회 건설이 바로 우리교육이 추구하여야 할 명제라고 하겠습니다. 시대적 상황과 요구에 적응할 수 있는 새로운 교육 방안을 연구 개발하고 실천하는 일이 교원 교육의 과제라고 생각합니다.

끝으로 인간의 역사는 하루하루의 성실한 삶이 쌓여 이루어지지만 그 평가는 긴 안목에서 이루어진다는 사실에 유의하여야 할 것입니다.

우리 인생의 평가는 어느 한 시기의 성취로 측정되는 것이 아니고 전 생애를 통한 행위와 업적에 따라 결정되는 것입니다. 그렇기 때문에 우리는 인생을 너무 조급하게 생각하지 말고 장기적인 안목으로 삶을 보다 길고 넓게 영위해 나가지 않으면 안 될 것입니다. 원대한 이상을 불태우는 자만이 역사를 이끌어가고 문화를 창조해 나갈 수 있으며 비록 당장에 실현이 되지 아니하더라도 반듯이 후세에 귀감으로 남아 뒤따라 오는 세대를 인도해 나갈 수 있습니다. 정의와 이상편에 서는 자는 항상 외롭고 고난을 각오하지 않으면 안 되었지만 어려운 고난의 길을 가는 선비정신이 있었기에 역사 심판의 대의(大義)는 한시도 끊기지 않았다는 사실을 모든 교육자는 기억하여야 하겠습니다.

"존경하는 한국교원대학교 교직원 여러분, 그리고 친애하는 학생 여러분."

지난 1981년 8월 한양대학교 교수로 재직하던 중 문교부 교직국장으로 겸임 발령을 받아 한국교원대학교 설립기본계획을 작성하는데 주역을 맡았습니다. 이 계획을 추진하는 과정에서 기존대학과 사회각계로부터 많은 비판과 저항을 경험했습니다. 1988년 2월 제가 이 대학 총장으로 부임한 후에도 여러 번의 도전과 위기를 체험하였습니다. 우리대학 구성원 여러분의 애교심으로 모든 위기를 슬기롭게 극복하고 오늘의 자랑스런 교원교육 중추기관으로 발전된 것을 충심으로 감사히 생각하고 있습니다.

그러나 21세기 지방화와 세계화 시대에 기초교육을 통한 국민통합 기능은 교원대학교가 훌륭한 교육인재를 양성함으로서 가능하다는 국민적 공감이 있었기에 그 위기들을 극복할 수 있었다고 믿고 있습니다. 과거 어느 때보다도 정직과 사랑과 봉사 그리고 남을 위한 희생의 실천자를 필요로 하는 현 시점에서 우리의 책무를 다시 한 번 다짐해야겠습니다. 오늘에 만족하지 말고 계속 일치단결하여 한국 교육을 바로 세우는 데 힘을 모아 주실 것을 당부 드립니다.

지난 10년간 여러분의 많은 협조와 사랑의 빚을 안고 떠나지만, 계속 한국교원대학교의 발전을 위해 있는 힘을 다할 것을 약속드립니다.

교육이 바로서야 나라가 바로서고 교육이 바로서려면 교육을 이끄는 교직자가 바로 서야 하며 교직자가 바로서려면 한국교원대학교가 바로서야 한다는 것이 저의 변함없는 소신입니다.

오늘 저의 몸은 비록 여러분 곁을 떠납니다만 마음은 항상 여러분과 함께 할 것입니다. 계속 많은 사랑 주시길 빌며 한국교원대학교의 무궁한 발전과 졸업생 여러분의 앞날에 하나님의 축복이 항상 함께 하길 기원합니다.

1998. 2. 23

신 극 범

목 차

제1부 단상(斷想)
– 교육만이 희망입니다.

제2부 도서 출간 축하(祝賀)/서평(書評)
- 도서, 출간물을 통해 만나다

제3부 이 · 취임/축사(祝辭)
– 교육의 현장에서 만나다

제4부 추모(追慕), 인사(人事)
– 교육의 길에서 만난 소중한 지기들

제5부 강연(講演)
– 교육의 현장, 강연을 하다

제1부 단상(斷想)

– 교육만이 희망입니다

제1부에서는 먼저 교육현장의 다양한 실정과 방책에 관한 단상을 올리고자 한다. 그리고 뒷부분에서는 교육의 지향점을 짚어보고 이어서 필자가 직접 겪은 교육적 회고의 글들로 마무리 하고자 한다

대학교육의 자율화와 교육자의 정치력

정치논리에 좌우되는 대학정책

최근 한 월간지에 "똑똑한 총장 세 명만 있었어도 정부의 대입 3불 정책은 벌써 없어졌을 것이다"라는 저명한 한 원로 교수의 대학총장 비하 기사를 보고 국립대학과 사립대학의 총장직을 다년간 맡아온 필자는 큰 충격을 받았다. 전국의 전 현직 총장들 모두가 바보라는 말과 같으니 얼마나 모독적인 말인가? 그러나 이 원로 교수의 말은 일리가 있다. 총장경험이 없거나 교육정책 입안이나 집행구조를 잘 모르는 많은 사람들도 공감할 것이다. 교육문제가 교육 외적인 정치, 경제, 종교, 문화, 예술 등 환경 변화와 교육 내적으로 교육 관련 이해당사자들인 학부모, 학생, 기업 지역사회와 정부의 교육에 대한 영향력이 커지면서 교육의 자율성에 대한 논란이 적지 않다.

더욱이 교육의 독창성과 창의성이 크게 요구되는 무한경쟁의 글로벌 시대인 오늘에도 교육에 대한 정부의 규제는 예나 지금이나 여전하다. 더욱이 대학 입시 정책은 정부의 통제가 정치가 민주화된 오늘의 참여정부 하에서도 요지부동하여 3불 정책이라는 새로운 용어까지 등장한 것이다. 권위주의 시대인 제5공화국 시절의 졸업정원제를 연상하게 하는 현 정부의 요지부동한 정책이다. 지난날 졸업정원제는 다양한 특수성이 있는 전국의 대학들에 획일적으로 적용하려다 대학생 수만 폭발적으로 증가하게 만들고 실패한 역사가 있다. 지원 학생이 넘치는 대학이나 부족한 대학이나 똑같이 적용하여 교육의 질적 향상을 목적으로 만든 제도가 본래의 목적을 달성하지 못하고 폐지되었다. 3불 정책도 중학교를 마치고 경쟁입시를 거쳐 선발된 개인 능력이 우수한 학생과 일반고등학교를 졸업한 학생을 동일한 잣대로 평가하는 것은 모순이고 불공평한 것이다. 교육에서 개인차를 무시하는 것은 무지의 소치이다. 그러나 정부는 대입경쟁의 고통을 덜어준다는 미명 하에 3불 정책을 강요하고 있다. 이 제도 또한 교육원리에 맞지 않기 때문에 오래가지 못할 것이다.

사람을 기르는 교육은 개성이 존중되고 다양성이 요구되고 자율성이 다른 어느 분야보다도 보장되어야 한다. 진리 탐구를 목적으로 하는 대학 교육정책이 지나친 정부의 통제와 외부의 압력으로 정치화하여 교육논리보다 정치논리가 앞서 교육의 창의성과 자주성이 무너지고 정책은 실패에 실패를 거듭하고 있는 것이 오늘의 현실이다. 교육정책은 그 특성상 장기적이며 일관성과 다양성이 요구되는 과업으로 자율성이 생명이다.

유감스럽게도 교육 문제는 교육의 논리로 풀어야 한다는 교육자의 주장은 힘의 논리에 밀려 번번이 묵살되고 정치논리와 경제논리로 교육이 좌지우지되고 우리나라 교육은 학교교육이 무너지고 대학교육은 국민의 불신과 불만을 사고 있다. 그리하여 오늘 우리나라 대학의 총장들은 서두에 언급한 한 교수의 말대로 모두 바보로 취급 받고 있는 것이다. 참으로 유감스럽고 부끄러운 일이지만 진리를 탐구하는 대학은 자율성의 확보를 위하여 인내심을 가지고 노력하여야 한다. 민주주의 사회에서는 학문과 정치와 국민이 일체가 되어야 교육 체제의 효과적 개혁을 할 수가 있다. 교육 정책은 체계적 연구와 정치적 결단과 행정적 추진을 통해서 실현될 수 있다. 더욱이 어떠한 교육의 개혁도 국민의 인식에 의해서 지원받지 못하면 실패하기 마련이다.

교육정책과 전문가의 역할

교육정책의 개발과 형성에서 야기되는 문제는 교육의 정치에 대한 상대적 자주성 문제, 그리고 학문과 정치 즉 학자가 어떤 형식으로 정치에 참여하느냐의 문제, 대중에 대한 계몽과 현실적으로 발생하는 갈등문제 등이다. 학문적 연구가 없는 교육은 발전할 수가 없다. 그리하여 교육정책개발을 위해 전문가의 역할은 아주 중요하다. 정치와 학문 간의 연결 노력으로 정부의 각종 위원회와 연구기관 등 학자와 교수 전문가들이 많이 참여한다.

그러나 사전에 충분한 준비나 계획성이 결여된 위원회 회의에서 인간적으로나 학문적으로 그리고 용어와 언어에 있어서 서로 이해하지 못하는 사람들이 즉흥적이며 책임 없는 발언을 하고 끝나는 수가 허다하다. 이러한 위원회는 결과적으로 행정 관료들이 그들의 상식적 판단에 의하여 문제를 처리하고 합리화하는 하나의 절차에 불과할 수가 있다.

학문이 정치에 이바지하고 정치가 과학적인 연구결과와 정보에 의존한다 해도 양자 사이에는 항상 긴장관계가 유지되어야 한다. 학자는 과학적 논리에 끝까지 충실하면서 정치를 위해서 가능한 한 합리적 방안을 제시하는 데 반하여 정치는 현실적인 조건들과 그 문제에 관계되는 세력들의 역학관계를 고려하여 타협해야 한다. 학자들은 문제를 분석하고 합리적으로 전개하지만, 대안을 선택하고 결정하는 것이 아니며 선택과 결정은 정치적인 이해를 따라 내려지게 된다. 교육정책은 실증적 사실파악 뿐만 아니라 문화적인 규범과 지향하여야 할 당위의 세계에 대한 이해가 중요하다. 그리하여 교육정책의 방향과 목표설정은 완전히 과학화하기 어려운 정치적인 고려와 문화적인 규범에 의해서 결정된다고 볼 수 있다.

학자의 연구가 교육의 정책을 결정하는 것은 아니지만, 교육자가 교육에 관한 실증적인 사실과 경험을 분석하여 기술적 문제를 연구하고 또 교육현장의 역사적 문화적 구조를 분석하고 외국의 교육현장 제도와 비교, 연구하여 우리가 지향하여야 할 방향과 방법을 찾으면 우리 교육을 위한 정치적인 결정을 더 합리적으로 할 수가 있다. 그러나 정책결정을 위한 책임자가 교육을 전혀 이해하지 못하는 정치인이라면 그러한 교육학의 연구도 정책적인 결정을 위한 도움이 되기 어렵다. 다른 한편으로 정치에 구체적으로 이바지하려는 학자도 현실정치를 전연 이해하지 못하면 정치적인 결정을 위해서 크게 도움을 주지 못할 수 있다. 흔히 학자들이 현실문제 해결을 위한 방안을 제시하면 공자, 맹자 같은 소리 한다는 비판을 받기도 한다. 현실과 거리가 먼 공론이라는 비판이다.

학자에게도 정치력이 요구된다

교육정책 발전을 위해 참여하는 학자는 정치인들과 행정가들을 상대로 어느 정도 정치적이 되지 않을 수 없으며, 또 일반시민을 상대로 한 전략적인 설득력을 필요로 한다. 왜냐하면 이 시민들은 정치적인 결정에 영향을 미칠 뿐만 아니라 교육에 관한 어떠한 운동이나 개혁도 이들의 이해와 지원이 없이는 소기의 성과를 거두기 어렵기 때문이다. 학자들이 정치적이 되어야 한다는 말은 정치가 학문적인 인식과 이상을 이해하고 받아들일 수 있도록 하는 전략적인 태도를 말한다.

교육정책은 어떤 사회정책보다 시민의 직접적인 관심사이다. 우리나라와 같이 자녀교육에 대한 부모의 관심이 높고 자녀교육을 위해서는 어떤 희생도 감수하려는 상황에서 시민의 의식은 더욱 중요하다고 할 수 있다. 교육에 대한 국민들의 올바른 이해와 태도가 바람직한 방향으로 변하지 않는 한 교육체제의 합리적 개혁은 기대하기 어렵고 정치의 교육에 대한 간섭과 정부의 대학에 대한 통제는 계속될 것이다. 그리고 유감스럽지만 대학의 총장들은 계속 바보로 취급받게 될 것이다. 부끄러운 일이나 역부족이 아닌가?

교육행정의 자율성의 한계에도 불구하고 우리는 교육의 자율성이 최대로 보장되도록 교육자들은 정치가나 기업가나 일반시민들을 꾸준히 설득하고 교육자의 의지가 반영되도록 노력하여야 한다. 특히 최고 정책 결정권자의 문제에 대한 올바른 인식이 가능하도록 설득해야 한다.

제5공화국 출범 초 7.30 교육개혁의 일환으로 도입된 대학 졸업정원제를 필자가 교육문화 수석비서관으로 대통령께 그 제도의 문제점을 설명하여 폐지케 한 경험이 있다. 1987년 초의 일이다. 당시 이렇게 설명드렸다. "각하 소위 명문대를 다니다 탈락이 되면 그 학생은 시집도 못 갑니다. 그리고 탈락되는 학생이 개방대학이나 방송통신대학으로는 절대로 진학하지 않습니다." 당시 졸업정원제 탈락자들의 퇴로는 이 두 대학으로 밖에 열려 있지 않았다.

대통령은 교문수석의 폐지 건의를 받아들였다. 제5공화국의 교육정책 중 누구도 거역할 수 없는 성역으로 간주되던 제도를 폐지한 경험을 필자는 소중히 간직하고 있다.

공교육 정상화가 선결 과제다

1. 공교육 불신의 원인

학교 교육에 대한 사회적 불신은 나라의 장래를 어둡게 하는 비극적 현상입니다. 이러한 현상을 가져온 것은 여러 가지 이유가 있다고 생각합니다. 먼저, 급격한 산업화와 정보화의 진전으로 학생의 교육 욕구, 사회의 교육 수요의 변화에 학교가 부응하지 못한 데 큰 원인이 있다고 생각합니다.

학생들은 옛날과 달리 핵가족제도에서 과잉보호를 받고 자라서 학교생활에 적응력이 부족한 점도 지적하고 싶습니다. 또한 학교 교육환경이 이들 개개인의 다양한 적성이나 수준에 맞추어 지도할 수 있는 여건을 갖추지 못하고 있는 것도 문제라고 생각합니다.

　더욱이 학부모들은 자녀의 성적이나 일류 학교에 합격하기 위한 입시준비 교육에만 지나치게 관심을 가지고 있어 인성교육이 소홀히 되고 과열 과외와 과잉 경쟁 풍토가 조성된 것도 큰 문제입니다. 그리고 그 동안 정부의 교육개혁 추진과정에서 교육정책이 교원의 사기진작이나 교권의 존중보다 경제논리나 정치논리에 압도되어 일선 교직자의 권위를 실추시킨 점도 없지 않다 생각합니다.

2. 공교육 정상화를 위한 교사와 학부모의 자세

　공교육이란 곧 학교 교육을 의미한다고 봅니다. 학교교육이 제대로 되기 위하여서는 군사부일체라는 옛 가르침을 되새겨 보아야 합니다. 현대적 개념에서 군(君)이란 나라를 대표한다고 볼 수 있습니다. 사(師)는 스승으로서 오늘의 학교를 대표하고 부(父)는 부모 즉 가정을 대신하는 표현이라고 생각합니다. 그리하여 사회와 학교 그리고 가정이 3위 일체가 되어야 어린이 교육이 제대로 된다는 뜻입니다.

　교사들은 학생들을 부모 못지 않는 사랑과 인내심으로 대하며 교육에 임하여야 하고 학생과 부모들의 신뢰를 받도록 꾸준히 노력하여야 하겠습니다.

　학부모는 자녀교육에 대해서 입시교육보다도 인성교육에 관심을 가지고 교사의 권위에 손상이 가는 행동을 삼가야 합니다. 교사의 권위가 약화되면 교육효과가 약화되고 그 피해는 학생이 받게 됩니다. 환자가 병원을 찾을 때 의사의 치료를 믿듯 자녀교육을 위해 선생님을 믿으셔야 합니다. 그리고 가정에서 못 가르친 버릇을 선생님들이 힘들여 가르치심에 감사한 마음을 가져야 합니다.

아마도 5월 15일 스승의 날은 우리 모두의 반성을 위해 제정된 날로써 학교 교육을 바로 세우는 데 교사와 학부모가 함께 하는 계기가 되었으면 합니다.

3. 공교육 정상화를 위해 정부가 노력해야 할 일

정부의 교육정책은 항상 일선 실정에 맞도록 입안되어야 합니다. 과거에 보면 탁상공론에 의한 획일적 정책들이 제 구실을 못하고 일선 교단으로부터 외면 당한 경우가 많습니다. 특히 교육정책이 지나치게 정치논리나 경제논리 일변도로 결정되는 것을 지양하여야 된다고 봅니다. 그러기 위하여 일선 학교와 교사의 의견을 대폭 수렴하고 이들의 자율권을 크게 넓혔으면 합니다.

획일성을 탈피하고 다양한 학생들의 수요에 맞는 다양한 프로그램과 자료의 연구와 개발에 많은 연구와 투자를 서둘러야 하고, 각 분야별 교사의 전문성을 개발시켜 학교교육의 질을 향상시키는데 정부의 지원을 크게 확대해야 한다고 생각합니다. 물론 교육환경의 획기적 개선을 위해 교육예산을 늘려야 하고, 교사의 사기진작을 위해 처우개선을 포함하여 교원의 사회적 지위향상에 앞장서 노력하여야 한다고 생각합니다.

4. 공교육 내실화를 위한 사교육 교육정책에 대한 조언과 당부

대전시 교육청이 지난번 스승존경 풍토조성을 위한 학부모와 사회 각계 지도자 대회 등 교권 확립에 앞장서는 것을 보고 매우 큰 감명을 받았습니다. 대전시는 과학기술의 도시이고 전국에서도 살기 좋은 교육문화의 도시로 각광을 받고 있습니다.

학교 교육의 내실화로 공교육 불신 풍토가 사라지기를 기대합니다. 특히 가정과 학교 그리고 학생이 서로 신뢰하고 서열화를 위한 경쟁이 아니라 공동체로 함께 발전할 수 있는 교육풍토를 만들어가도록 시 교육정책이 지향했으면 합니다. 이러한 교육풍토 조성과 교원들의 전문성 신장을 위해 지역 대학과 연구기관도 적극 활용하시고, 또 교육에 대한 올바른 이해를 촉진시키는 시민운동도 함께 이끌어 주셨으면 합니다.

5. 기타 의견

학교 교육의 약화는 세계적 현상입니다. 교육자들이 교육의 주체로서의 역할을 포기할 수는 없습니다. 정보화시대 비인간화를 막고 인성교육을 강화하여야 하겠습니다. 사회와 학교 그리고 가정이 함께 새로워지도록 노력하여 공교육의 신뢰를 회복하여야 하겠습니다.

끝으로 저도 대전시 중등교사로 교직 생활을 출발한 교육자의 한 사람으로서 대전시의 교육이 전국 교육을 바로 세우는 데 견인차가 되어 주실 것을 기대하고 또 기원합니다. (대전교육 38호 대담)

철학 부재가 한국교육 망쳐 '대반성 촉구'

"교육만이 희망입니다."

원로 교육학자이며 행정가인 신극범(72) 대전대 총장이 틈틈이 써온 교육에 대한 글 87편을 모아 최근 에세이집 〈교육만이 희망이다〉 (율에디션)를 냈다. 20일 대전대 총장실에서 만난 신 총장은 자신의 에세이집 제목을 다시 한 번 반복하며 그 내용을 소개했다. 한국 교육이 그만큼 희망이 보이지 않는다는 이야기로 들린다.

"교육은 국민의 기본 권리이면서 더 잘 되고자 하는 욕망입니다. 그런데 한국 교육은 획일적 통제로 인해 맞춤형이 됐습니다. 인간 개성의 최대 계발이라는 교육 당초의 기능은 완전히 사라졌습니다. 기계적으로 틀에 짜인 교육으로 창의성이 완전히 매몰됐습니다. 그래서 교육이 재미 없어지고 말았습니다."

'사람이 으뜸이다', '미래를 보자', '교육이 세상을 움직인다', '새시대의 가치를 찾아서' 등 4부로 구성된 책의 차례만 봐도 한평생을 교육에 바친 그의 고뇌가 드러난다. '상생을 생각하는 교육', '기본을 가르치자', '원점에서 짚어보자', '교육에 우열은 없다' 등 교육의 본질에서부터 '우리 몸에 맞는 교육을 찾자', '전자공동체가 세상을 바꾼다', '교육재정은 생명력이다' 등 미래를 위한 교육비전의 제시가 날카롭다. '양반대학, 상놈대학', '지방대학이 무너진다', '정책이 바로서야 교육이 산다' 등 3부에선 한국 교육현실에 대한 비판이 신랄하다. 하지만 '나라의 근본을 생각하자', '천천히, 그러나 야무지게', '평화가 우선이다' 등 마지막 4부에서는 현장을 바라보는 원로의 따스함이 넘친다.

"이 책이 저 스스로를 욕되게 할 수 있다는 생각도 듭니다. 저는 교육비 평가가 아니라 교육현장에서 살아온 교육자이자, 교육학자이자, 교육행정가이기 때문이지요. 그러나 이 책의 글들은 교육현실의 안타까움을 담기도 했지만 저 스스로에 대한 반성과 한국교육의 실체에 대한 애증도 한몫 끼어 있다고 고백합니다."

신 총장은 '교육의 대반성'을 촉구하며 교육철학의 부재에서 한국교육의 문제점을 찾았다.

"남들보다 앞서가야 한다는 서열의식, 1등만이 살아남는다는 경쟁의식이 한국 교육을 망쳤어요. 교육은 인간을 만드는 것이지 기계를 만드는 것이 아닙니다. 물건을 만드는 기준으로 인간을 만들어서는 안됩니다. 인간은 각자 모두를 최고의 품질로 만들어야 합니다. 모두가 1등이 될 수는 없습니다. 그래서 이번 광주에서와 같은 대규모 수능시험부정사태가 생긴 것으로 생각됩니다."

충남 논산에서 태어나 연세대 영문과, 서울대 교육대학원, 미시간주립대를 나온 신 총장은 1957년 고교 교사로 시작해 한국교육개발원 연구원, 한양대 교수, 교원대·광주대총장을 거쳐 지금까지 교육현장에 있다. 신 총장은 최근 사립학교법 개정과 관련, "대학이 아니라 중·고교 운영에 결정적으로 문제가 생긴다"면서 "진리의 세계에서 민주주의가 통하는 것은 아니다"라고 반대를 분명히 했다.

"교육의 본연을 찾아야 합니다. 이를 위해 정책이 바로서야 하는데 자꾸 역으로만 가고 있으니 큰일입니다." (2004.11.22. 문화일보)

지성이란 무엇인가

인간을 '생각하는 갈대' 라고 표현한 사람이 있습니다. 갈대처럼 바람이 부는 대로 이리저리 흔들리지만 생각할 수 있는 능력을 가졌다는 뜻입니다.

인간의 본질은 이성에 있다고 합니다. 이성이란 단순히 생각하는 능력으로서의 지능만을 뜻하는 것이 아니라 그 이상의 인간본질의 증표를 의미합니다. 이성과는 어감이 다르지만 우리의 일상어 속에 지성이라는 말이 있습니다. 지성이란 인간이 그의 인격과 그의 삶을 위해서 갖추어야 할 높은 덕성들 중의 하나입니다. 도덕적인 덕성으로서의 지성은 인간의 삶을 위한 인격의 빛의 역할을 합니다.

오늘 날 인간의 삶의 장으로써의 사회구조가 점점 복잡해지고 교통통신 기술의 발달로 인하여 지구가 하나의 생활권이 되어가고 있고, 인간의 삶의 환경이 매우 빠른 속도로 변화하고 있어, 인간의 삶의 경험이 지성의 등대를 위해 역할하기가 매우 어렵게 되어 가고 있습니다. 도덕가치의 기준이 혼란해지기 때문입니다.

도덕적인 덕성으로써의 지성은 인간의 경험과 그의 지식을 기름으로 하는 빛과 같은 것입니다. 그뿐만 아니라 지성을 위해서는 사실의 경험과 지식 그 자체가 인격의 주체를 통하여 소화되게 됩니다. 지능은 그 자체가 가치중립적이기 때문에 더 직접 인간의 경험과 그의 지식에 의존한다고 할 수 있고, 지혜는 재능과 같이 가치중립적이 아니고 인간의 생활을 위한 중요한 길잡이이지만 지성과 같은 도덕적인 덕성이라고 말할 수는 없습니다.

우리가 흔히 지성이라고 말할 때 그것은 교육받은 사람 또는 배운 사람을 말합니다. 그러나 어떤 생활기술이나 전문지식을 배웠다고 그를 지성인이라고 부르지 않습니다. 또한 여러 가지 분야에서 넓은 지식을 습득했다고 해서 그런 사람들이 반드시 지성인이라고 할 수는 없습니다. 도덕적 덕성으로서의 지성은 지능이나 지혜처럼 경험과 지식을 통해서 개발되는 일종의 능력만은 아니고, 경험과 지식이 도덕적으로 높은 수준의 자아성찰과 개인의 주관과 편견을 넘어서기 위한 개방적인 대화를 통해서 점화되는 인격의 빛이라고 말할 수 있습니다.

인간은 살아가면서 늘 어려운 상황에 빠질 수 있습니다. 자연과의 대결에서 어려움에 지는 일은 많지만 사회적인 관계에서 어려움에 빠지는 일도 많습니다. 인간의 지능은 문제된 사물을 대상으로 이를 파악하고 이를 이용하는 기능을 말하며, 지혜는 어려움을 제기하는 상황을 대상으로 이를 파악하고 이를 극복하는 인간의 능력이라고 말할 수 있습니다.

지성은 인간의 삶의 주변 사물이나 삶의 어려운 상황들뿐만 아니라, 인간이 지향하는 가치들과 이념들 그리고 삶의 주체로서의 자기 자신까지를 인식과 통제의 대상으로 합니다. 삶의 주체로서의 자기 자신을 일정한 거리를 두고 관찰하고 자기 자신을 비교적 객관적으로 인식한다고 하는 것은 쉬운 일이 아닙니다. 그것은 상당히 높은 수준의 도덕생활을 전제로 하고서만 가능한 일이고 또한 그것은 이념과 가치의 체계에 있어서의 진리의 추구를 위해서는 불가결한 것이라고 말할 수 있습니다.

인간의 지성은 그의 삶을 위한 참다운 가치와 정의로운 이념을 추구합니다. 진리는 나의 진리가 아니라 언제나 우리의 진리입니다.

일본 대학의 당면 과제

지난 달 중순 일본 오사카공업대학과 세츠난대학, 그리고 히로시마 국제대학 3개 대학을 방문하고, 일본 대학들이 직면하고 있는 문제점과 한국 대학들이 처한 문제점의 유사성에 놀랐다. 이 3개 대학은 1994년 부터 대전대학교와 학생 교류를 하고 있는 자매대학으로 같은 법인이 운영하고 있는 사립대학들이다.

일본 대학들은 경제 침체에 따른 재정확보의 어려움과 고등학교 학생의 감소에 따른 학생모집의 어려움에 직면하고 있었다. 특히 대학들에 대한 정부의 재정지원도 반감하여 외국학생에 대한 장학금이 대폭 삭감되었다. 일본 정부는 국립대학을 5년 내에 통폐합하고 민영화를 추진하고 있다. 99개의 국립대학 중 30개 대학만 선정하여 경쟁력 있는 대학으로 육성을 한다는 것이다. 경우에 따라서는 사립과의 통합도 검토하고 있다는 것이다. 2010년까지 700개 대학 중 약 200개 대학이 도산하거나 문을 닫게 될 것이라는 전망이다.

지난 10년 동안 고등학교 졸업생 수가 210만 명에서 현재 150만 명으로 감소하여 학생 모집이 어렵게 될 전망이고, 2~3년 내에 대학 신입생 모집인원과 고교 졸업생 수가 같아진다는 것이다. 이러한 어려움을 타개하기 위하여 각 대학은 혁신을 추진하고 있다. 대학차원에서 정부 보조를 받기 위해 노력하고 기부금 모금 운동과 취업정보 활동강화 그리고 교육서비스를 높이기 위해 교육환경을 개선하는 등 경쟁력을 높이는 데 주력하고 있다.

같은 재단이 운영하고 있는 오사카공업대와 세츠난대학, 그리고 히로시마국제대학 3개 대학에 독립채산제를 도입하여 경쟁을 하도록 하고 있다. 이러한 조치들은 우리 유학생들에게도 타격을 줄 것으로 보인다. 그 동안 시행되던 수업료의 면제나 감액의 특전을 줄이고 유학생의 부담율을 늘리려 하고 있다. 현재 약 일본 학생의 20%를 받고 있으나 앞으로, 50% 선으로 증액납부를 요구하고 있다. 이렇게 될 때 일본 유학을 지망하는 학생수가 감소하여 한·일 학생 교류가 침체될 것이 예상된다.

이번 방문에서 몇 가지 일본교육의 변화를 보고 느낀 바가 있다. 첫째로 차별화 된 새로운 프로그램의 개발에 과감한 투자를 하고 있다. 1998년에 개교한 히로시마국제대학은 인간 환경학부, 의료복지학부,

보건의료학부의 3개 학부로 구성되어 있는데 전공학과가 언어커뮤니케이션학, 감성정보학, 임상심리학, 의료경영학, 의료복지학, 간호학, 진단방사선학, 임상공학 등 종래의 대학 전공학과와 차별화된 전공을 개설, 21세기 세계화 시대의 인재수요에 부합한 프로그램을 운영하고 있었다. 더욱이 시설투자에 우리 돈으로 환산하면 약 300억 원 이상을 투입하였다고 한다. 많은 의료실습 장비가 최첨단시설로써 최고 수준의 일류 병원에서나 볼 수 있는 최신 장비를 갖추고 있는데 놀라지 않을 수 없었다.

둘째는 일본 대학 특히 사립대학들의 등록금이 대학에 따라 전공계열에 따라 크게 차이가 있다는 사실이다. 오사카공대와 세츠난대학에서도 문과는 연간 우리 돈으로 환산하면 약 900만 원인데 반해 약학과는 2,000만 원으로 2배가 넘었다. 더욱 놀란 것은 일부 사립 의과대학의 경우 수업료를 연간 1억 원을 받는 대학도 있는데, 그렇게 받아도 양질의 교육을 위해 지원자가 모여든다는 것이다. 형평성이니 위화감이니 하여 평등화에 익숙한 우리 사회와는 달리 일본 사학들은 자유경쟁 체제하에서 철저한 시장원리에 입각하여 운영되고 있다는 것을 느낄 수 있었다. 그러나 기부금 입학에 대해서는 부정적 시각을 가지고 있었다. 설혹 있다하더라도 그런 대학은 자생력을 상실할 것이라는 일본 교수들의 의견이었다.

셋째로 이들 대학들의 수업단위 학생 수가 백 명을 넘는다는 사실이다. 인문학과 뿐만 아니라 이공학 전공강의도 수강생이 100명을 넘는다.

수업 태도도 우리 대학들이 좋다는 평이었다. 그러나 이들이 졸업을 하고 직장에 나가면 직장 풍토에 바로 적응하여 환영을 받는다는 것이다. 퍽 아이러니컬한 현상이다. 학교의 우등생이 반드시 사회의 우등생이 아니라는 증거이기도 하며, 교육적으로 음미해 보아야 할 현상이다.

교육개혁, 또 개악되지 않으려면...

우리 교육현실에 대한 국민적 불신과 우려가 높아진 지 오래다. 교육이 교육 본연의 기능을 상실한 채 입신출세의 관문인 명문대 입시를 위한 살벌한 입시 준비의 장으로 떨어졌다.

최근 정부 차원에서 실시된 사교육비 현황 조사에서 우리나라 전체 초·중·고등학생의 80%가 사교육을 받고 있으며 사교육비 전체규모는 20조 400억원으로 전체 국가예산의 10분의 1 수준에 육박한다는 충격적인 발표가 있었다. 그뿐만 아니라 미국 내 한국 유학생 수가 10만명에 육박하며 이 중 약 3만명이 초·중등 학생이라는 미국정부의 보고도 보도된 바 있다. 미국 내 한국 학생 수가 10억명이 넘는 인구를 가진 인도나 중국을 제치고 1위를 차지한다는 것이다. 자기 나라 국민 기초교육도 만족을 주지 못하는 교육제도에 대해 수치심을 느끼지 않을 수 없다.

새로 출범한 이명박 정부도 이전 정부와 같이 교육개혁의 기치를 높이 들었다. 개혁의 각론에 들어가기에 앞서 분명히 해야 할 것이 있다. 교육은 인간이 지녀야 할 가치 규범과 자질을 함양하고 발전시켜야 할 국가 사회 최고의 가치라는 사실이다. 인간의 존엄성은 단지 효용성에만 국한되는 것이 아니다. 아무리 물질적 부를 추구하는 경제가 중요하다 해도 인간으로서 지녀야 할 숭고한 가치 규범이 망각되거나 소홀히 된다면 그 사회는 선진국이 아니다.

우리나라는 지금까지 여러 차례 잘못된 교육을 바로잡기 위한 개혁을 반복하여 왔으나 그 개혁은 실효를 거두지 못하고 오히려 개악되었다는 평을 받고 있다. 교육정책의 실패 원인이 어디에 있는가에 대한 올바른 진단과 처방이 요구된다. 교육개혁을 논함에 있어서 교육이 무엇을 의미하는지, 그리고 올바른 교육이 어떻게 이루어지는지를 위정자는 물론 온 국민이 심각하게 다시 생각하여야 한다. 입신출세를 목적으로 하는 소수 일류대학 입시 위주에서 어떻게 탈피할 것인가를 함께 고민하여야 한다. "세계적 천체물리학자 스티븐 호킹 박사가 만약 우리나라에서 태어났다면 어떻게 되었을까?" 그 유명한 발명왕 에디슨이나 상대성 이론을 만든 아인슈타인이 학창시절 낙제생이었다는 사실도 우리는 참고하여야 한다.

인간은 누구나 무한한 가능성을 가지고 태어났기 때문에 모두가 교육의 대상이다. 전국 어느 학교에서나 학생 개개인의 능력과 품성이 최대로 개발되고 모두가 긍지를 가질 수 있도록 교육환경이 재구성되어야 한다. 창의력이 말살되는 우리 교육현장의 무의미한 교육전쟁의 고통으로부터 학생들과 학부모들을 해방시켜야 한다.

오늘날 우리 교육이 교육 본래의 의미를 망각하고 점수 따기 경쟁 중심이 되고 학벌을 지나치게 중시하며 그것이 마치 인격과 성공을 가늠하는 실체인 양 오도되고 있는 현실을 바꾸어야 한다. 우리 교육이 교육으로 자리매김하지 못하고 지나치게 정치논리와 경제논리의 지배하에 예속되는 것은 교육 발전을 왜곡할 위험성도 있다는 것을 명심하여야 한다. 교육에 대한 국민의 올바른 이해와 태도가 바람직한 방향으로 변하지 않는 한 한국 교육체제의 합리적 개혁은 어려우며 정치의 교육에 대한 간섭과 정부의 통제도 쉽사리 없어지지 않을 것이다.

우리나라가 선진국이 되기 위해서는 우리 교육의 명예를 회복하고 청소년들에 희망을 주고 학부모들의 고통을 덜어 줄 수 있는 올바른 교육개혁이 실현돼야 한다. 나라의 미래를 걱정하는 우리 사회 지도층의 지혜와 아울러 전 국민적 각성이 있었으면 한다.

(2008. 3. 15. 조선일보)

무한경쟁의 시대적 도전을 극복하라

오늘 새천년이 시작되는 첫해의 새봄을 맞아 내외 귀빈 여러분과 학부모님 그리고 우리 대학 창설자 김인곤 이사장님을 비롯한 광주대학교의 모든 가족이 함께 모여 1999학년도 학위수여식을 거행하게 된 것을 무한한 영광으로 생각합니다.

오늘은 우리 광주대학교의 가족뿐만 아니라 광주대학을 아끼고 사랑하는 모든 분들에게도 참으로 경하스런 날입니다.

개교 20주년을 맞는 우리대학은 그동안 4만 여명의 인재를 배출하였고 이제 오늘 학사 2,389명, 석사 53명 총 2,442명의 새로운 졸업생을 사회에 배출하게 되었습니다.

먼저 각고의 노력 끝에 소정의 전 과정을 성공리에 마치고 영예로운 학위를 받으시는 졸업생 여러분께 진심으로 축하를 드립니다. 아울러 오늘의 영광이 있기까지 물심양면으로 자녀교육을 위해 지원을 아끼지 않으신 학부모님 여러분과 졸업생. 여러분의 인격적 학문적 성장을 위해 열과 성을 다해 주신 교수님들의 노고에 대해 이 자리를 빌어 심심한 경의와 감사를 드립니다.

친애하는 졸업생 여러분!

지금 우리는 새천년 21세기의 첫해라고 하는 중요한 역사적 시점에 살고 있습니다. 아시다시피 세계는 정보화의 물결 속에서 정보통신기술의 발달로 지구촌화가 촉진되어 세계가 하나의 생활권으로 진입하고 있습니다. 21세기는 흔히 첨단정보화 시대, 문화의 시대, 지식혁명의 시대로 문명사적 변혁기라고 말합니다. 지식 정보기반 사회화에 따라 대학인의 창의적 역할이 어느 때보다도 강조되고 있으며 국경 없는 무한경쟁의 시대적 도전을 극복하기 위한 능력과 용기를 필요로 하고 있습니다. 우리는 실력을 갖추고 노력을 더 많이 하는 자만이 승자로 생존할 수 있다는 냉혹한 현실을 직시하여야 할 것입니다.

여러분이 우리 광주대학교에서 우수한 교수님들의 지도하에 사회 각 분야의 학문과 기술을 익혔고, 또 어떠한 시련도 극복할 수 있는 인내력과 아울러 합리성과 이성에 바탕하여 판단하고 행동하는 지성인의 자질을 갖추고 있어 우리 사회 발전의 큰 역군으로서의 책임을 다할 것으로 확신합니다. 그렇기 때문에 나는 오늘 여러분의 졸업을 축하함과 아울러 석별의 아쉬움도 있지만 희망과 기대에 부풀기도 합니다.

친애하는 졸업생 여러분!

장차 여러분은 누구도 예측할 수 없는 불확실한 시대에 살게 될 것입니다. 앞으로 인간의 정신적 가치관이나 정치·사회·문화 모든 면에서 많은 변화가 있을 것입니다. 여러분은 이러한 불확실한 변화에 대응할 수 있는 적응 능력과 그 변화를 선도할 수 있는 창조적 능력을 함께 갖추어야 할 것입니다. 그렇게 함으로써 불확실한 미래는 여러분에게 불안과 공포가 아니라 도리어 기대와 도전의 대상이 되도록 꾸준히 정진할 수 있을 것입니다. 여러분은 사회에 나아가서도 배움을 멈추지 마시기 바랍니다. 급속하게 심화되어 가는 정보화, 국제화의 시대적 추세에 뒤지지 않기 위해서는 지금까지 대학생활에서 얻어진 지식을 토대로 하여 앞으로도 자발적이고 적극적인 학구열을 계속 발휘하여야 할 것입니다.

친애하는 졸업생 여러분!

지금 우리는 산업사회의 병폐인 물질만능주의와 정보화·사회화에 따른 인간성의 상실과 도덕의 붕괴를 걱정하지 않을 수가 없습니다. 여러분은 지속적 덕성 함양을 통하여 인간성의 회복과 보호에 앞장서 주시기 바랍니다. 지식과 덕성은 서로 쌍벽을 이루어 균형을 갖추어야 하며 그중 어느 것이 제외되어도 인간다운 인간으로 존경받지 못할 것입니다. 꾸준한 수학과 수양으로 지성과 덕성을 함께 갖추어 앞으로 여러분이 진출하게 되는 사회에 참으로 가치 있는 존재가 되어 주시기 바랍니다.

여러분이 나아가는 인생길은 성공도 있을 수 있고 실패도 있을 수 있을 것입니다. 그러나 그 성공이 자기 과신이 되어도 안 되고 그 실패가 자기 불신이 되어서도 안 될 것입니다. 성공시의 자기 과신은 우월감에 사로잡혀 자만을 낳고 자만이 실패의 원인이 될 수 있기 때문입니다. 실패시의 자기 불신은 열등감 속에 좌절을 낳아 용기를 잃고 다가오는 성공의 기회마저 놓치게 될 것이기 때문입니다. 항상 소신을 가지고 겸허한 마음과 거시적 안목을 지녀주실 것을 당부 드립니다. 인류 역사는 순간순간 최선을 다하여, 성공하는 자가 이루어 놓은 산물입니다. 항상 주어진 일에 최선을 다하는 사람이 되어주시기 바랍니다.

에디슨은 그의 경험에서 터득한 성공의 비결은 땀흘려 노력하는 일이라고 하였습니다. 주어진 일에 몰두하면 우리 모두가 천재 못지않은 업적을 남길 수 있다고 하였습니다. 아무리 타고난 재주가 뛰어나다고 하여도 스스로의 노력이 없으면 그 재능은 녹슬고 말 것입니다. 주어진 일에 최선을 다하는 자만이 성공할 수 있다는 사실을 명심하시기 바랍니다.

친애하는 졸업생 여러분!

광주대학교는 여러분의 영원한 모교입니다. 여러분의 발전은 곧 광주대학교의 발전의 원동력이 될 것입니다. 또 광주대학교의 발전은 여러분의 발전의 원동력으로 작용할 것입니다.

여러분이 한결같이 광주대학교에서 배운 것을 기반으로 하여 계속 발전해 갈 때 여러분의 모교도 영원히 발전하고 우리 민족, 우리나라도 발전해 갈 것입니다. 여러분의 모향 광주대학교는 여러분의 앞날의 성공을 계속 지켜볼 것이며 또한 여러분의 전진을 위해 힘을 더해 드릴 것입니다. 긍지 높고 신뢰받는 역군이 되시기를 기대합니다.

끝으로 오늘의 이 졸업식을 축하하기 위해 참석하신 내외 귀빈 여러분과 학부모님께 감사드리며 졸업생 여러분의 앞날에 무궁한 영광과 하느님의 축복이 함께 하길 기원하며, 식사에 대합니다. 안녕히 가십시오. 감사합니다. (2000 .2. 22. 광주대신문)

대중화된 대학교육의 과제

고등교육의 대중화로 대학교육을 받는 학생들의 질과 능력이 다양해지고 있다. 많은 대학들이 신입생의 기초 학력 저하를 걱정하는 목소리가 높다. 적성 교육을 중시한다는 취지에서 한때 금지시켰던 고등학교와 중학교에서의 보충수업을 허용해야 하느냐, 계속 금지해야 하느냐를 놓고 교육당국 간에 이견으로 혼선을 빚고 있다. 우리 교육 문제의 핵심에서 벗어난 해묵은 논쟁 같아서 답답하게 느끼는 국민이 많을 것이다.

석차 중심의 교육풍토 만연

우리의 교육풍토는 마치 소수의 명문대학에 진학하기 위해 다른 사람과의 경쟁에서 이기는 것만이 교육의 목적이요, 인생의 목적인 것처럼 인식되고 있다.

대중화된 대학 교육 현실은 외면한 우리 사회의 병폐이다. 지금까지의 학교교육은 자기 스스로 공부해 지식을 몸에 익히는 것이 아니라 배운 것을 암기하기만 하면 학교 석차가 올라가고 그것으로 모든 것이 해결됐다.

이러한 석차중심의 교육은 결과적으로 건전한 창조력과 지적호기심의 싹을 꺾어 버리고 자신이 사물을 논리적으로 생각한다거나 분석한다거나 혹은 비판하는 능력을 상실하게 된다.

우리 교육의 문제가 바로 여기에 있다

지식의 주입식 교육과 항상 정답이 주어지는 교육을 계속 받아온 학생이 개인의 주체성이 존중되고 자주적인 학습태도가 요구되는 대학이라는 새로운 환경에 들어오면 그 환경에 대한 대응방법을 알지 못해 당황하게 되고 불안에 시달리게 된다.

한편으로는 초등학교 때부터 시달려온 과외와 시험공부로부터 벗어나게 됐다는 안도감과 해방감에서 대학에 들어온 학생들은 학습의욕이 결여되기 쉽다.

주체성 있는 학습태도가 요구되는 대학교육에 있어 스스로 찾아 공부하는 습관을 배우지 못하고 대학에 입학한 학생들에게는 대학의 자유로운 분위기가 어색하기만 하다.

또 한편으로는 많은 학생들이 인격형성의 초기단계인 초등학교부터 고등학교까지 다니는 동안에 인간성을 공부하게 해 주는 정서교육이나 사회성 훈련의 기회를 제대로 갖지 못하고 자란다.

인재의 질 높이는 방법 모색

그동안 학습 의욕이 없는 학생들에게 우리 대학들은 학위를 취득하기 위한 기관에 불과했다. 그러나 이제는 공부를 하지 않고도 받는 학위나 간판의 시대는 지나갔다.

그전에는 기업이 학생을 채용해 다시 그 기업에 맞는 교육을 하고 일을 시켰으나 이제 기업을 그렇게 할 여유가 없다. 공부를 하지 않고 대학을 졸업하는 학생은 취직을 못하게 되고 그 대가를 치르게 된다.

오늘의 대학은 학교교육에서 못 다한 기본 습관과 기초 지식을 보완하면서 전문 지식과 기술을 함께 연마하도록 교육프로그램을 개혁해야 한다. 대학의 사명은 이러한 변화된 학생과 사회의 요청에 부응하는 교육내용과 방법을 찾아 대학에서 배출하는 인재의 질을 높이는 일이다.

시급한 지방대학 육성책

시공의 의미가 없어지고 있는 정보화 시대에 수도권이니 지방권이니 하는 2분법이 합당한 것 같지는 않다. 그러나 우리나라 교육 현실은 지방과 수도권의 격차가 심각하다는 사실을 지적하지 않을 수 없다. 그리하여 '사람은 서울로 보내고 말은 제주도로 보내라'는 옛말이 우리나라에 아직도 유효하구나 하는 생각이 들 때가 있다.

최근 자료를 보면 우리나라 고교졸업생 중 수학능력 시험의 상위 5% 학생의 서울 소재대학 진학률이 62.5%라는 것이다.

수도권 진학 지역 발전 저해

많은 우수한 학생들이 높은 학비부담을 감수하면서 수도권 대학으로 진학하는 것은 국가적으로 큰 손실이며 사회적으로 큰 문제가 아닐 수 없다. 지방화 시대에 지역의 균형적 발전에 저해가 되기 때문이다. 수도권 대학을 나오면 지방에 있는 직장에 취업을 꺼릴 것이고 지방의 우수한 인재가 중앙으로 향해 수도권의 과밀현상만 더욱 가중시킬 것이다. 뿐만 아니라 지역발전에 중추적 역할을 담당해야 하는 지역대학의 발전을 더디게 함으로써 지역의 발전을 가로막는 악순환이 계속될 것이다. 최근 통계에서 수도권의 집중도를 보면 수도권 면적은 11.8%인데 인구는 45%를 차지하고 있다. 수도권에는 전국 4년제 대학의 약 40%가 있다.

자녀에 대한 교육열이 강한 우리 사회에서 질 높은 교육환경은 인구 집중의 중요한 원인이기도 하다. 여러 분야의 경제활동을 살펴보면 지방과 수도권의 격차가 큰 것을 알 수 있다. 30대 그룹 주력기업 본사의 88%, 정보통신업체 89%가 수도권에 있고 주요기업의 수도권 출신 비율이 80% 이상을 점하고 있어 풀뿌리 민주주의를 구가하고, 지방화 시대를 강조해 온 지난 10여년간 정부의 노력에 대한 성과가 실망스럽기도 하다.

대학교수 1인당 연구비도 수도권 대학이 지방대학보다 약 2배가 많다. 지난 1999년 국가고시 합격률에 있어 수도권 대학이 차지하는 비율이 사법고시에 92.6%, 행정ㆍ외무ㆍ기술고시에 92.1%라고 하는 사실은 부끄럽지만 지방대학의 취약성을 반영하고도 남는다. 우리나라가 이러한 수도권과 비수도권의 사회ㆍ경제적 불균형 상태를 방치한다면 지식의 창출과 활용 및 확산이 국가경쟁력의 핵심이 되는 21세기 지식기반사회에 부흥할 수 없다. 그리고 민주주의 토착화나 지방화시대의 실현은 더욱 요원해질 것이다. 21세기 사회는 정보화, 개방화, 국제화와 지방화가 동시에 진행될 것이며 국가간의 경쟁뿐만 아니라 지방정부와 기업이 경쟁 주체로 부상해 중앙과 지방은 주종관계에서 수평적 관계로 발전해야 한다.

세계적 무한경쟁 시대를 맞아 국가의 인력 개발은 중앙 위주 교육정책을 탈피하고 언제 어디서나 필요한 양질의 교육이 누구에게나 가능하도록 추진해야 한다. 더욱이 21세기 지식기반사회는 지식 · 기술의 생명이 짧아져 평생학습이 필요하게 돼 학생중심의 학교교육이 지역산업과 주변의 직업, 문화생활과 밀접하게 연계돼야 한다.

이러한 21세기 사회의 변화는 지방대학이 지역 경쟁력 제고와 동시에 국가경쟁력을 높이는 지식창출의 원천이 되어야 한다. 지역대학들은 지역산업과 긴밀한 협조 하에 기술개발에 선도적인 역할을 담당해야 하며 지역주민들의 삶과 생활을 풍요롭게 할 수 있는 평생학습센터가 돼야 한다. 이와 같은 지방대학 역할의 중요성을 감안할 때 우리의 교육정책은 지방대학의 발전과 육성에 초점을 맞춰야 할 것이다. 더이상 교육 요인으로 인해 수도권의 인구가 계속 밀집되는 현상을 막아야할 것이다. (2002. 3. 13. 대전매일)

지식기반 특성 차별화 추진 21세기 신글로벌 인재 육성

대전대는 1981년 순수 민간사학으로 출발한 젊고 알찬 중부권 명문 대학으로서 21세기를 이끌 정직하고 성실한 능력 있는 인재양성에 최선을 다하고 있습니다.

한의학과, 경영학과, 간호학과, 법학과 등은 교육부와 대학교육협의회가 실시한 각종 평가에서 최우수 또는 우수 평가를 받았으며, 이런 저력을 바탕으로 전체 대학평가에서도 우수한 성적을 얻은 바 있습니다.

이제 우리는 세계적 명문 대학으로 거듭나고자 합니다. 인간의 창의성과 열정을 중시하는 지식기반사회의 중심 인재를 양성하기 위한 특성화, 차별화 전략을 추진하고 있습니다.

환경 친화적인 캠퍼스 조성을 통해 연구와 교육의 수월성을 증대시켜 나가고 있습니다. 아울러 지역 사회와의 유기적 공조체계 구축을 통해 봉사와 사랑의 정신을 나누고 있고, 각종 연구사업 수주와 대학 발전기금 모금으로 견실한 재정 확보 및 투자 여건을 증진시켜나가고 있습니다.

대전대는 여러분이 미래의 꿈을 실현하는 데 부족함이 없는 대학임을 확신하고, 자랑스럽게 생각합니다. 자랑스러운 대전대 인으로 만날 것을 기대합니다. (2004. 9. 2. 대전매일)

교육계 시장논리에 대하여

오늘날 지방대학의 생존문제는 위기의식의 단계를 벗어나 이미 심각한 양상으로 치닫고 있다. 어찌 보면 이런 현상은 미래를 예견하지 못하고 준비마저 부족했던 대학의 책임이라 할 수 있을 것이다. 실제로 이러한 자성론 내지는 책임론이 상당한 당위성과 설득력을 얻고 대학 스스로의 변화와 개혁을 찾기 위해 다양한 생존 전략을 꾀하고 있는 것도 사실이다. 하지만 이러한 자구 노력의 근원과 출발점이 교육환경의 질적 향상이 아니라, 생존에 따른 경쟁 논리로부터 비롯된다는 현실을 직시할 때, 이문제가 과연 대학 스스로의 힘만으로 해결할 수 있는 과제인가를 되짚어보지 않을 수 없다.

교육은 인격과 능력, 그리고 자질과 개성을 계발해 국가와 사회가 필요로 하는 인재를 양성함에 목적과 가치를 두고 있는 것이지 상대적 우열을 가리고 최후의 승자를 가림에 의미를 두고 있는 것이 아니다. 따라서 이러한 교육을 담당하고 있는 대학 또한 생존과 경쟁의 논리로 좌우될 수 없는 것이다. 그러나 지금의 현실은 이런 문제를 지적하는 것조차 시대착오적인 발상으로 치부되고 있는 듯하다. 다시 말해 교육에도 경제와 힘의 논리가 강한 위력을 발휘하고 있는 것이다. 그렇다면 과연 지방 대학의 생존과 위기 문제를 풀 수 있는 해법이 경쟁과 힘의 논리에 있는 것인가? 이 점에 있어서는 분명 누구나 선뜻 그렇다라고 답할 수 없을 것이다.

가장 큰 이유는 오늘날 대학의 생존 경쟁이 공정하지 못하다는 것이다. 이른바 경쟁이라는 것은 그 시작에 있어 적어도 여건과 조건이 보편적 상식적 판단에서 어느 정도 유사성을 가져야 하기 때문이다. 그러나 대학의 '부익부 빈익빈' 구조가 이미 생존과 경쟁의 논리를 적용하기 이전부터 고착화되어 있었다는 자명한 현실을 부정할 수 없기 때문이다. 이런 상황 속에서 경쟁과 힘의 논리를 적용한다면, 이는 교육의 고유한 목적과 가치를 논외로 한다고 하더라도 분명 불공정하고 차별적인 현상임을 누구나 부인할 수 없을 것이다.

물론 생존은 대학에 있어 절대적 당면 과제이기 때문에 반드시 스스로의 자구 노력을 찾지 않을 수 없고 또 찾아야만 한다. 그러나 이 문제가 언제까지고 대학만이 알아서 해결해야 할 문제라고 한다면, 분명 우리의 교육은 기형적 부작용을 낳을 것이고, 이 부작용이 결국은 교육의 수혜자인 학생은 물론, 국가와 사회의 미래에 또 다른 기현상을 가져다 줄 것이다.

교육의 성패가 국가와 민족의 미래를 좌우한다. 미래는 사람에 의해 결정되며 사람의 능력은 교육에 의해서 길러지기 때문이다. 그러나 교육은 일류와 최고만을 인정하는 서바이벌 게임이 되어서는 안 된다. 때문에 교육에 있어 새시장 논리가 더 이상 생존 경쟁으로 직결되는 오류를 방치해서는 안 될 것이다. (2003. 8. 11. 충청매일)

바람직한 인간상 구현

지난 2월 28일 취임한 신극범 대전대학교 제4대 총장은 '전인적인 조화 이론인재 양성', '주체성을 지닌 개방적 인재 양성', '창조적 인재 양성' 등을 교육의 가치로 제시하고, 자연환경을 그대로 살려 환경친화적인 캠퍼스를 구성하겠다고 강조했다.

1. 취임소감은?

중부권의 명문사학으로 장족의 발전을 이룩한 대전대학의 총장으로 부임한 것을 기쁘게 생각하며 어려서 자란 고향에 돌아와 고향의 훌륭한 인재를 양성할 책무를 맡아 두 어깨가 무겁기도 하지만 보람스럽게 생각합니다. 나를 초청해준 혜화학원(임용철 이사장님을 비롯한)과 대전대학교 전 가족에게 감사함을 느낍니다. 대전대학의 제2 도약을 위해 최선을 다하겠습니다.

2. 중부권 명문대학으로 발전하기 위한 역점추진 방향은?

대전대학이 가지고 있는 역량을 총집결하여 특성화, 차별화를 통해 국가사회가 필요로 하는 정직하고 유능한 인재를 길러 명문대학으로 발전시킬 것입니다.

미래지향적이고 창의적인 인재육성에 힘을 기울이고 경쟁력있는 전문인으로서의 능력을 갖춘 세계인 육성에 역점을 두겠습니다. 아울러 높은 도덕성과 봉사정신이 투철한 지도자가 되도록 지식과 첨단기술뿐만 아니라 인성교육에도 힘을 기울여 어디에서나 모두에게 필요하고 환영받는 대전대인을 만들 계획입니다.

교육의 수월성을 확보하기 위해 우수한 교수를 초빙하고 금년내 학생복지문화관과 제2기숙사 그리고 문산 제2캠퍼스를 착공할 것입니다.

3. 21세기 Vision을 위한 구체적인 운영계획은?

대전대학교는 그동안 다져온 창조적 도전정신으로 21세기를 열어가고자 합니다. 대전대학교는 21세기 명문대학으로 도약하기 위해 국제화와 정보화, 효율화, 지역사회 봉사 등 모든 면에서 앞서가는 대학으로 도약할 것입니다.

21세기 무한경쟁시대에 대비하여 대학교육의 수월성을 높이고 경영의 효율성과 책무성도 강화해 나가겠습니다. 그리고 대학 간에 협동성과 자율성의 신장에도 노력할 것입니다.

4. 정보화사회와 국제화에 부응키 위한 인재 양성 방안은?

대전대학교는 전국 최초로 지난 1996년 인트라넷 시스템을 구축하고 교수, 학생은 물론 전 구성원에게 ID를 부여했으며 첨단 멀티미디어실을 설치, 정보화 교육을 강화해 왔습니다.

그리고 세계화시대에 발맞추어 첨단멀티미디어시설, 어학실습실 시설의 확충 1인 1 외국어 교육과정을 운영하고 원어민 교수에 의한 외국어 교육을 실시하여 학생들의 외국어 능력을 키우고 있습니다. 그리고 해외 자매대학교와 활발한 학생교류를 통해 국제화, 세계화에 부응하는 인재 양성 프로그램을 강조하고 있습니다.

세계 9개국 24개 대학교와 자매 학술 교류 협정을 체결하고 교수 학생 교류와 학점 교류를 하고 있으며 매년 100여 명의 학생을 해외 대학에 파견해 국제적 안목을 넓히고 있습니다. 앞으로 기숙사 시설을 확충해 외국 학생의 유치에도 힘을 기울일 예정입니다.

5. 현재 구상하고 계신 대전대학교만의 특성화 전략은?

대전대학교는 체육대학를 제외하고 전국대학 중 유일하게 올림픽 금메달리스트인 김영호 선수를 배출한 대학입니다. 획일적인 구호와 개혁보다는 대전대학교만이 할 수 있는 경쟁력 있는 분야를 육성할 것입니다.

첫째로 전국 최고의 수준을 자랑하고 있는 한의학과와 한방병원을 특성화시켜 환경교육과 인간중심의 교육을 강화하여 생명을 존중하는 대학으로 만들고자 합니다.

둘째로 세계화 정보화 지식기반사회에 필요한 인재를 양성하는 실질추구의 대학으로 육성코자 합니다. 이를 위해 외국어구사능력, 정보활용능력, 실기와 실무교육을 강화하겠습니다.

셋째로 지역친화적 대학으로 육성코자 합니다. 대전대학교의 발전이 대전의 발전을 가져오고 대전의 발전이 대전대학교의 발전에 기여할 수 있다는 생각으로 지역과의 유대를 강화하고 지역봉사를 활성화하고 산학, 관학 연구기관과 대학의 유대를 강화하여 대전대학의 교육력을 높일 것이며 지역에 필요한 인재육성에 힘쓰겠습니다.

6. 한의과대학의 육성계획은?

대전대학이 한의학과가 중심이 되어 발전하였다고 볼 수 있습니다. 지금까지 15회에 걸쳐 1천여명의 한의사를 배출하여 전국 각지에서 국민 보건 향상에 공헌하고 있습니다. 우선 한의과대학내에 동서 생명과학연구소를 활성화하여 한의학의 세계화에 박차를 가할 것입니다. 그리고 한의학과 정보통신기술을 접목시켜 한방의료장비 개발을 위한 연구도 추진하여 한방의학의 세계화에 기여하고자 합니다.

또한 부속병원도 크게 확장하여 연구와 의료서비스를 강화하겠습니다. 문산지구에 제2캠퍼스를 마련, 부속한방병원을 신축하고 천안부속병원도 이미 부지를 확보하고 새병원 건물 설계를 하고 있습니다.

내년 월드컵지원병원으로 한방병원이 참여했으면 했는데 한방은 제외되었다고 들어 유감스럽습니다.

7. 졸업생들의 진로문제 해결을 위한 추진방안은?

신입생 모집 못지않게 졸업생의 취업 문제에 대해 고민할 것입니다. 취업정보실의 기능을 강화하여 진로지원시스템을 구축하여 전국적 정보망을 활용하고 취업경쟁력을 갖출 수 있도록 어학, 컴퓨터 강좌, 취업정보강화 및 각종 취업시설에도 철저히 대비케 할 것입니다.

산학협력을 통하여 교육내용을 기업이 원하는 맞춤형 인재육성에도 힘을 기울일 것입니다. 이를 위하여 취업담당부서뿐만 아니라 모든 전공분야의 교수들이 자기학부졸업생의 취업에 관심과 지원을 함께 하도록 할 방침입니다.

8. 21세기 대전대학교의 역할 및 지역민과의 유대강화를 위한 구상이 있다면?

세계 유명한 많은 대학들은 그 지역명을 대학명으로 하고 있습니다. 하버드도 그렇고 옥스퍼드나 캠브리지도 그렇습니다. 대전대학교의 발전은 대전의 명예를 높이는 일과 직결된다고 생각합니다.

대전대학교는 중부권의 핵심도시인 대전의 발전을 위해 지역내의 여러 연구소와 인재 교류를 강화하고 연구결과를 지역사회에 환원한다는 취지로 모든 분야에 봉사활동도 강력히 추진하겠습니다.

지역 주민에 가능한 한 대전대학교의 여러 시설을 개방하고 각종 평생학습프로그램을 운영하여 지역 주변 직장인의 전문적 교양적 지식 함양에도 기여토록 하겠습니다. 특히 행정, 경영, 산업정보, 교육, 스포츠 등 특수대학원 프로그램을 통해 산, 학, 관, 군 협력체제도 구축하겠습니다.

9. 평소 갖고 계신 교육철학은?

인간은 교육을 통하여 사람이 된다고 합니다. 사람이 된다함은 지식뿐만 아니라 올바른 가치관과 도덕적 심성이 함께 할 때 올바른 인간이 된다고 생각합니다. 대학교육도 지도자를 양성하는 교육으로서 전인교육이 되도록 하여야 합니다. 그리고 민주주의 시대의 교육은 한사람도 버릴 사람이 없으며 모든 사람에게 그가 타고난 재질을 제대로 계발시키는 것이 교육의 책임이라고 생각합니다.

그리고 국가의 교육정책이 지나치게 경쟁을 부추기고 학교를 서열화하여 학생의 열등의식을 조장해서는 안된다고 봅니다. 모든 국민이 어느 학교를 나오나 자기가 졸업한 학교가 최고라는 애교심을 갖도록 교육정책을 펼쳐야 한다고 생각합니다.

입신출세라는 과거 봉건적 교육관에서 남을 위해 봉사하고 개개인의 개성을 최대로 살려서 창조적 능력을 발휘케 하는 것이 민주주의 시대의 교육의 목적임을 명심하여야 한다고 생각합니다. 교육은 사랑과 신뢰와 인내정신을 가지고 운영되어야 성공할 수 있다고 믿습니다.

숨은 개성·재능 키우는데 최선

　광주대 신극범(愼克範·67)총장은 남다른 교육철학을 지니고 있다. 그의 교육관은 바로 「인간(人間)」과 「역지사지(易地思之)」다. 신총장은 "우리사회는 획일화된 교육에 밀려 아직 남을 배려할 줄 아는 교육이 이뤄지지 않고 있다"며 "정직과 사람에 대한 믿음이 살아있는 대학으로 만들어 나가겠다"고 강조한다. 지난해 3월 부임하자마자 1·2학년 교양 과목에 「열린 인생론」을 개설, 강사로 국내 유명인사와 원로들을 초청하는 것도 이 때문이다.

　신총장은 이 같은 인간중심 교육을 밑거름으로 대학의 위상을 한층 높여가겠다는 포부를 갖고 있다. 이를 위해 학생 개개인의 자질과 능력이 발휘될 수 있도록 학과별 실험실습제 등 각종 교육프로그램을 개발

하는 등 교수와 학생, 교직원이 하나가 되어 연구하고 배우는 「학문공
동체」를 만들어가겠다고 밝혔다.

신총장은 "숨어있는 학생들의 개성과 재능을 발견하고 이를 키워주
는 대학이 될 수 있도록 최선을 다할 것"이라고 다짐했다.

올바른 인성교육

우리나라가 급속도로 서구화 산업화 정보화 사회로 발전하면서 우리의 전통 미풍양속이 사라지고 있다. 가족제도도 핵가족화 되어 부모 형제간에도 멀어지고 고령화 사회로 진전되면서 독거노인 가구도 급증하고 있다. 본능적 쾌락과 이기주의가 판을 치는 것 같아 걱정이다. 인간성 상실에 대한 우려가 적지 않고 우리교육 현실에 대한 각계의 우려가 커지고 있다.

내일을 이끌어 갈 젊은이들에게 올바른 인성교육의 필요성이 어느때보다도 절실한 과제로 회자되고 있다. 한 연구에 의하면 오늘의 청소년들에게 나타나는 공통적 현상으로 신경질적 경향, 자기본위의 경향, 대인관계의 미숙, 활력의 결여, 정체의식의 불확실 등을 지적하고 있다.

최근에는 교육계나 군부에서까지 각종 불미스런 폭력사례가 발생하여 사회적 물의를 야기하고 있다. 특히 일부 지도층 인사들까지 인간관계에서 비도덕적 행실이 문제되어 법의 심판과 사회적 지탄을 받고 있다. 교육자의 한사람으로 부끄러운 생각이 앞선다. 서로 간에 오해나 실수로서 발생하는 사건이라고 생각되기도 하지만 인성교육이 기성세대 어른들에게도 필요하다는 증거이기도 하다. 학교와 어린이집 교사들의 폭력을 감시하기 위하여 CCTV를 설치하도록 입법화한다는 뉴스를 보고 이제 말세가 온 것 같은 슬픈 생각마저 들었다. 교육자가 CCTV로 감시받을 정도로 학생이나 학부모와 사회로부터 불신을 받는 현실에서 참다운 교육 활동은 있을 수 없기 때문이다.

교육은 학생에 대한 무한한 사랑과 신뢰 그리고 인내심이 요구되는 활동이다. 교육자에 대한 믿음이 상실된 사회야말로 미래의 희망이 없는 도덕적 후진국이다. 아무리 경제가 발전하고 돈이 많고 높은 건물에 좋은 자동차와 좋은 음식을 먹으며 호의호식한다 해도 이런 사회는 선진국이 아니다. 선진국이 되려면 국민의 도덕적 수준이 높아야하기 때문이다. 특히 사회 지도층의 높은 도덕성이 요구된다. '낮 말은 새가 듣고 밤 말은 쥐가 듣는다'는 옛 속담은 항상 조심하여 정직하게 행동해야 한다는 좋은 가르침이다.

어린이들은 어른들의 생활 모습을 보고 배운다. 그래서 "어린이는 어른들의 거울이다" 라는 말이 있다. 그들이 적대의식 속에서 생활을 하면 싸움하는 것을 배우게 되고, 관용과 격려 속에서 생활을 하면 인내와 자신감을 배우게 된다. 그들은 칭찬 속에서 생활을 할 때 감사하는 것을 배우게 되고, 또 인정을 받으면서 생활할 때 자기 자신을 좋아하는 것을 배우게 되는 것이다. 자라나는 어린이들이 건전하게 성장할 수 있는 유익한 가정과 학교 그리고 사회 환경을 만들도록 힘써야 한다. 특히 건전한 대중매체들의 교육적 기능과 역할도 중요하다.

올바른 인성교육을 위하여 현재의 우리나라 학교 교육의 일대개혁이 요구된다. 우리 교육이 지식전수에만 치중하는 소위 일류대에 진학을 위한 입시교육 중심의 교육 풍토를 혁명적으로 바꾸어야 한다. 높은 도덕적 인격 연마 보다 이기적인 지식편중 교육을 재검토하여야 한다. 철학 없는 맹목적인 입시경쟁에 심리적으로 육체적으로 시달리고 있는 우리 청소년들의 고통을 덜어주기 위하여 공교육 제제를 정상화하고 과도한 학벌주의 폐단도 하루바삐 시정하여야 한다.

인격교육은 지식교육만으로 이루어지는 것이 아니다. 실천을 통한 올바른 생활습관을 길러주어야 한다. 아는 것이 아무리 많아도 실천이 없는 지식은 허상이다. 말과 글에 머무는 인성교육이 아니라 실천이 따르는 좋은 생활습관을 통하여 체질화된 인성교육이 되어야 한다. 언행일치 즉 실천이 우리 국민 모두에게 요구되는 과제가 아닌가 싶다. 우리 사회는 총론에서는 모두가 공감하면서 각론에서는 갈라져 싸운다. 이기심이 앞서기 때문이다.

오늘날 교육문제가 교육 외적인 정치, 경제, 과학기술, 문화 등 환경 변화와 교육 내적으로 학부모, 학생, 기업, 지역사회와 정부의 교육에 대한 영향력이 커지면서 교육의 자율성이 위축되고 있다. 정치적 민주주의를 달성한 오늘도 획일적 정부의 통제는 여전하여 교육의 독창성과 창의성을 가로막고 있다. 단위학교, 단위대학 그리고 교사와 교수들에게 최대의 자율적 교육활동을 보장하는 것은 물론 공교육과 사교육으로 이중 고통을 받고 있는 우리 청소년들과 부모들의 고통을 덜어주어야 한다.

우리나라 중산층의 몰락과 출산율의 저하는 자녀들의 과다한 교육비 특히 사교육비 부담 때문이라고 나는 생각한다. 극소수의 소위 일류대학에 입학하는 학생만이 승자가 되고 대다수 학생들을 패자로 만드는 국가주도의 획일적 입시제도도 바꾸어야 한다. 올바른 인성교육을 위해서 다수 학생들이 자기 적성과 능력에 맞는 교육을 받고 긍지를 느낄 수 있도록 국가 교육제도를 선진화하여 미래를 이끌 청소년들에게 희망을 주어야 한다. 최근에 뉴스에서 사회 각계의 지도자들이 병든 우리 교육현실에 대한 우려의 목소리를 높이는 것 같아 교육개혁에 대한 기대를 해본다.

도덕적 성숙으로 을유년의 희망을 갖자

새해를 맞게 되면 지각 있는 사람이면 누구나 지난해를 되돌아보고 그것을 기초로 하여 새해를 위한 설계를 한다. 그리고 새로운 의욕과 열의로 그 계획을 수행할 것을 다짐하게 된다. 우리에게 새해의 의의가 바로 여기에 있다.

2005년 을유년 새해는 우리 민족에게는 참으로 뜻깊은 해이다. 35년 간의 그 혹독한 일제 식민지 통치에서 나라를 되찾은 지 갑년이 되는 해이기 때문이다. 나라를 빼앗겼을 뿐만 아니라 우리말도 빼앗기고 성씨까지 빼앗겨야 했던 그 일본 통치가 막을 내린지 60년이 되었다. 오랫동안 고생한 끝에 맞은 해방의 기쁨은 잠깐이고 미·소 외세의 결정으로 국토가 남과 북으로 분단되고 반만년을 자랑하는 단일민족이

동·서 이념 대결의 격투장으로 변하여 일제의 35년보다 더 긴 60년이라는 세월을 분단의 고통에서 벗어나지 못 하고 오늘에 이르렀다. 물론 우리나라의 분단과 민족의 분열은 우리가 스스로 택한 것이 아니지만 참으로 부끄럽고 통탄할 일이 아닐 수 없다. 동·서 이데올로기 대립이 우리나라에는 남과 북으로 축소되어 동족상잔의 전쟁이라는 불행한 역사를 경험하기도 하였다.

전쟁은 중지되었지만 남과 북은 오랜 갈등이 지속되었고, 최근에 정부와 민간차원의 교류가 제한적으로 이루어지고 있지만, 우리 사회 안에서 그리고 우리의 마음 속에서 갈등은 계속되고 있다. 계층과 계층 사이에서, 세대와 세대 사이에서, 지역과 지역 사이에서, 그리고 현실에서의 적응과 이상의 추구 사이에서 일어나는 모든 갈등에 이데올로기 대립이 반영되고 있다. 따라서 해방 60년을 맞는 우리에게 이러한 갈등과 대립을 성공적으로 극복하는 것이 남북 대립을 지양하고 조국통일을 달성하기 위한 선결과제이다. 또 한편으로는 남남갈등도 남북 갈등 못지않게 우리가 극복해야할 과제이다.

지난 60년간의 남북 사이의 체제 경쟁은 우리 체제가 더 잘 살 수 있다는 것을 입증하여 주었다. 그러나 우리는 경제 전쟁의 승리로 만족할 것이 아니다. 소비 상품을 생산하고 국제 시장에 진출을 잘 하는 것만으로 체제의 우월성이 입증되었다고 자만하기에는 불충분하다. 인간적인 삶을 성실하게 살아갈 수 있는 사회를 만드는 것이 중요하다. 산업화 진전만이 인간의 삶의 질을 보장하는 것이 아니라 윤리적인 생활환경이 함께 따라가야 한다.

지금까지의 우리 산업화의 열매가 우리의 생활을 물질적으로 편리하고 풍요롭게 하는데 기여했지만, 인간적으로나 도덕적으로 삶의 질을 높이는 데는 소홀했다. 물질적 풍요가 오히려 우리의 전통 미풍인 도덕적이며 정신적인 가치를 파괴하고 있다. 근면 대신 향락이, 질서 대신 방종이, 절약 대신 소비가, 그리고 인격 대신 황금이 우리의 삶을 지배하게 된다면 우리의 물질적 풍요가 우리에게 행복을 가져다주었다고 말 할 수 없다. 우리 산업화가 물질적인 향락이 모든 가치보다 우선하는 사회를 만들지 않았나 싶다. 그러나 아무리 물질적으로 풍요해도 도덕적으로 타락하고 인간이 인격적으로 품위가 없어지면 그 사회는 희망이 없는 사회이다.

우리는 올바른 교육과 의식 개혁을 통해서 도덕적 선진화를 달성하여야 한다. 2005년 새해를 맞이하여 일제로부터의 해방을 맞이했던 굶주리고 헐벗던 60년 전의 을유년을 회상하면서, 오늘의 물질적 풍요를 이룬 데 감사하고 자부심을 가져야 한다. 새해에는 그 동안의 반목과 불신을 관용과, 나눔과 봉사정신으로, 도덕적 선진화를 통하여 분단도 극복하고 정신적 갈등도 극복하여 한 민족의 화합과 번영의 기틀을 마련하여 을유년의 해방과 기쁨을 되찾아야 하겠다.

(2005. 1. 3. 중도일보 오피니언)

미시건주립대학교 1997 영예의 동창인 첫 한국인 선정

"미시건주립대 「97영예의 동창인」에 한국인 신극범씨 선정"
"동양인으론 첫 한국인이 수상"

미시건주립대 총동창회(회장 캐더린 슈워츠 여사)가 선정한 「97영예의 동창인」 수상자로 동양인으로는 최초로 전 한국교원대학교 총장 신극범 박사(현 한국교육학회 회장)가 모교인 미시건주립대 교육대학 졸업식장에서 5월 3일(토) 오전 9시 30분 슈워츠 총동창회장으로부터 표창을 받았다.

"대전고와 연세대 영문과, 서울대 교육대학원을 거쳐 미시건주립대 대학원에서 교육행정 전공으로 철학박사 학위를 1972년 취득한 신박사가 한국에서 교육행정분야에 이룩한 탁월한 업적과 모교를 빛낸 화려한 경력이 본상을 수상하게 됐다"고 캐더린 회장은 포상이유를 요약했다.

주한 미경제협조처(USOM)의 교육담당기획관, 한국교육개발원 수석연구원, 한양대 사범대학장, 교육문화수석비서관, 한국교원대 제3·4대 총장을 역임하는 동안 미시건주립대 동문회장으로 모교와의 발전적 교류를 도모하기도 한 신극범 교수는 지난 해 피터 맥퍼슨 총장의 방한시 자랑스런 동문상을 수상한 바 있다.

대한민국 황조근정훈장 보유자로서 부인 송영희 여사와 사이에 2남 1녀를 둔 신극범(65) 교수의 수상식장에는 대전고 동창 남상용(미시건대 한국학 후원회장)씨와 디트로이트 한인회 송병윤 부회장이 부인 송여사와 자리를 함께했다. (1997. 5. 10. 조선일보 미시건판)

곰내(態川) · 인내(仁川) 서로 합쳐져 큰 저수지 이루고

시오리길 자전거 통학… 강인한 체력길러
대보름엔 五峰山 공동묘지까지 담력 시합

    내가 태어난 곳은 논산군 양촌면 곰내라는 40호 미만의 조그만 마을이다. 양촌면은 행정구역으로는 논산군에 속한다. 본래 논산군은 1914년 일제의 부·군 개편 때 「놀뫼」라는 어원에서 나왔는데, 당시 은진군과 현재의 연산인 황산군을 합쳐서 된 군이다. 은진은 백제의 덕근군이었는데 통일신라 때 덕은으로 고쳤다가 고려 현종 때(1018년) 공주에 속하였고, 조선조에 와서 세종원년(1419년)에 은진으로 개명하였다 한다. 연산은 본래 황등야산군으로 신라 때 황산군이라 고쳤고, 고려초에 연산으로 이름이 바뀌었다. 논산이란 지명은 본래 「놀뫼」에서 나왔는데, 토박이 말로 땅이 누런 빛깔이어서 「놀뫼」라 불렀다 한다.

양촌면은 옛날에는 황산에 속해 있었다고 볼 수 있다. 금산군과 완주 군에 걸쳐있는 대둔산의 정기를 나누어 받은 면이라고나 할까? 대둔산 줄기 계곡에서 흘러 내려오는 큰 내가 있는데, 이 냇물이 흘러서 논산 저수지를 이룬다. 이 내를 중심으로 야산 기슭의 논에 물을 공급하여 제법 비옥한 논이 형성되어 있다. 내의 이름이 인내(仁川)로써 현재 면소재가 이 내 이름을 따 仁川里로 되어 있다. 우리집과 인내 사이는 구도로 5km, 신작로로는 6km의 거리였다. 인내와 우리집과의 중간지점 에 원슬보라는 큰 보가 있었다. 이 보를 중심으로 하여 우리 양촌은 水上과 水下로 나누어진다.

40호의 작은마을

내가 자란 곰내 동네는 원슬보 밑 동네로 水下에 속하였다. 水下에 있는 동네들은 밭농사보다는 논농사에 주력하였다. 그리고 水上보다는 연산이나 논산에 가까워서 편리하였고, 학생들이 연산에서 전이나 논 산, 그리고 이리 지방으로 기차통학을 할 수 있었다.

우리집에서 6km쯤 되는 연산역까지 자전거로 와서 열차를 이용하여 통학을 한 경험도 있다. 무엇보다도 당시 모든 열차가 증기기관차여서 특급이든 화물차든 모든 차가 급수를 위해 연산역에서 정차하였다. 그래서 통학권을 가지고 이들 열차를 이용할 수 있어서 편리했다. 간혹 무임승차를 하는 경우에도 차장에게 거수 경례를 하면 그대로 묵인해 주곤했다.

봄이나 가을철이면 우리는 원족(遠足, 소풍)을 자주 갔다. 당시 우리는 집에서 20리나 되는 칡나무 기둥으로 유명한 쌍계사와 30리 길이나 되는 은진의 관촉사를 찾아 미륵불의 신비에 감동되기도 하였다.

우리 집안이 양촌으로 옮겨온 것은 구한말 때 은진학교 훈도로 계시던 조부때였다. 그래서 우리집을 '훈도댁'이라 불렀다. 나는 9살 때 양촌학교에 입학하였는데 키가 작아 맨 앞줄에 앉았으나 1학년부터 급장 노릇을 줄곧 하였다. 때로는 선생님을 대신하여 반 학생들에게 책을 읽도록 시키기도 하고 자습시간에 떠들지 못하도록 매를 들고 감독을 한 기억도 난다. 현재 서울에만 20여명이 양촌학교 동기라 하여 '26회'라는 모임을 만들어 옛 정을 나누고 있다. 이들 중에는 전평민당 사무총장 김영배(金令培)의원도 포함되는데 한 때 우리 한 반 친구 중에 총장이 나와 김의원 둘이나 있다고 자랑겸 농을 하기도 하였다.

어려서 친구들과 장난을 어찌나 많이 했는지, 공부에 등한하다 하여 선친으로부터 많은 종아리를 맞았다. 당시엔 매우 원망스러웠다. 그러나 먼 길을 통학하고 원족을 다니던 경험이 내 강인한 체력의 밑거름이 되었고 어른으로부터 종아리를 많이 맞은 것은 내 정신력의 활력소가 된 것임을 반 백년이 지난 지금에야 깨닫는다.

國校땐 급장노릇

우리 동네 앞에는 '곰내'라는 작은 내가 흘렀고 뒤편에는 퇴성뫼(土

城山)라는 산이 있다. 옛날 어느 장마철에 곰이 떠내려 왔다는 전설을 따서 '곰내(熊川)'라 이름 지었다고 한다. 이것이 동네 이름이 된 것이다. 동네 앞에는 작은 봉우리 다섯 개로 이루어진 산이 있다. 오봉산이라 불리는 산이다. 곰내를 중심으로 2㎞ 이내의 작은 동네 이름들이 생각나는데 아랫말, 웃말, 띠울, 소금먼지, 머낭골, 장골, 주간이, 하마촌, 도리돌, 가번지, 고르실 등 순 우리말의 지명을 가지고 있었다. 이 곳은 모두가 내가 뛰어 놀던 잊을 수 없는 곳이다. 정월대보름이면 동네 아이들끼리 쥐불놀이도 하고 씨름도 하고 오봉산 근처 공동묘지까지 뛰어가는 오기의 담력 시합도 하였다.

우리 동네 앞 곰내는 양촌에서 내려오는 인내물과 합쳐져 가뭄에도 별로 마르지 않고 논산 저수지까지 흐르면서 논물을 공급하였고 물고기가 풍부하여 낚시도 즐길 수 있었다. 특히 장마철이 되면 물고기들이 저수지에서 올라와 작은 도랑에서도 큰 고기를 많이 잡은 기억도 새롭다. 여름철에는 학교에 갈 때와 집으로 돌아올 때 꼭 이 내에서 멱을 감곤했다. 그리고 천변의 자갈길을 신을 벗어 들고 맨발로 다니던 기억도 난다. 신발이 닳을까 봐서였다. 이것이 발바닥 운동이었던 것을 이제사 깨닫게 된다. 그 때보다 문명화 한 오늘, 큰 목욕탕에 가서 발바닥 운동을 위한 운동시설을 보면서 내 어린시절의 자갈밭이 그리워지는 것은 무슨 까닭일까? 또 오늘의 문화인들에게 인기를 끌고 있는 꽁보리밥 등 건강식품은 모두 우리가 어려서 흔하게 먹던 보통 음식인 것을 보고 버려진 옛것이 곧 현대 문명의 근원이었음을 느끼게 한다.

지금은 내 고향 동네 곰내 앞으로 호남고속도로가 훤히 뚫려 지나가고 오봉산 앞 옛 공동묘지 옆에는 양촌 휴게소가 설치되어 있다. 곰내도 인내도 옛날같이 맑은 물을 공급하지 못하고 있는 것 같아 산업화를 원망케 한다. 그러나 그 앞을 지나면서 옛 추억에 잠기다 나는 새로운 생각을 하게 되었다. 그렇게 넓기만 하던 곰내 앞 들녘이 너무나 좁아졌고 그렇게 크게 보이던 우리집, 우리 동네가 초라해 보인다.

꿈과 이상을 키워

정말 나는 우물 안 개구리 였는가? 이 좁디좁고 답답해 보이는 산골에서 나는 넓고 높은 세상의 꿈과 이상을 키우며 성장하였다. 그 꿈과 이상을 키워 나아가는데 우리 동네, 이 작은 동네는 부족함이 없는 곳이었다. 인류문명의 대발견이, 철학자의 위대한 사상이 한 평짜리 작은 방에서 잉태했듯이 말이다. 또 한 편으로 '십년이면 강산이 변한다'는 옛 말의 참 뜻을 갑년을 맞는 이제사 깨닫게 되는 것 같다. 그것은 강산이. 변하는 것이 아니라 간사한 인간의 눈과 마음이 변하는 것임을 알았다. 분명히 같은 내 고향이 초라하게 보이는 것은 자연 그 자체가 변한 것이 아니고 자신이 이에 배반하는 것이었다.

아름다운 고향의 꿈을 갖지 못하는 도시속의 어린이들과 젊은이들에게 나보다도 더 아름다운 추억을 어떻게 제공 하느냐 하는 것이 우리 교육의 큰 과제가 될 것이다. 인간 교육의 측면에서 더욱 그러하다.

곰내와 인내, 퇴성뫼와 오봉산, 그리고 우리집 앞 팽나무에 다시 한번 감사하고 싶다. 그리고 아울러 자주 찾지 못함을 미안스럽게 생각한다. (1991. 11.16. 서울신문)

나의 大學時節의 회고

　내가 대학에 입학한 것은 6 · 25 전란이 한창이던 때로 부산 피난시절이었다. 대학 2학년 때 휴전이 되어 정부가 서울로 다시 돌아오고 있어서 서울의 많은 대학들의 복귀가 서둘러졌다. 연희대학도 1954년에 서울로 옮겨옴에 따라 나도 피난 보따리를 싸서 서울로 이동하여야만 했다. 한 지게거리의 이삿짐을 이끌고 부산역을 떠나 십여시간만에 서울역에 도착했다.

　당시만 해도 집안끼리는 물론 남남사이라 하여도 인심이 좋은 편이었고 학생들에 대한 특권은 대단했다. 많은 시골 학생들은 가정교사 생활로 숙식 문제는 족히 해결할 수 있었다. 나도 한때 집안의 폐를 덜어드리려고 친구의 권유로 가정교사 생활을 한 학기 해보았으나 시간을 너무 빼앗기는 것 같고 하여 졸업 학년에는 학교 뒷산 넘어 동네에 있는 최씨댁 초가집에 방을 얻어 자취생활을 시작했다. 전차와 버스를 타고, 오고 가는 시간의 중간 로스를 없애기 위해서였다. 그 집은 "감나무 집" 이란 별명의 집으로 울안에 큰 감나무가 있어서 그렇게 불리웠다. 연희동 토박이 주인 최씨 영감은 자기집에서 자취나 하숙을 하고 졸업한 학생 중 큰 인물이 많은데 이중에 최규남 박사도 포함된다면서 좋은 집터임을 자랑했다. 주인 할머니가 가끔 내 방 앞을 지나면서 "이 학생은 남자인데도 어떻게 주방이 이렇게 깔끔하냐?" 하며 감탄하기도 하였다. 이웃집에서 자취하는 E대학생의 주방과 비교해서 나오는 논평이었다. 주인집에서는 또 가끔 별난 음식이나 반찬을 건네주기도 하였다. 지금 연희동의 넓은 대로를 지나려면 자취도 없는 그 감나무집의 추억이 대단하여 "옛날에 금잔디 동산에"로 시작되는 메기의 추억 노래가 절로 나오곤 한다.

학장님의 추천을 부탁 받고 한 학생이 취직 추천서의 초안을 잡아 보여드렸다가 한글 맞춤법이 틀렸다고 퇴자를 주신 최현배 학장님, 강의 시간에 본인이 쓴 수필집에 담긴 이야기를 간간이 삽입하며, 수업에 능률을 더 해 주시던 최재서 교수님, 퇴근길에 술을 늦게까지 드시고 통행금지 시간 위반으로 파출소에 초대되어 가방 속을 검사받다 책장마다 여백에 연필로 시커멓게 적어놓은 Shakespeare 원전을 보고 "교수가 이렇게 책을 더럽게 쓰면 되느냐"고 꾸중을 들은 이야기를 부끄럼 없이 털어 놓으시던 오화섭 교수님 등… 나의 눈시울을 뜨겁게 만드는 스승님 중 이미 타계하신 교수님만 해도 여러분이 계시다.

같은 반에서 여러 해를 보내면서도 네 명의 여학생들이 남학생들과 서로 이름도 못 부르고 수줍어했던 기억, 검정색 물을 들인 군인 작업복 한 벌로 겨울을 지나고 구두나 운동화를 기워 신고 다니던 우리 친구들, 그들의 가정이 그렇게 가난해서만은 아니었던 것 같다. 강의실에서, 도서관에서, 공부방에서 묻혀 있기에 바빴고 밖에 나와서도 속이 차있으니깐 남 앞에 부끄러움이 없었던 것이다. 운동화는 "Nike", 바지는 "죠다쉬" 등 TV나 신문선전의 유행을 따라가기를 고집하는 새 시대의 젊은이들이 좀 더 인내력을 가져주었으면 한다. "苦는 樂의 種"이란 옛말이 있듯이 우리는 학창시절에 무궁히 추구하여야 할 진리의 세계를 향하여 스스로의 고통에 도취될 수 있을 때 그 후에 오는 즐거움을 더할 수 있을 것이다.

제2부 도서 출간 축하(祝賀)/서평(書評)

– 도서, 출간물을 통해 만나다

신·극·범·총·장·교·육·에·세·이

학식과 덕망을 겸비한 이 시대의 사표(師表)_
우강 권이혁 장관

우강 권이혁 장관 팔순 기념문집 출간 기념

내가 존경하는 우강 권이혁 박사님의 팔순 기념문집 〈내가 만난 우강 권이혁 박사〉 집필진의 한 사람으로 참여하게 된 것을 감회 깊게 생각합니다.

우강 권이혁 박사님과 나는 학연이나 지연도 다르고 혈연관계도 전혀 없습니다. 그럼에도 나는 권 박사님을 뵈면 집안의 큰형님 같고 학교의 은사님 같기도 하고 또한 고향의 선배님같이 정든 어른으로 존경스럽고, 자주 뵙고 싶고 또 어리광이라도 부리고 싶은 생각이 들 정도로 친숙한 어른이십니다.

권 박사님에 대한 의학교육자로서의 고명이야 일찍이 들어왔지만 필자와 권 박사님과의 만남은 필자가 우리 나라 인구교육총괄책임지로 일하던 1970년대 중반부터인 것으로 기억됩니다. 권 박사님의 年譜에서도 볼 수 있듯이 권 박사님은 예방의학자로서 일찍이 인구문제와 가족계획분야에 관심을 갖고 참여하셨습니다.

1960년대 초부터 시작한 우리 나라 가족계획사업은 상당한 성과를 거두었으나, 1970년대에 들어 그 효과가 둔화되었습니다. 그리하여 인구문제의 해결을 위해 인구의식의 변화와 인간복지를 위한 환경문제와 연결하여 해결방법을 찾고자 하는 취지에서 인구문제의 교육적 대응이 70년대 들어 세계적 관심사가 되었습니다.

인구문제에 대한 바람직한 태도와 가치관의 형성을 위한 인구교육사업이 유엔 인구기금(UNFPA)의 지원으로 1974년부터 문교부와 유네스코 공동으로 추진되었는데 필자가 당시 한국교육개발원의 수석연구원으로 문교부 인구교육중앙본부 사무총장직을 맡고 있을 때 권 박사님을 정책자문위원으로 모시게 되면서 인연이 맺어진 것으로 기억합니다.

우리 나라 인구교육사업을 추진하면서 서울대학교 보건대학원 교수님들과 환경대학원 교수님들을 전문가로 모시게 되었습니다. 당시 권 박사님께서 보건대학원장으로 계실 때였습니다. 그리고 뒤이어 병원장 보직을 맡으시고 1980년 6월 서울대학교 총장으로 임명되신 후부터 필자는 권 박사님과 더욱 가까운 인연이 되었습니다.

총장으로 임명되시기 바로 몇 달 전 어느 날 정부종합청사 현관에서 권 박사님을 뵌 일이 있었습니다. 그때 나는 권 원장님께 서울대 총장님을 하셔야 할텐데 하고 인사를 드린 기억이 남습니다. 무심코 드린 이런 인사 말씀이 결례가 되었나 싶어 스스로 걱정되기도 하였습니다. 그러나 몇 달 후 권박사님께서 제가 드린 인사 말씀대로 서울대 총장이 되셨습니다. 나는 그때 인사발표를 듣고 기쁨을 감출 수가 없었으며 또한 더욱 축복을 드리고 싶었습니다.

권 박사님께서 서울대 총장으로 취임하시고 얼마 안된 1981년 여름에 필자도 이규호 당시 문교부장관의 권유로 한양대학교사범대학 교수로, 문교부 교직국장으로 겸임 발령을 받아 일을 하게 되었습니다. 그리고 몇 개월 후 기구개편으로 국제업무까지 받게 되어 교직국제장직을 맡아 일을 하다 1983년 2월 한양대 사범대학장으로 복귀하였습니다. 문교부 국장으로 재직하던 1년 반 동안에 이룩한 주요사업 중 하나가 한국교원종합대학교 설립 종합계획의 수립이었습니다.

권 총장님께서 1983년 10월 이규호 장관님 후임으로 문교부장관에 취임하신지 6개월 후인 1984년 4월 교원대학교 설치령이 공포되고 이규호 박사님이 초대 총장으로 임명되어 교원대 개교 준비작업을 하시다 1985년 2월 대통령 비서실장으로 취임하셨습니다.

이어 있은 내각개편에서 손재석 당시 교육문화수석비서관이 권 장관님의 뒤를 이어 문교부 장관으로 자리를 옮기고 한양대 사범대 학장으로 있던 필자가 그 후임으로 청와대에 근무하게 되었습니다.

뒤이어 문교부 장관직에서 퇴임하신 권 박사님께서 3월 5일 자로 초대 이규호 총장이 대통령 비서실장으로 자리를 옮겨 공석이 된 한국

교원대학교 2대 총장으로 임명되셨습니다. 청원군 강내면 다락리 야산 25만 평 부지에 오늘의 아름답고 쾌적한 교원대학교 캠퍼스는 권 총장님께서 땀 흘려 가꿔놓으신 작품이기도 합니다.

필자가 교육문화 수석비서관으로 근무하는 동안 교원대의 발전에 특별한 관심을 기울여야 했습니다. 일반교육계의 오해가 상존한 때여서 교원대의 초창기는 정부의 정책적 지원을 많이 필요로 하였기 때문입니다. 1985년 2월 청와대에 들어가 보니 대통령께서 3군 사관학교와 경찰대학, 과학기술원 등 특수목적대학의 졸업식이나 특별행사에 참석, 격려하시는 것을 보고 우리 나라 교원교육의 새로운 개혁을 위해 설립된 한국교원대학교에도 방문하실 것을 권 총장님과 상의하여 건의 드렸습니다.

이 건의가 받아들여져 1985년 10월 31일 대통령을 모시고 손재석 문교부장관과 함께 교원대를 방문한 바 있습니다. 그때 필자는 한국교원대의 설립 취지를 전국적으로 이해시키기 위해 전국의 교육대학과, 사범대학의 학장과 시·도 교육감 그리고 교원관련단체장들을 참가게 하여 교원대 설립에 관한 취지와 그 역할의 중요성을 이해시키는 계기로 삼았습니다. 1988년 2월 정권교체와 더불어 필자는 휴직상태의 한양대학교 교수직으로 돌아갈 준비를 하고 있었으나 한국교원대학교 권이혁 총장님의 임기가 얼마 남지 않았으니 교원대 총장으로 가는 것이 좋겠다는 전두환 전 대통령의 배려가 있었습니다.

전 전대통령께서 권총장님을 청와대로 초청, 오찬을 하시면서 필자를 교원대 총장으로 천거하고 권총장님께서 이를 승낙하셨다는 것을 나중에야 알게 되었습니다.

필자는 그때 권총장님께서 임기 전에 퇴임하시게 된 것에 대해 매우 죄송스럽게 생각하였으며 감사한 마음을 잊을 수가 없었습니다. 이러하던 차에 다행히도 며칠 후 1988년 2월 23일 이현재 전 서울대 총장께서 새정부의 초대 총리로 발탁되셨고 이어서 권 박사님께서 보건사회부장관으로 입각하셨습니다.

권 총장님의 입각 소식은 필자에게는 크나큰 낭보였습니다. 그렇게 안도와 기쁨을 줄 수 없었습니다. 만약 권 총장님께서 내각으로 자리를 옮기시지 않으셨다면 필자는 권 박사님을 임기 전에 밀어내고 총장이 되었다는 씻을 수 없는 오명을 평생 지니고 있어야 했을지도 모르기 때문이었습니다. 필자를 아끼는 주위 친지들도 모두 권 박사님의 입각을 저와 함께 기뻐하였습니다. 권 박사님께서는 교원대를 떠나신 후에도 항상 교원대 발전을 위해 따뜻한 지도를 하여 주셨고 대학의 크고 작은 행사에 빠짐없이 참석하시어 돌보아 주셨습니다.

보건복지부장관을 퇴임하신 후에도 권 박사님은 한국과학기술단체총연합회장으로 활동하시고 환경처 장관으로 다시 발탁되시기도 하였습니다. 또한 한국학술원 회장으로 학계의 어른으로서 우리나라 학술과 문화발전에 계속 지도력을 발휘하셨습니다.

필자는 권 박사님이 가시는 곳마다 쫓아다니며 부리고 싶은 어리광을 알게 모르게 부리면서 권 박사님의 지도와 편달을 받아 교원대 총장직을 8년 동안 대과 없이 수행할 수 있었던 것을 더 없이 감사하고 있습니다.

권 박사님께 또 한 가지 은혜를 입은 것은 현재 숭실대학 교수로 재직 중인 필자의 둘째 아들의 주례를 맡아주신 일입니다. 사돈이 제약 업계에 계신 분이어서 나중에 알고 보니 권 박사님과의 친분이 필자 못지 않게 두터운 것을 알고 정말 주례를 잘 모셨구나 싶었습니다. 권 박사님 덕분으로 둘째 아이가 남매를 낳아 잘 키우고 있고 교수로 열심히 연구하고 교육에 전념하고 있어 온 가족이 권 박사님께 감사한 마음을 지니고 있습니다. 지면 관계로 일일이 권 박사님의 인품과 업적에 대한 칭송의 말씀을 드릴 수 없어 아쉬움이 남습니다.

끝으로 첨언하고 싶은 것은 권박사님은 여러 부서의 장관과 대학 총장을 역임하셨음에도 항상 정직 청렴과 겸손과 친근함을 우리 모두에게 가르쳐 주셨습니다. 옛 직장에서 함께한 분의 애경사에는 지위의 고하를 막론하고 빠짐없이 참석하여 기쁨과 슬픔을 함께 나누시는 것을 필자는 여러 번 곁에서 목격하였습니다. 그래서 필자는 우강 권이혁 박사님을 더욱 존경하고 있습니다.

학식과 덕망을 겸비한 이 시대의 사표로써 모두의 부러움과 존경을 받고 계신 우강 권이혁 박사님의 팔순을 진심으로 축하드리며, 앞으로 더욱 건강하시고 오래 오래도록 후학들에게 삶의 지혜를 계속 베풀어 주시길 기원하면서 권 박사님의 가정에도 평화와 번영이 함께 하시기를 빕니다. (2002. 5.)

우리 시대의 거목이자 스승 _ 월강 오범수 이사장

월강 오범수 이사장 공적 기념문집 출간 기념

월강의 건학정신과 충청전문대학

월강 선생께서는 투철한 애국 애족의 정신과 대쪽같은 지조와 정의 감으로 우리나라 현대사에서 정치, 경제, 사회, 교육의 전반에 걸쳐 위대한 족적을 남기신 거목이시며, 특히 敎育立國이라는 숭고한 선각 자적 교육관으로 충청전문대학을 창건하시어 이제 개교 10주년이라는 영광스러운 결실을 맞아 월강 선생의 공적을 기리는 기념 문집을 발간 함에 송공의 글월을 올리게 됨을 영광으로 생각합니다.

제가 월강 선생과 귀한 연을 맺게 된 것은 過濫하게 충청 전문대학의 이사직을 맡게 되면서부터이고 선생의 웅대한 뜻과 탁월하신 경륜,

그리고 고매한 인격에 감복하며 선생과의 만남은 축복의 인연이라고 생각하지 않을 수 없습니다. 월강 선생은 파란만장한 현대사의 한복판에서 지조와 신념으로 오직 爲民愛國의 大道를 일관된 의지로 선도하신 우리 시대의 거목이요 스승입니다. 월강 선생의 빛나는 경력과 성취하신 업적이 그것을 웅변으로 증언하고 있습니다.

선생님은 일찌기 일본 대학에서 수학하시고 軍門에 투신하시어 海軍軍港建設團長이라는 중책을 맡아 군항 건설의 주역으로 해군사에 그 혁혁한 공적이 빛나고 있습니다. 제4대 민의원(국회의원)에 당선되면서 정계에 입문하시어 왕성하고 의욕적인 의정 활동을 전개하시던 중에 당시의 집권당인 자유당의 3·15 부정선거를 좌시하지 않으시고 대통령에게 그 부당성을 직간하신 일화는 불의와는 결단코 타협을 거부하는 불타는 정의감의 화신이며, 더 나아가 자유당이 붕괴된 4·19 이후에도 자유당을 고집하고 출마하시어 당선되신 것은 그 분 교육정도의 구현의 지조와 인간 월강의 풍모를 여실히 보여주는 정치사의 산 증인이 아닐 수 없습니다. 이해득실을 저울질하며 離合集散을 일상처럼 행하는 오늘의 삭막한 세태에 따끔한 귀감이 아닐 수 없습니다.

그 후 군정반대투쟁위원회의 사무총장으로 군정의 반대와 종식을 위하여 항거의 선봉에서 투쟁하셨습니다. 고희를 넘기신 현재에도 육영 사업과 각종 사회 사업에 참여하시어 노익장의 왕성한 활동을 전개하고 계십니다. 월강 선생은 올곧은 2세의 양성만이 政國濟民의 원동력이라는 투철한 교육관으로 각고의 노력 끝에 1983년 마침내 당신의 숙원이요 필생의 사업인 충청실업전문대학의 출범을 보게 되셨습니다.

성실, 협동, 창의를 創學理念으로, 국가 사회의 내일의 동량으로서 산업 사회에 필요로 하는 지적 역군, 지적 안내자가 되어야 할 젊은 세대에게 학문과 기능을 갖출 수 있는 학구 생활의 터전을 밝게 열어주고 이들을 시대적 사회적 요구에 올바르게 적응하고 성장하도록 육성함으로써 국가 발전에 공헌하는 훌륭한 인재를 배출한다는 建學精神에 따라 사학 운영의 어려운 현실적 여건 속에서도 불타는 교육애와 헌신적인 열과 성을 경주하여 오늘 10주년을 맞아 전국에서 손꼽히는 명문 전문 대학으로 성장 발전하게 되었음에 거듭 경의와 축하를 보내는 바입니다. 첨단 산업 사회에서 전문 지식인과 전문 기능인을 필요로 하는 오늘에 이르러 월강 선생의 앞을 내다보는 선견지명과 현안에 존경의 마음을 금할 수가 없습니다.

이념의 장벽은 무너졌으나 그 대신 우리는 냉혹한 경제 전쟁이라는 현실에 처해 있습니다. 지식과 기술이 국가 발전의 주요한 자원으로 대두되고 국제 관계는 기술 패권주의의 치열한 각축장이 되고 있습니다. 이러한 첨단 산업 사회에 능동적으로 대처해 나아갈 창의적이고 전문적인 지식과 기능인을 양성한다는 것은 실로 국가적인 과업이 아닐 수 없습니다. 이러한 현실에서 충청전문대학과 충청전문대학인의 사명과 책무는 자랑스럽고 막중한 것입니다.

충청전문대학인이 국가 사회의 발전을 위하여 사회의 각계 각층에서 전문인으로 기여하는 바가 크다고 생각할 때 자랑이 아닐 수 없습니다. 충청전문대학의 학생들이 신한국 건설과 국가 발전의 핵이라는 더없는 긍지로 연찬을 게을리 하지 않을 때 우리의 국가 발전은 약속되는 것입니다. 고희를 넘기시고도 오히려 정정하신 월강 선생님!

米壽, 白壽 누리시며 그 대인다운 풍모와 높으신 경륜으로 후진들을 이끌어 주시는 큰 스승으로 거목처럼 정정하시길 기원하고, 충청전문대학의 무궁한 발전과 번영을 축원하며 송공의 글에 대합니다.

(1993. 2.)

위대한 석학 _ 운주 정범모 박사

운주 정범모 박사 기념문집 발간 기념

운주 정범모 선생님의 문하생인 이상주 박사와 이돈희 박사가 공동으로 주관하여 운주 정범모 선생님의 학문적 업적을 기리기 위한 문집을 발간하면서 선생님과의 인연을 생각하는 대로 적어 보내달라는 핸드폰 문자를 받고 펜을 들었다. 운주 선생께서 1925년생이신데 올 11월달 생신날에 책을 증정할 계획이라고 적혀 있었다. 따져보니 운주 선생님의 백수기념 문집이라고 해도 될 것 같이 생각되어 감격스러운 생각이 들었다. 운주 선생님 개인의 영광인 동시에 우리 교육학계의 축복이아닐 수 없다. 운주 선생님은 우리 교육학연구의 과학화에 큰 공헌을 하신 선구자이시며 한국교육학회 14대, 15대 회장이시다.

한때 교육학계에서는 정범모 사단이라는 말이 유행할 정도로 운주 선생님의 많은 훌륭한 제자들과 영향을 받은 학자들이 한국교육의 오늘이 있기까지 크게 기여를 하였다고 할 수 있다. 필자도 현직에 있을 때 운주 선생님의 지도 편달을 많이 받았다.

주한미국경제조정관실(OEC, USOM) 교육국에 근무하던 때인 1968년 3월에 나는 뒤늦게 서울대 교육대학원에 입학하여 운주 선생님의 교육통계학 강의를 한 학기 수강했다. 학부에서 영어영문학을 전공한 나에게 교육심리학과 통계학은 생소한 분야였다. 운주 선생님의 친절한 지도와 배려로 3학점을 받았다. 나는 교육행정 전공으로 더 이상 선생님의 강의를 수강할 기회는 갖지 못했다. 내가 1969년 가을 미국 미시간 주립대 대학원 박사과정 재학 중에 R. Ebel 교수의 교육평가와 측정 과목을 이수할 때 심리학과 통계학 개념의 이해가 부족하여 정 교수님의 저서 『교육심리 통계적 방법』 책을 한국에서 긴급히 구입하여 참고한 일이 있다.

유솜(USOM)의 고문관들이 한국에 부임하면 서울대 사대를 예방하는 것이 관례였다. 고문관들은 대부분 미국대학의 교수 출신들이었다. 1965년 봄쯤으로 기억된다. 용두동 캠퍼스 시절이다. 새로 교육국장으로 부임한 위스콘신 대학 사학과 교수 출신의 Liddle 박사가 이종수 학장님을 예방했을 때 내가 수행했다. 이종수 학장님은 정범모 교수님을 위시하여 이찬 교수님과 유경로 교수님을 학장실로 오시게 하여 자리를 함께했다. 당시 정 교수님은 짧은 상고머리를 하신 것이 인상적이었다.

AID 본부지원으로 중앙교육연구소 1층에서 적성검사연구사업 (Talent Identification Project)을 故 신세호 박사팀이 맡아 추진하였다. 미국의 AIR(American Institute for Research)이라는 연구소에서 파견된 한국계 심리학자 Sam Cho 박사의 자문을 받아 진행되었다. 어린 시절 미국에 이민한 Sam Cho 박사는 우리말이 익숙하지 않아 내가 많이 동행했다. 이 사업이 후에 중앙교육연구소에서 분리되어 운주 선생님께서 설립하신 오늘의 한국행동과학연구소(KIRBS)이다.

우리나라 산업화과정에서 60년대 중반부터 장기교육발전계획에 관한 연구가 활발히 진행됐다. 외국 학자들을 초청하여 '교육과 국가발전'이라는 주제의 학술회의도 자주 열렸다. 그때마다 운주 선생님이 중심에 계셨다. 운주 선생님께서는 그 무렵 대두된 발전교육론의 선구자로 나는 기억하고 있다. 우리나라 산업화를 촉진시킨 새마을 운동도 깊이 생각해 보면 우리사회의 오랜 숙명론적 풍토에서 벗어나 "하면 된다"는 성취동기를 일깨우는 국민교육운동이라고 나는 생각한다. 1968년 12월에 선포된 국민교육헌장 제정에도 운주 선생님이 초안 작성위원으로 참여하신 것으로 알고 있다. 교육학계 학술모임에서 기조강연을 제일 많이 하신 학자가 운주 선생님이 아닌가 싶다.

내가 한국교육개발원 재직할 때인 1978년 봄, 정범모 선생님께서 충북대 총장으로 취임하셨다. 우리 모두 축하의 뜻을 보내드렸다. 부임하시자마자 대학발전 장학기금 모금운동을 시작하셨는데 교육개발원 간부들이 모두 참여했다. 나도 2만 원을 출연했다. 지금 생각하면 미미

한 금액이라 쑥스러운 생각이 들지만 당시에 큰 성의로 받아주셨다. 그때 정범모 총장님께서 보내신 감사장이 있다. 내가 받은 감사장 중 가장 정성스런 감사장으로 나는 보관하고 있다. A4 용지 반장 크기의 빳빳한 종이에 인쇄된 감사장으로 보관하기도 좋다. 지면이 제한되지만 멋이 있는 감사장을 소개하고 싶다. 내용은 다음과 같다.

감사장

신극범 귀하

본교 장학기금에 후의를 보내주시어 크게 은혜를 입었습니다.
청운의 뜻을 품은 인재들이 이제 힘을 입어
울창하게 자랄 것입니다.
깊은 감사의 뜻을 이 증표에 새겨 올립니다.

1978년 7월 1일
충북대학교 총장 정범모

한국교육학회 현직 회장이 전임 학회장들을 초청하여 오찬 간담회를 매년 전기, 후기 두 번 개최한다. 한국교육학회의 오랜 전통이다. 매해 이 모임에서 운주 선생님을 뵙는 것이 나에게는 큰 기쁨이었다. 근래에 와서 선생님께서 거동이 좀 불편하시어 참석을 많이 못하시는 것을 나는 크게 아쉽고 안타깝게 생각한다. 운주 선생님께서는 교육학

연구의 질을 높여야 한다는 충고를 많이 주신다. 여러 해 전에 한국교육학회에 장학기금을 선생님께서 출연하시어 매해 우수한 논문을 선정하여 학술상을 수여하고 있는 것도 우리는 오래 기억하여야 할 것이다.

대한민국학술원 이현재 회장님 시절 내가 학술원 회원 심사위원으로 위촉을 받은 일이 있다. 그때 회원 심사위원회에서 운주 선생님과 자리를 함께 하여 이돈희 교수를 선정한 일도 큰 인연으로 기억하고 있다. 속으로는 크게 기쁘셨을 것으로 믿고 있다.

최근 나는 서재에 묻혀 있는 한 묵은 책에서 운주 선생님에 대한 새로운 사실을 발견하고 반가움을 느낀 일이 있다. 8·15 해방 후 우리나라 건국 초기 보통교육을 이끈 사범학교 출신의 원로 교육자로 문교부장학관을 지내신 심태진(경성사범출신), 신집호(평양사범출신), 문영한(경성사범출신), 그리고 이창갑(대구사범출신) 네 교육계 원로가 펴내신 『사우문선(師友文選)』이라는 책이다. 이 책에서 나는 운주 선생님께서 서울사대 교육학과 재학생 시절에 미국교육사절단의 통역을 맡으셨고 외국 자료를 번역하여 새 교육운동에 큰 도움을 주셨다고 술회하고 있다. 그리고 심태진 장학관께서는 1939년 충북 청주시 주성초등학교에 초임으로 부임했을 때 정 선생님께서 그 학교 재학생이셨다는 것이다. 이 인연으로 영어를 잘하는 정 선생님의 협조를 쉽게 받을 수 있었다고 회상하며 자랑하셨다. 충청도 출신인 나는 정 선생님께서 충북대 총장으로 발탁되신 것이 우연이 아닌 것을 그때 발견하고 더욱 친숙한 감정을 마음 속에 간직하게 되었다. 심태진 선생님은 우리나라 중등교육협의회 회장을 오래 동안 역임하셨고 자유당정부 마지막 내각의 최재유 장관님 시절 문교부 수석장학관이셨다. 나는 그때 장관 비서실에서 촉탁으로 영어통역과 번역 업무를 담당하였고 3·15 부정선거로 폭발한 4·19 학생 혁명의 큰 난국을 겪어야 했다.

운주 선생님께서는 팔순이 지나신 이후에도 저술활동을 멈추지 않으시고 여러 권의 묵직한 저서를 펴내셨다. 교육심리학 전공서가 아니라 나라가 나가야 할 방향을 교육자의 관점에서 제시하시며 국가의 미래를 걱정하시는 애국 서적들이다. 잊지 않으시고 나에게 귀한 저서를 몇 차례 보내주셨다. 한 번은 책머리에 한자로 '신극범 선생님께, 저자 드림'이라고 친절히 서명하신 책을 보내셨다. 과묵하시고 겸손하신 성품을 모르는 바 아니지만 한참 후배인 나에게 선생님이라는 칭호를 쓰신 것을 보고 '똑똑히 좀 하라는 꾸지람'을 주시는 것 같이 느껴져 당황스런 마음이 앞섰다. 귀한 선생님의 책을 받고도 감사의 뜻을 제대로 올리지 못한 결례에 대해 이 기회에 용서를 구하고 싶다. 운주 선생님의 글에서 우리는 독특한 어휘를 많이 보게 된다. 한자로 된 참신하고 묵직한 어휘들을 많이 구사하신다. 한문에 소홀한 나 같은 사람에게 더욱 큰 감동을 주신다.

1960년대 설립된 한국행동과학연구소가 2020년 오늘까지 정부의 지원 없이 독립적으로 연구사업을 지속할 수 있는 것은 운주 선생님의 학문적 업적과 열정의 힘이라고 믿으며 우리 교육계의 큰 축복이라고 나는 생각한다. 아울러 선생님께서 근래에 펴내신 저서 『한국의 내일을 묻는다』에는 우리나라의 국력과 국격을 높이기 위한 교육의 이념과 전략에 대한 운주 선생님의 우국충정의 사상들이 담겨 있다. 나는 우리나라 지도층들의 필독서로 이 책을 권하고 싶다.

운주 선생님께서 1950년대 유학하신 미국 시카고대학은 노벨상 수상자를 많이 배출한 대학으로 알려져 있다. 곧 백수를 맞으시며, 교육부장관과 대학총장을 역임한 훌륭한 망구(望九)의 두 문하생이 주관하여 마련한 기념문집을 증정 받으시는 운주 정범모 선생님은 노벨상 수상자보다 더 명예롭고 존경스럽게 느껴진다.

"운주 선생님, 참 자랑스럽고 위대하십니다. 존경합니다. 감사합니다."

운주 정범모 선생님의 백수 기념문집 간행을 진심으로 거듭 축하드리며 선생님의 만수무강을 기원하며 두서없는 글을 마친다.

(2020. 11.)

사학계의 큰 지도자 _ 우암 조용기 박사

우암 조용기 박사 80회 생신 기념문집 출간 기념

우리나라 사학계의 큰 지도자이신 한국사학법인연합회 회장 우암 조용기 박사님의 80회 생신을 맞아 기념문집을 간행하시게 된 것을 참으로 뜻깊게 생각하며 축하를 드립니다.

우암 조용기 박사님은 약관 20대의 연세에 육영사업에 뜻을 두시고 80의 나이를 맞으시는 오늘까지 학교경영 일선에서 위대한 인생의 승리자 우암 조용기 박사님관을 직접 설립하시고 경영하시면서 한국 사학 발전에 크게 기여하셨으며 지난해부터 한국 사학법인연합회 회장직을 맡아 사학의 자율성 확보와 건전사학의 육성을 위해 헌신하고 계십니다.

일찍이 유럽의 한 철학자는 "위대한 인생이란 노년기에 실현된 청년기의 꿈이다."라고 말한 바 있습니다. 우암 조용기 박사의 생애야말로 위대한 인생이었다고 그를 아는 이는 누구나 공감할 것으로 믿습니다.

조용기 박사님은 일제 말기인 청년시절부터 농촌에서 동네 아이들을 모아놓고 한글을 가르치고 일제 침략으로부터 나라를 되찾는 일은 교육으로 시작하여야 한다는 신념을 가지고 육영사업에 착수하여 오늘날 호남지역의 대표적 교육자로, 또 사학경영자로서 팔순을 맞이하게 되셨으니 참으로 인생의 승리자로서 우리 모두의 귀감으로 존경받아 마땅한 어른이라고 믿습니다.

세상을 살아간다고 하는 것은 사람과 사람간의 인연의 연속이라고 말할수 있습니다. 필자는 교육계에 몸담고 있는 한 사람으로서 조용기 회장님과 같은 훌륭한 교육지도자와 오늘의 우리 사학 문제를 함께 고민할 기회를 갖게 된 것을 퍽 뜻깊게 생각하고 있습니다. 지난 2004년 초 본인이 대전대학교 총장으로 재직하던 중 한국사립대학교 총장협의회 회장직을 맡고 있을 때 한국 사학법인연합회 회장으로 계신 조용기 박사님을 가까이 모시고 정부 여당에서 추진하고 있는 사립학교법 개정안에 대한 걱정을 함께한 일을 잊을 수가 없습니다.

우리나라의 사학 특히 대학교육은 국가고급인력의 주공급원입니다. 사학이 없었다면 우리나라가 오늘의 번영을 이룩하지 못하였을 것이라는 것은 누구도 부인할 수 없는 사실입니다. 오늘날 세계 어느 나라보다도 높은 80%의 고급 인력 양성을 사학이 담당하게 된 것은 우리 국민의 높은 교육열에 힘입은 바 크지만 조용기 회장님과 같은 훌륭한 사학경영자가 있었기 때문이라고 생각합니다. 교육만이 민족번영과 국가발전을 가져올 수 있다는 신념으로 사재를 바치고 벽돌 한 장 한 장을 손수 땀 흘려 쌓아온 많은 사학경영자들의 희생과 선각자적 식견이 오늘의 사학발전을 가져왔다고 볼 수 있습니다.

조용기 박사님께서 걸어오신 반세기가 넘는 학교경영의 역사는 곧 우리나라 사학발전의 역사로 대변된다고 생각합니다. 조박사님께서는 처음 농촌계몽을 위한 농민학교로 출발하여 실업고등학교로 발전시키고, 또 전문대학인 전남과학대학과 4년제 대학인 남부대학교를 설립하시어 교육입국의 뜻을 완성시켜 놓으셨으니 참으로 자랑스러운 일이 아닐 수 없습니다. 무에서 유를 창조하신 조박사님의 업적은 교육계는 물론 우리사회 각계의 칭송을 받아 마땅하다고 생각합니다.

조용기 박사님께서 학원건설의 마지막 단계로 남부대학교를 설립하시던 1999년도는 필자가 한국교원대학교에서 정년퇴임을 하고 광주대학교 총장으로 재직하고 있던 때의 일로 저의 기억에 생생하게 남아 있습니다. 당시 초대 총장으로 취임하신 김용선 박사는 전남대학교에서 정년퇴임을 하신 교육학계 원로교수로 필자가 존경하는 동학자이셨기 때문에 필자가 광주대학교에 재직하고 있는 동안 각별한 도움을 받기도 하였습니다. 조용기 박사님께서는 또한 호심학원 광주대학교와 인성고등학교 창설자인 고 김인권 이사장님과는 각별한 친분이 있었던 것을 저는 잘 알고 있었기 때문에 조용기 박사님에 대한 존경심과 친숙함을 더 갖게 되었습니다.

조용기 박사님과 함께 정부 여당에서 추진하려던 사립학교법 개정안에 대한 반대 활동에 참여한 일을 잊을 수가 없습니다. 사학발전에 대한 조회장님의 헌신적 노력과 열정에 이끌려 필자도 소극적 입장에서 적극적으로 참여하지 않을 수 없었습니다. 우리나라 사학들이 국가의 인적자원 공급에 기여해 오고 있는 것은 사실이지만 오늘까지의 성장과정에서 일부 사학의 비리로 사회적 물의를 일으키기도 하였고 국민들의 불신도 받아 온 것이 사실입니다. 그러나 사학의 경영권을 학생이나 교수들과 함께 나눔으로써 사학의 투명성 확보나 사학의 발전을 가져 올 수는 없다고 하는 신념에서 우리는 사학법 개정반대투쟁에 동참하게 되었습니다.

특히 2004년 8월 17일 '글로벌시대 사학의 역할 재정립'을 주제로 하여 국제학술대회를 사학법인연합회와 사립대총장협의회가 공동으로 개최하여 사학의 자율성 확보가 얼마나 중요한지를 국민과 정책당국에 주지시킬 수 있었던 일을 잊을 수가 없습니다. 필자는 이 대회를 준비하면서 조용기 박사님의 훌륭한 인품과 지도력, 그리고 사학발전에 대한 정열에 많은 감명을 받기도 하였습니다. 조회장님께서는 이 대회 추진 과정에서 본인이 모든 지원을 하시면서도 전면에 나타나시기를 사양하시고 이른 아침부터 여러 차례의 조찬모임을 직접 어려운 여건을 이겨 내시면서 어느 젊은이보다도 정열적으로 이끌어 주셨습니다. 아마도 이 국제 심포지움이 정부여당의 사학법개정안에 대한 조급한 추진이 저지되고 그 개정안의 내용도 현실성에 맞게 조정되는 계기가 되지 않았을까 싶어 조회장님의 계획성 있고 지혜로운 대처에 사학관계자 모두가 감사함을 느낄 것으로 믿습니다.

또한 그 학술 심포지움이 대학법인과 대하총장이 공동으로 주관하여 대학 구성원들이 사학의 위기를 함께 타개하고자 노력한 첫 시도라는 점에 큰 의의가 있었습니다. 아울러서 사립대학 구성원들간에 신뢰가 구축되도록 사학운영의 투명성 확보와 정부의 사학에 대한 통제정책이 지원정책으로 대전환을 촉구하는 계기가 되었을 것입니다. 이 공동주최 아이디어를 내시고 끝까지 지원을 아끼지 않으신 조용기 회장님의 공은 우리나라 사학발전사에 길이 남을 것으로 확신하고 있습니다.

인생 70 고래희라는 말은 이미 옛말이 된지 오래이고 앞으로 누구나 건강관리만 철저히 하면 백수를 누릴 수 있게 되었습니다. 우암 조박사님은 80의 연세라 하지만 50, 60대 못지않은 건강과 열정을 가지고 계신 것을 모두가 부러워하고 존경하고 있습니다. 우암 선생님께서 더욱 건강하시어 후학들에게 계속 훌륭한 지혜를 주시고 우리나라 사학발전과 국가발전을 위해 더 큰 역할을 하여 주실 것을 기대합니다. 끝으로 우암 조용기 박사님의 생신을 거듭 축하드리며 선생님의 만수무강과 가정에 하느님의 축복이 늘 함께 하시기를 빕니다.

(2005. 5.)

참선비이자 교육자 _ 유송 남상호 총장

유송 남상호 총장 정년 기념문집 출간 기념

우리나라 곤충학계의 거목이신 유송 남상호 교수님은 전형적인 선비 학자요 교육자로 내가 존경하는 교수님이다. 교수님께서 올해 정년을 맞으시게 되어 제자들이 기념문집을 펴내신다니 세월의 무상함을 새삼 느끼게 된다. 문하생들로부터 정년퇴임 문집을 증정받는 영광은 교수들만이 누릴 수 있는 아름다운 특전이다. 평생을 우리나라 생명과학의 발전을 위하여 한시도 한눈팔지 않고 연구와 후학양성에 그리고 생태계 보존운동에 정열을 다 바치신 유송 남상호 교수님께 경의와 위로의 박수를 보내고 싶다.

우리는 정년을 한자로 머물정(停)자를 쓰는데 일본에서는 정할정(定)자를 쓴다. 사실 정년은 우리가 일을 멈추는 것이 아니라 단지 제도적으로 정해놓은 것이다. 정년퇴임을 영어로 Retirement 라고 하는데 우리말로 "타이어를 바꾸어 끼고 다시 달린다"는 뜻이라고 해석하는 사람도 있다. 나는 이 해석에 공감한다. 남상호 교수님께서 제도에 의한 정년을 맞으시지만 생명과학 발전을 위해 타이어를 바꿔끼고 계속 그의 열정을 쏟아주시기를 바라면서 남교수님과의 인연을 소중히 간직할 것이다.

남 교수님은 내가 대전대 총장으로 재직하는 4년 동안 이과대 학장과 교무처장 보직을 맡아 교무위원으로 나와 고락을 함께 했다. 내가 대학을 떠난 다음에도 부총장 대학원장 등 주요보직을 두루 맡아 대전대의 발전을 위해 헌신하셨다.

나는 남상호 교수님이 참으로 가식없는 정직한 학자임을 발견했다. 내가 대전대에 부임한 초기 5월 무주에서 열린 반딧불이 축제에 함께 가자고 나를 초청했다. 그때 나는 남 교수님이 반딧불이 연구의 세계적 대가임을 알았다. 남 교수님은 반다불이 서식처를 찾아 20여 년간을 덕유산 무주산 속을 헤매여 반딧불이의 생태를 연구하셨다. 끈질긴 남 교수님의 연구가 성공하여 무주일대를 반딧불이 천연기념물 보존처로 정부에서 지정 받아 해마다 반딧불이 대축제를 거국적으로 거행하는 것이었다. 반딧불이 연구를 위해 밤중 산속을 헤매다가 간첩으로 오인받아 혼이 난 일도 있었다는 말도 들었다. 남 교수님은 이 공로로 무주군으로부터 명예군민증을 받았으며 군수님을 바롯한 지역 유지 및 모든 군민들로부터 크게 존경을 받고 계신 것을 이때 알았다.

그때 1박 2일의 행사라 하루 밤을 같이 숙박 하고 오자고 하여 행사를 마치고 골프운동 프로그램도 있느냐고 내가 물었다. 내가 교원대 총장 재직 때인 1995년 여름에 무주리조트에서 전국대학총장회의를 개최한 일이 있다. 그때 훌륭한 스키장과 골프코스 시설이 있는 것을 보았기 때문에 무심코 던진 나의 질문이었다.

"저는 골프는 안 합니다. 환경을 해치고 시간도 걸리고....." 아주 퉁명스럽게 답했다. 아이고야 내가 질문을 잘 못 했구나 하고 자책했다. 더 나아가 남 교수님은 밤의 어둠을 밝게 하는 전등불 때문에 반딧불이가 멸종되어 간다고 전등불에 대한 불만도 털어놓았다. 전등불은 반딧불이의 적이라는 것이다. 밤에 짝짓기를 하려고 불을 빛내야 하는데 전기불 때문에 암놈 수놈이 서로 짝짓기가 안 된다는 것이다. 나는 인간들이 자신들의 편의만을 위해 생태계를 파괴하는 오만에 대해 한번 반성할 일이 아닌가? 느끼곤 했다. 그리고 남 교수님이 환경보호 운동에도 앞장서시는 이유를 알았다.

남상호 교수님은 자기 전공분야에 대한 열정뿐 아니라 대전대를 명문대로 반전 시키겠다는 의욕이 아주 강한 교수이시다. 교무처장으로 재임시 교수학생의 연구와 수업 환경을 개선하고 교육의 질을 높이기 위해 많은 노력을 하셨다. 특히 우수한 교수 인력 확보와 공정한 인사관리로 대학 구성원들의 화합과 사기 진작에도 힘 쓰셨다. 사실은 남교수님께서 이과대 학장으로 재임시 대학본부 행정에 대한 불만 섞인 공격을 자주 하는 것을 나는 경험했다. 그래서 그럼 당신이 한번 본부보직을 맡아서 얼마나 잘하나 봅시다 하는 속셈에서 나는 남 교수님을 교무처장으로 지명하였다. 나는 천성적으로 현실에 대한 불만이나 비판을 하는 사람을 좋아한다. 변화와 발전의 원동력이기 때문이다. 물론 그 비판이 건설적인 비판일 때 그렇다. 고맙게도 남 교수님은 탁월한 행정력을 발휘하여 어려운 현안 문제들을 잘 해결하셨다. 지면 관계로 일일이 이 글에서 언급하지 못하여 아쉽다. 남 교수님은 어려운 교무행정을 세세한 부분까지 치밀하게 열과 성을 다하여 원만하게 이끌어 주어 나는 총장직을 편하게 수행할 수 있었다.

남 교수님은 그의 폭넓은 생명과학 분야 연구활동을 통하여 대전대의 위상을 높이는 데도 크게 기여 하였다고 생각한다.. 대전 충남지역을 넘어 한국곤충학회 한국생태학회 한국생물과학협의회 한국자연사박물관협회 등 전국단위 학술단체 회장직을 역임하였고 환경부 국립생태원건립위원회 공동위원장으로 우리나라 생태보존정책수립에도 기여하셨다. 내가 대전대 재임시인 2003년 경 보문산에 있는 대전 동물원 개원 때 남 교수님 주도로 나비표본 수천 종을 전시하여 대전대 홍보에 크게 기여한 기억이 새롭게 떠오른다. 최근 대전대 신문에서 남상호 교수님께서 제1회 대전대를 사랑하는 사람으로 선정 되어 수상하였다는 기사를 보고 감명을 받았다. 남 교수님께서 본인이 수집한 수십만 개의 곤충표본을 실험실에 가지고 계신다고 들었는데 그 표본들이 잘 보관되어 있는지 궁금하다. 제도에 의한 정년퇴임을 하시지만 남 교수님은 영원한 대전대인으로 남을 것이며 또한 기억될 것으로 믿는다.

나는 남 교수님은 참으로 효성이 지극한 교육자로 기억하고 있다. 여러 해 동안 병석에 계신 어머니를 직접 모시고 수발을 손수 하신 것을 나는 목격하였다. 그래서 더욱 남 교수님에 대한 존경심을 더하게 되었다. 그리고 남 교수님은 의리가 대단히 많은 학자임을 나는 경험하였다. 내가 대전대를 떠난지 벌써 9년이 되었는데 그동안 한해도 거르지 않고 명절에 나를 기억해 주신다. 내가 답례를 하지 못하여 늘 죄송함을 느끼곤 한다. 그래서 지난해인가 명절선물을 보내는 것을 중단하시라고 간청한 일이있다. 그랬더니 교수님 말씀이 정년 할 때까지는 보내겠다는 것이다. 나는 이 말씀을 듣고 참 고집도 대단한 학자구나 하고 더욱 미안한 생각이 들었다. 퇴임 후에 식사 모시는 일은 내가 맡아 보답할 생각이다. 나는 대전대 총장 재직 시에 행정부가 세종시로 옮겨 오면 대전대가 서울대가 된다고 총장회의에서 선언한 바 있다. 나는 항상 내가 있는 대학이 최고라는 생각을 가지고 산다. 중부권 명문대학으로 발전한 대전대에서 평생을 헌신한 유송 남상호 교수님께 감사와 격려의 박수를 다시 보낸다.

남상호 교수님께서 대전의 선비마을에 사시는 것도 우연이 아닌가 싶다. 그 마을이 남 교수님 때문에 선비마을이라 부르게 되었나 싶은 생각이 든다. 여하튼 신기한 일이다. 참선비 남 교수님께서 건강관리에 각별히 유의하시어 오늘의 청년다운 모습을 백 세까지 유지하시며 후학들과 우리 사회에 사표로 더 큰 역할을 계속 하여주시기 바라고 기대한다. 끝으로 유송 남상호 교수님 내외분의 만수무강과 그 가정에 하나님의 은총이 늘 충만하시기를 빌면서 축하의 글을 마친다.

(2014. 2. 26)

신기하고 소중한 인연 _ 김소엽 석좌 교수

김소엽 석좌 교수 고희 기념 문집 출간 기념

우리나라 문화예술계 원로 시인이신 김소엽 교수의 고희를 맞아 후학들이 기념 문집을 발간하게 된 것을 진심으로 축하드린다. 그리고 김 교수와의 소중한 인연을 회상하며 이 축하의 글을 쓰게 된 것을 매우 뜻깊고 기쁘게 생각한다.

김소엽 교수는 나의 고향 후배이며 선대부터 두터운 세의를 이어온 사이다. 김 교수의 선친 김건호 선생께서는 일제말기에 나의 고향인 충남 논산 양촌면 면장으로 계셨고 나의 선친과 아주 가까운 친구간이셨다. 그리고 내가 2001년 3월부터 4년간 총장직을 맡아 이끌었던 대전대학교 설립자 임달규 선생의 친형 임창규 선생이 김소엽 교수님의 형부이시다.

이와 같은 오랜 깊은 인연에도 불구하고 내가 김소엽 교수를 처음 만난 것은 2004년 가을이었다. 당시 오래간만에 귀국한 재미교포 사업가인 나의 고교 동창 남상용 장로를 통하여 김 교수를 처음 뵙게 되었다. 남 장로 가족과 함께 대전으로 가는 도중 천안에 들려 김소엽 교수를 만나 점심 대접을 받았다. 남 장로는 일찍이 서울공대를 졸업하고 1960년대 초에 도미하여 미시간대학교에서 건축학을 전공하고 부동산업으로 재력가가 되었다. 미시간대학에 한국학연구소 설립을 지원하는 등 한미 교류사업에 많은 기여를 하여 정부로부터 훈장을 받기도 했다. 김 교수의 외동 따님이 미국 미시간대학에서 박사학위를 마치고 교수로 재직하고 있어 김 교수가 나의 친구 남장로와 그 가족을 잘 알고 계신 사이인 것을 그때 알았다. 김 교수는 딸이 있는 앤아버시에 있는 한인장로교회에서 간증설교를 했는데 그때 남 장로가 그 교회 원로 장로라서 강사 선생이신 김소엽 교수를 극진히 모신 후로 서로 아는 사이가 되어 자별하게 지내는 사이였다. 한국도 아닌 미국에 살고 있는 나의 친구 남 장로가 다리를 놓아 만나게 된 김소엽 교수를 그 후 내가 2005년 2월 대전대 총장 임기를 마치고 대전을 떠나 다시 만날 기회가 없었다.

내가 김소엽 교수님을 다시 만난 것은 2008년 가을 조지현 목사가 이끄시는 노인복지문화선교회 조찬예배에서다. 나는 조목사의 안내로 이 조찬모임에 특강순서가 있어 처음 참석하였는데 대전대 석좌교수 김소엽 교수의 시낭독이 프로그램 순서에 들어있어 반가웠고 놀랐다.

김 교수는 노인복지문화선교회 설립 초창기부터 조지현 목사와 함께 이 모임에 참가하여 큰 역할을 하고 계신 것을 그 때 알았다. 천안에서 새벽에 출발하여 아침 7시에 시작하는 조찬 기도회에 참석하여 좋은 시를 헌사하는 일은 보통사람으로는 상상할 수 없는 일이기 때문에 나는 김소엽 교수의 헌신에 감탄하지 않을 수 없었다.

이 노인복지문화 조찬행사를 통하여 나는 김 교수와의 인연의 소중함을 더욱 깨닫게 되었다. 매월 둘째주 금요일에 열리는 조찬기도회에 참석하여 원로 목사님들의 설교와 사회 지도층 인사들을 초청하여 특강을 듣고 성가 연주 등 다양한 프로그램을 즐기며 은혜를 받고 있다. 특히 김소엽 교수의 또랑또랑하고 따뜻한 시낭송이 나를 포함한 참석자들의 심금을 울리고 매번 큰 감동을 준다. 더욱 신기한 것은 조찬에 초청되신 많은 인사들이 우연히도 나와 오랜 친분이 있던 원로 인사들인 것을 발견하고 나는 거듭 인연의 신기함과 감사함을 느끼곤 한다.

이후 나는 내가 미처 알지 못했던 김 교수의 높은 경륜과 많은 문화예술계 발전에 기여한 업적들을 알게 되어 존경심을 더하게 되었다. 뿐만 아니라 김 교수와의 인연은 보통 인연이 아니라는 것을 깨닫게 되었다. 김 교수님은 나와 띠동갑이시다. 김 교수의 이력을 보면 비록 12년간의 시간적 격차는 있지만 대학에서 나와 같은 전공인 영문학을 전공하셨다. 그리고 사범학교를 졸업하셨고 한때 교직생활도 하셨다. 그리고 체격이 크신 편이 아니다. 또한 김 교수는 나의 모교 연세대학교 연합신학대학원을 졸업하신 권사이시다. 그리하여 나와 연세대 동문이기도 하다. 나는 이렇게 여러 가지 면에서 나와 공통점이 많은 고향 후배 김 교수님을 고희가 넘어서야 발견하게 된 것을 매우 신기하게 생각하며 하나님이 주신 축복이 아닌가 싶어 감사하고 있다.

2011년 5월 김소엽 교수는 나의 고향 초등학교 학생들을 위해 사비를 들여 제1회 문학백일장을 개최하여 고향 어린이들에게 문학가의 꿈을 키워주고 계시다. 작년에 이어 제2회 백일장 행사를 지난 5월 8일 양촌 초등학교에서 개최하고 시상식을 가졌다. 학생들과 학부모는 물론 교직원과 지역의 주민들이 김 교수님의 교육에 대한 열정과 고향 사랑 선행에 감동을 하고 감사하고 있다. 나도 이 행사에 참석하여 축하드리고 감사와 기쁨을 나누었다. 금년 행사 때는 학교에서 헌 건물을 리모델링하여 최근에 개관한 역사박물관을 관람하였다. 작지만 아담한 교실 하나 크기의 건물 안에 90년 전에 졸업한 제1회 졸업생부터 최근의 졸업생들까지 근 만 명이나 되는 졸업생 명단을 정리하여 진열해 놓았다. 우리는 이 훌륭한 박물관을 구상한 정석중 교장선생께 찬사의 박수를 보냈다. 김 교수님과 나는 80년 전에 이 학교를 졸업한 선배 형제들의 이름을 진열대에서 발견하고 감격하였다. 그리고 양촌 면사무실에도 들려 면장님의 안내를 받아 역대 양촌면장님들의 사진을 게시해놓은 회의실에 들려 김소엽 교수의 선친 되시는 김건호 선생의 재임시 사진도 볼 수 있었다. 우리를 키워준 옛 고향을 되찾아 어린 시절을 회상하는 감격은 말로 표현할 수 없었다. 참으로 감개무량했다.

애석하게도 나와 김소엽 교수님의 오랜 인연을 찾아주신 김 교수님의 형부 임창규 선생과 나의 고교 동기동창이며 재미실업가인 남상룡 장로는 얼마 전에 모두 세상을 뜨시어 우리와 유명을 달리 하셨다. 생전에 우리의 인연을 찾아 준 두 분에게 감사한 마음을 잊을 수가 없다.

김소엽 교수님은 35년 전인 1978년에 서정주, 박재삼 두 선생의 추천으로 한국문단에 등단하신 이래 많은 창작시집을 내셨고 대학 강단에서, 교회와 선교 단체활동을 통하여 후학들을 양성하시고 복음을 전하시는 일에 모든 정열을 쏟고 계시다. 그리고 현재 한국기독교문화예술총연합회 회장직을 맡아 고희의 나이에 걸맞지 않게 청년처럼 국내외를 오가며 우리나라의 문화예술 발전에 기여하고 계시다. 나는 김소엽 교수님과의 소중하고 신기한 인연을 오래오래 간직하고 김 교수님의 아름다운 시를 기억할 것이다.

김소엽 교수님의 고희를 진심으로 축하드리며 앞으로도 오래오래 청춘으로 남으시어 좋은 지혜를 자라는 2세들은 물론 우리 모두에게 계속 공급해 주시기를 빈다. 그리고 김소엽 교수님과 그 가정에 하나님의 은총이 늘 충만 하시기를 기원하면서 축하의 글을 마친다.

(2012. 8.)

소중한 나의 동역자 _ 청강 이광진 총장

청강 이광진 총장 퇴임 기념문집 출간 기념

사람의 부지런함이 세월의 빠름을 이겨내지 못하는 법이다.

어느 새 4년의 시간이 흘렀다. 이광진(李光鎭) 총장은 나와 같은 해 각기 총장에 부임하여 이런저런 깊은 인연을 맺고, 같은 해 나란히 임기를 마치게 되었다. 같은 지역의 대학 총장으로서 이 총장과 나는, 때로는 동역자로서, 때로는 협력자로서, 또 때로는 선의의 경쟁자로서 서로가 서로의 소중함을 깨달아가며 돕고 의지하는 친숙한 관계로 4년 동안을 유익하고 보람 있게 보냈다.

인연의 각별함이 있어 한국대학교육협의회 부회장 직을 모두 대전 지역 대학에서 차지하게 되었는데, 국립 대학을 대표해서는 이광진 총장이, 사립 대학을 대표해서는 내가 부회장 직을 각각 맡게 되었다.

이런 인연으로 인하여 더욱 가깝게 지내며 겪은 이 총장은 마음가짐이 반듯하고 사리분별이 합리적이며 일 다루기에 부지런한 분이었다.

정형외과 의사로서의 탁월한 인술과 교육행정가로서의 합리적 감각을 지닌 이 총장은, 일찍이 "선택과 집중"의 경영 원칙을 내세워 충남대의 잠재된 발전 가능성을 하나하나 찾아내 현실로 바꾸어 놓는 탁월한 능력을 발휘했다. 이 총장은 대학을 운영함에 있어 총체적 시각으로 바라보고, 다양한 관점에서 문제 해결 방안을 찾았으며, 또한 구체적이고 생산적인 실천력을 보여주었다. "변화와 위기"의 시대를 맞이한 지역 대학에 있어 이 총장의 이런 운영 방식은 향후 충남대의 발전에 의미 있는 디딤돌로 작용할 것이라고 생각한다.

변화의 중심에서는 그 힘들고 고됨의 가치를 알기 힘들다. 하지만 분명한 것은 변화에 대응하고 적응하기 위해서는 발 빠른 예측력과 합리적 사고력, 또는 변증법적 상상력이 필요하다는 점이고, 이 모든 것이 현재가 아닌 먼 미래에 그 가치를 평가받을 수 있다는 것이다. 이 총장은 여러 가능성과 변수가 뒤섞인 교육 혼돈의 시대에 남다른 예측력과 추진력, 그리고 빼어난 애교심으로 대학의 총장을 역임한 분이다. 아마도 이 총장의 업적과 공로는 지금뿐만 아니라 세월이 지나면서 더욱 훌륭한 평가를 얻을 수 있을 것이라 생각된다.

그는 대학의 자생력 확보를 위하여, '선택'이라는 핵심 가치를 내세웠고, 경쟁력 확보라는 미래의 과제를 해결하기 위하여 '집중'이라는 핵심 지표를 선정하였다. 다시 말해 이 총장은 충남대학교의 비전을 제시하고 이를 가시화 시키기 위한 일련의 작업 속에서 과거와 현재, 그리고 미래를 총체적 관점에서 바라보고 진단하는 탁월한 통찰력과 지도력을 발휘한 것이다.

차별화·특성화를 통한 미래지향적이며, 세계지향적인 대학 만들기에 앞장 선 이 총장은, 지방 대학의 위기 탈출 방안과 경쟁력 확보 방안을 동시에 추구한 탁월한 교육행정가였다. 이 총장은 대학이 지역 속에 안주한다면 그 대학의 미래를 보장받을 수 없다는 판단 하에 특성화를 통한 자구 노력을 강화하고, 해외 대학들과의 교류·협력을 추진함으로서 새로운 변화와 발전의 길을 모색한 것이다. 또한 이 총장은 국립 대학으로서의 역할과 사명을 중시하여 특성화 과정 속에서도 국가 전략 사업 분야와 자체 육성 분야를 나누어 서로 치우치거나 모자람이 없도록 병행, 추진해 나가는 지혜로움도 보여주었다.

이와 같은 외적 발전을 추진하기 위하여 이 총장은 내부의 교육 환경 조성을 위하여 최선의 노력을 기울였다. 복지 문제와 운영의 합리성과 민주성 제고, 그리고 효율적 행정시스템 구성 및 합리적 운용에도 각별한 노력을 기울였다. 이를 바로 외적 발전을 이끌어낼 수 있는 원동력이라고 판단했기 때문일 것이다. 대학 자체의 힘을 강화하고, 이 강화된 힘을 올바로 쏟을 수 있는 "선택과 집중"의 전략을 제시한 이 총장은, 이와 같은 모든 노력의 결실이 왜곡과 손실 없이 대학의 위상 강화와 직결될 수 있도록 하기 위하여 지역 주민들과의 친화 노력에도 각별한 힘을 기울였다.

이제 이광진 총장은 4년의 공적을 뒤로하고 모든 아쉬움과 또 다른 가능성을 고이 여며 후임 총장의 몫으로 남겨둔 채 총장직을 물러난다. 내겐 동역자로서 지난 4년 동안 값진 기쁨과 고됨을 더불어 나누었던 소중한 분이다. 지난 2002년 RRC 한의학 관련 프로젝트를 추진함에 있어 대전대학교를 주관교가 되도록 힘써주신 은혜와 대교협 공동 부회장으로 일할 당시 신의와 협력으로 훌륭한 파트너가 되어 주신 점, 그리고 대전·충남 대학총장협의회 회장으로서, 나의 후임자로서 멋진 동역자가 되어주신 점에 깊은 감사를 드린다.

퇴임은 마침이 아닌 단지 쉼을 뜻하고 새로운 출발을 의미한다. 앞으로 소망하신 바, 모든 일들이 만사형통하시길 바란다. 또한 건강과 행운의 축복이 이광진 총장님과 가족분들에게 늘 함께 하시길 기원한다. 다시금 자랑스럽고 보람된 4년을 마치고, 아름다운 퇴임을 갖게 된 이광진 총장님께 축하의 뜻을 올린다. (2005. 1.)

영원한 사표(師表)가 되소서 _ 운산 김한주 총장

운산 김한주 총장 고희 기념논총 출간 기념

　　운산 김한주 박사님의 고희를 축하드리며 고희 기념 논총 출판을 진심으로 축하해 마지않습니다.

　　김 박사님은 나보다 생일이 한 해 빠르시지만, 나와 같은 세대의 교육자로 항상 친형제처럼 생각하며 지내온 친구 중의 한 분입니다. 나와 김 박사와의 교분은 내가 주한미국경제조정관실 교육담당기획관으로 있다가 미국으로 유학을 떠나기 전 해인 1967년 김 박사님께서 유네스코 한국위원회 사무국 총장직무대리를 맡으셨을 때부터로 기억됩니다. 그러나 나와 더욱 가까운 인연이 된 것은 필자가 한양대학교 교수로 재직 중이던 1981년 8월 당시의 문교부 이규호 장관님의 초청으로 교수겸임 문교부 교직국제국장으로 임명된 후부터로 생각됩니다.

당시 김 박사께서는 교원공제회 이사장으로서 뛰어난 경영마인드를 발휘하여 교원공제회의 사업을 추진, 교원들의 복지증진에 많은 노력을 기울이셨습니다.

기억에 남는 것은 내가 교직국장으로 들어간 지 얼마 안 되어 강원도 설악산 입구에 있는 폐교된 초등학교를 인수하여 이 건물을 속초 교원공제회 유스호텔로 개조하여 동해안 설악산에 교원들의 휴식처를 마련하였고, 더욱이 교원공제회원들에게 조세 감면의 혜택을 받을 수 있도록 관계법을 개정케 하여 복지증진에 공헌하였습니다.

김 박사는 교원공제회 이사장 임기를 마치고 경기대학의 학장으로 옮겨 역시 행정력을 발휘, 당시 단과대학이던 경기대학을 종합대학으로 승격시켜 이 대학이 경기 사학의 대표적 대학으로 발전하는 데 기초를 마련하였습니다.

경기대학 총장으로 계시던 1988년에는 한국교원대학교 총장으로 부임하여 대학 경영의 동반자로 파란만장했던 변혁기에 대학 사회가 겪어야 했던 많은 어려움을 함께 극복한 경험도 있어 전우와 같은 우의를 가지게 되었습니다. 1991년 총장의 임기를 마치고 김 총장은 사학연금관리공단의 이사장직을 맡아 속초에 그린야드호텔을 신축하는 등 사학에 종사하는 교직원의 복지향상을 위해 많은 업적을 남기셨습니다.

내가 국립대학교인 한국교원대학교에서 정년퇴직을 하고 다시 사립대학으로 돌아와 사학연금관리공단의 회원으로 혜택을 입게 되어 사학연금공단이사장 시설의 김 총장님을 회상케 합니다.

김 총장은 사재(私財)로써 재단법인 한국사회정책연구원 설립 원장 겸 이사장으로 있으면서 그의 전공분야인 사회복지정책에 관한 연구와 출판 활동을 계속하고 있어 주위의 부러움을 사고 있습니다.

한국사회정책연구원의 이사진을 보면 김 총장의 활동 역량이 얼마나 넓은지를 쉽게 알 수가 있습니다. 임원진을 보면 김용래 전 서울시장, 서동권 전 국가안전기획부 부장, 문교부 장관과 주일대사를 역임한 이규호 박사, 이원홍 전 문공부 장관, 박상희 전 중소기업협동조합 중앙회 회장 등 이사로 있고, 고문으로 이해원 전 서울시장, 미국 알마대학교 총장, 김성배 전 건설부장관, 그리고 김준호 전 서울은행장 등 우리나라 최고 지도층 인사가 참여하고 있습니다. 그리고 매년 한두 번의 주옥같은 논문을 모아 사회정책 논총을 출판하여 복지사회로 우리 나라가 나가야 할 방향을 제시해 주고 있습니다. 정말 장한 일이라고 찬사를 보내고 싶습니다.

김 총장님은 또한 의리가 있고 인정이 많은 학자로 알려져 있습니다. 지금까지 살아오면서 김 총장님 같이 변함없이 의리를 지키려는 사람은 드물다고 생각합니다. 공직에서 은퇴한 후에도 여러 해를 명절 때가 되면 주위 사람들에게 화장품 세트라도 보내야 직성이 풀리는 성격입니다.

김 박사님은 또한 전형적 경상도 사나이 기질을 타고 나서 그런지

불의를 보면 참지 못하는 성격과 남의 어려움을 보면 도와주지 않고는 못배기는 덕성의 소유자이기도 합니다. 주위의 친지들이 어려움이 있을 때 자기의 역량을 다 발휘하여 도와주는 것을 여러 차례 목격하였습니다.

김 총장과 내가 거의 동시대의 교육계 활동을 통하여 맺어진 인연임을 나는 소중히 생각하고 그 분의 지도자로서의 신의와 높은 덕성을 본받고 살려고 노력하고 있습니다. 우리가 가는 세월을 막을 수 없고 또 정년제도가 우리 나이든 이들의 활동에 제약을 주지만, 김 총장은 건강이 허락하는 한 계속 사회를 위해 활동하여 줄 것을 기대하고 있습니다. 우리 사회가 김 총장님 같은 지도성을 더욱 필요로 하기 때문입니다.

이번 김 총장님의 고희 기념문집 발간을 계기로 김 총장님의 알려지지 않은 많은 공적들이 세간에 알려지고, 그의 생각과 품성이 주위 사람과 후학들에게 큰 사표로 작용하길 기대합니다. 김 총장님의 건강과 가정의 번영을 축원하면서 축하의 말을 맺습니다. 끝으로 운산 김한주 총장님의 만수무강과 가정의 평화와 번영을 축원하면서 두서 없는 축하의 인사말씀에 대합니다. (2002. 3. 12)

존경하는 나의 오랜 벗 _ 만제 윤중호 박사

만제 윤중호 박사 정년퇴임 기념문집 출간 기념

우리나라 구강외과 분야의 제일인자로 내가 존경하고 있는 만제 윤중호 박사의 정년퇴임을 맞아 문집을 출판하게 되었다는 소식을 듣고 친구로서 송공의 인사를 드리게 된 것을 감개무량하게 생각한다.

먼저 윤 박사의 퇴임기념 문집을 계획하신 후학 준비위원들께 감사드리고 나에게 이 짤막한 송공사를 할 기회를 주신데 감사한다.

便同一室이란 말이 있는데 윤중호 박사와 필자는 성이 다를 따름이지 한 가족과 같은 사이이다. 사람과 사람과의 인연이 여러 가지가 있지만 학연도 지연도 같으니 한 동기간이나 다름없는 친구 중의 친구이다. 언제나 만나면 어릴 때의 동심에서 할 말 못 할 말 거리낌 없이 이야기할 수 있는 둘도 없는 친구이기 때문에 나에게는 마누라 다음가는 인생의 동반자로 존경하고 있다.

나는 이와 같이 가까운 친구를 서울이라는 한 동네에서 평생 함께 할 수 있는 것을 하나의 축복으로 여기고 있다. 윤 박사는 지난 40여 년간을 나와 우리 가족의 치과 주치의 역할을 해주었다. 내가 아직도 건강한 치아를 보존하고 있는 것은 전적으로 윤 박사의 덕이다. 큰 빚을 진 셈이다. 가족은 물론 주위에 어려운 환자가 있으면 윤 박사에 연락하여 도움을 한없이 받았으니까 감사하는 마음도 한이 없다.

막상 펜을 드니 나와 윤박사의 사이에서 일어났던 일들이 주마등같 이 떠오른다. 바로 엊그제 같은데 벌써 반세기의 세월이 흘렀으니 세월 의 무상함을 느끼게 한다. 윤박사의 선친께서 일제 때 제법 큰 역으로 간주되던 나의 고향 역인 호남선 연산 역장으로 계셨고 해방 후에는 대전, 부산 그리고 서울역 역장으로 두루 재직하시면서 우리나라 철도 운수 행정 발전에 크게 기여하셨다. 그 당시 기차표를 사기 어려울 때면 인자하신 윤박사 선친을 찾아가 도움을 받은 기억도 새롭게 느껴 진다.

윤박사가 1957년 국내 유일한 치과대학이었던 서울대 치과대학을 졸업하고 바로 당시 서울역 앞에 위치하였던 세브란스 병원 치과 인턴 으로 시작하여 오늘에 이르기까지만 43년간을 연세대 치과대의 발전을 위해 공헌한 것에는 말로는 표현할 수 없는 찬사를 보내고 싶다. 윤박사 는 누구에게도 지지 않으려는 불굴의 의지를 가진 학자이다. 결혼 후 몇 해 지나지 않아 신혼 생활을 즐겨야 함에도 윤박사는 1964년 가족을 뒤에 두고 홀로 미국의 명문대학 펜실베이니아(Pennsylvania) 대학원에 유학하여 대학원과정을 마치고, 뒤이어 듀크(Duke) 대학 의료원에서 임상연수를 받고 돌아왔다. 귀국 후에도 1969년에 연구를 계속하여 서울대 대학원에서 의학 박사 학위를 받고 명실 상부한 한국 구강외과학의 권위자가 되었고 1980년에 대한구강외과 학회장으로 활약하면서 많은 학문적 업적을 남겼다. 그리하여 치과의사협회로부터 학술대상을 수상하기도 하였다.

그 동안 개업하여 돈을 벌라는 주위의 유혹도 많았던 것으로 기억된다. 모든 유혹을 물리치고 오직 치과 구강외과의 발전을 위해 후학의 양성과 연구에 전념한 공로에 대해 나는 경의를 표하고 싶다. 이런 뜻에서 윤박사의 정년퇴임은 아쉬움과 동시에 정말 값지고 황금으로 살 수 없는 큰 명예로 의학계 뿐만 아니라 우리나라 교육계 모두가 부러워하고 경하할 것으로 믿고 자랑스럽게 생각한다.

글을 쓰면서 생각나는 몇 가지 일화를 첨언하고 싶다. 결혼 전에 우리가 한방에서 하숙을 했던 것이 기억된다. 1958년 초 내가 대전공고(현 대전 산업대)에서 주한미경제조정관실(OEC)로 옮겨왔을 때 후암동 대호내 집 2층에서 함께 하숙을 하였다. 나는 사무실이 용산 8군 사령부 안에 있었고 세브란스 병원이 서울역전에 있었기 때문에 후암동 하숙집이 꼭 중간이었다. 어느 땐가 옆집에 불이 났을 때 윤 박사가 나보다도 빨리 아래층으로 대피하여 "재이야 빨리 내려와" 하고 소리치던 모습이 선하다. 그때 2층에서 내려다보니 어느새 '제니스 라디오'

(당시로서는 귀중품으로 재산 목록 1호)를 손에 들고 있어 윤 박사의 민첩성에 감동하기도 했다. 물론 불이 우리 하숙집으로 번지지는 않았지만 나를 구하기 위해 동네가 떠나가도록 소리치며 걱정해준 우의에 아직도 감사하고 있다.

하숙집에서 약혼자에게 편지를 받고 서로 경쟁적으로 자랑하고 기뻐하던 생각도 떠오른다. 윤 박사 결혼식 때 들러리 선 생각도 잊을 수 없다. 당시 논산 훈련소에 가서 신검을 받고 나온 다음날이라 얼굴이 검게 타고 볼품이 없이 들러리를 서 부끄럽기도 했으나 들러리가 못생겨야 신랑의 모습이 돋보일 것이라는 생각에 그대로 자위를 하였다. 비슷한 때 결혼하여 순서는 다르지만 우리 두 가족이 똑같이 2남 1녀, 3남매를 두어 모두 잘 자라 제 몫을 하고 있으니 얼마나 다행스럽고 감사한지 모르겠다.

여하튼 필자와 윤 박사는 서로 전공은 다르지만 둘이 함께 교육계에서 평생을 무사히 보내고 정년을 맞게 된 것이 하나님이 주신 큰 은총으로 생각되며 퇴임 후에도 계속 후학을 위해 사회를 위해 봉사할 기회가 주어질 것으로 기대하고 있다.

학자에게나 교육자에게 정년이라는 것은 하나의 제도적으로 만들어 놓은 가식이지 학문을 중단하라는 것은 아니다. 보다 자유로운 입장에서 그 동안 제도적 시간적 제약으로 못 다한 일들을 정리하고 반세기 동안 길러 놓은 전국에서 활동하고 있는 제자들을 찾아 A/S (에프터서비스)를 제공하며 계속 우리나라 의료 발전과 국민건강 발전에 힘써

주기를 기대한다.

노익장이라고 윤 박사는 흰머리를 염색만 한다면 40대로 보일 것이니 이 또한 스스로 건강에 노력한 결과로 보아 축복하지 않을 수 없다. 지방 순회 시에는 내가 와 있는 광주에도 내려와 무등산 정기도 맛보시기 바란다.

윤중호 박사의 높은 학덕에 감사와 경의를 표하고 정년퇴임을 아쉬워 하면서 퇴임 후에 더욱 큰 하나님의 축복이 윤박사와 그 가정에 내려지길 빌면서 붓을 놓는다. (1999. 8. 25)

지성과 혁신의 리더십 _ 약수 장선덕 총장

장선덕 부경대학교 총장 기념 문집 축사

약수 장선덕 총장님은 내가 존경하고 아끼는 대학 총장님이시다. 나와 같은 시기에 국립대학의 책임을 맡아 고락을 함께하셨다. 내가 장 총장님과 각별히 가까운 친분을 갖게 된 것은 몇 가지 이유가 있다. 장 총장님의 전임인 유성규 총장님이 남해 출신으로, 부산에 거주하는 나의 연세대 영문과 동창생과 고교 동기동창이자 가까운 친구셨다. 그래서 유 총장님의 후임으로 부산 수산대학교 총장으로 취임하신 장 총장님에게도 친근감을 갖게 되었다. 또 나의 고교 동기 한 분이 부산수대를 다녔는데 장 총장님의 1년 선배인 것을 알고 나서 더욱 가까운 인연을 느끼게 되었다. 애석하게도 그 친구는 지병으로 최근에 타계했지만.

그리고 부산수산대학교와 부산공업대가 통합하여 부경대가 되었는데 나는 부산공대의 전신인 부산공고와 깊은 관계가 있다. 내가 주한 미국경제 협조처(USOM) 교육국에 근무할 때인 1958년부터 부산공고에 실습 기자재를 지원하고 교사들의 강습을 위해 여러 차례 방문을 하여 교장선생님을 비롯한 전기 기계 등 전공 선생님들과 각별한 친분 관계가 있었다. 이와 같은 여러 사연으로 나는 부경대학교 장선덕 총장을 마음속으로 좋아했고 또 친근감을 갖게 되었다.

　　장 총장님과 나는 전국 국립대 전 총장들 모임을 통해서 지금도 우의를 다지고 있다. 매해 전후기로 나누어 1박 2일 일정으로 전국의 여러 회원 대학에서 연찬 모임을 가져왔다. 친목을 위한 모임이지만 국가 발전과 교육 현안 문제에 대해 서로 토론하고 지혜를 나누는 행사를 하고있다. 나는 이 모임을 통하여 장 총장님의 후덕하고 고매한 인품과 폭넓은 식견을 즐길 수 있었다. 1994년에 출범한 전국 국립대 총장모임은 군산대학교 조성환 전 총장님이 회장직을 맡고 계시다.

　　우리 전직 국립대 총장 모임에서 2009년 말에 "꿈을 향해 나아가자"는 제목의 책을 제작하여 발간한 일이 있다. 전직 국립대 총장 26명이 각자의 경험담과 인생철학을 담은 글을 모아 책을 만들었다. 이 귀한 책의 기획과 편집 출판의 책임을 장선덕 총장님께서 맡아 수고 하셨다. 원고 수집과 책 편집과 제작 과정이 2년도 더 걸렸다.

그 기간 동안에 적지 않은 경비가 들었을 텐데 장 총장님이 개인적으로 부담하며 책을 완성하였던 기억이 난다. 출판 후에 경비 일부를 회원들이 나누어 십시일반으로 부담했지만 장 총장님의 희생이 아주 컸다고 생각하며 나는 장 총장님의 헌신에 감사한 마음을 지금도 간직하고 있다.

장 총장님은 겸손한 사색가로 많은 것을 알면서도 함부로 이야기하지 않고 신중했으며, 독서를 즐기는 모습을 자주 본 것 같다. 나는 장 총장님께서 일본 문고 책을 읽으시는 모습을 가끔 목격했다. 책 내용은 모르지만 그의 독서하는 모습을 보면 진리 탐구에 열중하는 진실한 학자 상을 목격하는 것 같았다. 그리고 총장들의 공식 일정이 끝나면 그 지역의 사찰 등 문화 시설들을 사모님과 함께 답사하기 위해 별도로 여행을 하시는 것도 자주 목격하곤 하였다.

나는 2009년 말에 출판한 "꿈을 향해 나아가자"는 제목의 책을 서재에서 다시 찾아 약수 장 총장님의 글을 읽어 보았다. 이 시대의 위대한 학자, 탁월한 행정가, 높은 덕성과 사랑의 실천가로서의 약수 장선덕 총장을 재발견하게 되었다. 장 총장님이야 말로 우리나라의 교육과 해양기술을 발전시킨 선구자이며 애국자라는 것을 새삼 확인하였다.

약수 장선덕 총장님은 8.15 해방 후 어린 시절 부산 광복동 길거리 책 상인들로부터 일본어로 된 귀한 서적들을 구하여 읽었다. 그는 어려서부터 훌륭한 지도자는 훌륭한 교양과 인격과 학식이 있어야 된다는 것을 깨닫고 독서와 강연을 듣고 토론을 하는 것을 취미로 삼았다. 그리고 어려서부터 바다를 좋아했고 바다를 개발하여 국가의 부를 창출하여야 한다는 신념을 가지고 있었다. 그리고 이러한 꿈의 실현은 자기의 노력과 의지가 없으면 실현될 수 없다는 것도 일직이 깨달은 선각자였다.

그는 20대까지는 전문지식과 교양 및 건강을 최우선으로 하고 30대에는 전문지식과 과업을 최우선으로 하며 전력을 쏟아 역사 철학 문학 등 교양과 해양공학, 경제학, 경영학 등 전문지식을 폭넓게 공부하였다고 술회하고있다. 미래학자 Rieseman은 평등주의가 문화의 수준을 낮게 했다고 비판하며 학문적 전통을 중시하고 21세기 교육의 주안점은 과학 속에 시를, 수학 속에서 미와 우아함을 느끼는 사람을 만드는 일이라고 하였다. 인문학적 기반이 없는 과학기술은 20세기 산업사회의 유물이며 21세기 지식 정보화 사회에서는 인문학과 과학기술이 함께 공존하여야 한다는 뜻이다. 장 총장님은 해양학을 연구하시면서도 폭넓은 인문학적 지식을 중요시하여 미래를 내다본 선각자이시다.

장 총장님은 해양에 관한 최고 수준의 학문연구를 위하여 동경대학에 장학생으로 초청을 받아 유학 생활을 하며 세계적 석학들의 강의를 듣고 전공학문 분야뿐 아니라 세계사, 논리학, 경영학, 철학 분야까지 폭넓은 지식을 습득하고 현장 연구기관들을 직접 방문하여 견문을 넓히셨다. 유학을 마치고 우리나라 해양 발전에 전문가 양성의 시급성을 인식하고 대학교수로서 평생을 학문 연구와 후배 양성에 심혈을 기울이셨다.

1993년 말 교수 직선으로 부산수산대학교 제2대 민선 총장으로 당선되자, 바로 부산공업대학과의 통합 운동을 전개하여 양교 모든 구성원과 지역사회 그리고 정부를 설득하여 오늘의 부경대학교를 출범시켰다. 참으로 탁월한 대학 행정가임이 입증된 셈이다. 오늘날 학생 인구의 감소와 사회적 수요와 공급의 불일치로 위기를 맞은 우리 대학들의 당면 문제를 미리 예견하고 두 국립대학을 통합하여 경쟁력 있는 우수한 대학으로 발전하도록 초석을 다진 장 총장님의 선견지명은 참으로 높이 평가하지 않을 수 없으며 찬사를 보내고 싶다.

장 총장님은 참으로 훌륭한 학자인 동시에 탁월한 행정가일 뿐만 아니라 사회와 어려운 이웃을 위해 봉사하고 베푸는 보시(普施) 정신을 철저히 실천하는 사회의 귀감이시기도 하다. 장 총장님은 평교수 재임 시에 2억 원이나 되는 거액의 사재를 출연하여 약수(若水) 장학재단을 설립하여 어려운 학생들에게 장학금을 마련하여 주시기도 했다. 보통 사람으로는 상상할 수 없는 큰 교육자요 사랑의 실천가로 우리 모두의 존경을 받아 마땅하다.

나는 한 가지 아쉬움을 느낀다. 만약 장 총장님께 우리나라 해양행정의 총수직을 맡을 기회가 주어졌더라면 오늘의 세월호 참사의 비극이나 조선과 해운업 문제가 발생하지 않았고, 우리나라 해양산업도 크게 발전할 수 있었을 것으로 생각된다. 정부의 인사정책이 원망스러울 따름이다.

장 총장님께서는 폭넓은 인문학적 지식과 해박한 해양 전문 학자로
또 덕망 있는 지도자로 팔순이 넘은 오늘도 지역 사회와 학계의 원로로
존경을 받으며 봉사 하고 계시니, 우리 총장들의 존경과 부러움의 대상
이시다. 나는 약수 장선덕 총장님을 존경하며 우리들의 인연을 자랑스
럽게 생각한다.

끝으로 약수 장선덕 총장님 내외분의 만수무강과 장 총장님의 가정
에 하나님의 축복이 늘 함께 하시길 기원한다. (2016. 11. 11)

훌륭한 언론인이자 학자 _ 덕천 윤여덕

덕천 윤여덕 〈발로 쓴 신 인문기행〉 개정판 출간 기념

나의 죽마고우의 한 사람인 덕천 윤여덕 선생이 최근 미수를 맞이하여 〈발로 쓴 신 인문기행〉 이라는 기념문집을 출간했다. 덕천 선생은 나와 중고등학교, 대학교 동기동창이다. 전공은 다르지만 우리 둘은 지연과 학연에 얽혀 친하게 지내고 있다. 책을 출판한지 1년도 채 안됐는데 개정판을 내기로 했으니 추천의 글을 써달라는 요청을 받고 이 글을 쓴다. 초판이 품절이 되어 재판을 내나 하고 기쁜 마음이 들었다. 그런데 나의 추측과 달리 초판 책의 출판을 미수 생일날에 맞추느라 서둘러 일부 논문 내용에 오류가 발견되고 주로 상고사 부분의 기술에서 한자가 정확하지 않은 부분이 발견되어 수정을 하고 바로잡기 위해서 다시 간행한다는 것이다. 나는 저자가 본인의 글에 대한 오류를

바로 잡기 위해 간행한지 한해도 안된 저서를 바로잡기 위해서 개정판을 간행한다는 말에 존경심을 느끼지 않을 수 없었다. 역시 양심이 살아있는 학자구나 하는 생각이 들었다. 언론인이나 학자들이나 자기 글의 오류를 지적받으면 즐겁게 받아드리고 시정하는 사람은 많지 않다. 역시 덕천 선생은 우리 모두가 믿을 수 있는 정직하고 훌륭한 언론인 출신 학자임을 재확인했다.

덕천 선생은 대학 졸업 후 바로 신문기자로 출발하여 언론계에서 사반세기동안의 젊음을 바쳤고 우리민족사연구의 총본산인 한국학중앙연구원(전 한국정신문화연구원) 편집위원으로 여러 해 국학연구와 역사자료를 편찬하는 업무를 맡아 우리의 전통 문화를 발굴하는데 봉사를 했다. 그리고 말년에는 여러 해를 사단법인 통일건국민족회 창립 임원으로 우리의 정통문화와 민족통일문제에 대한 연구를 수행하였다. 특히 그는 우리의 고대사 연구와 홍익인간이념 연구에 많은 관심을 가지고 글을 쓰며 오늘에 이르렀다. 그리고 졸수(卒壽)의 나이지만 자유기고가로서 글쓰는 일을 멈추지 않고 있다.

덕천 윤여덕 선생은 10여년 전부터 언론계에서 기자로 있을 때 취재하여 쓴 글과 역사의 현장을 돌아보고 쓴 글이나 논설들을 정리하여 책으로 엮어 출판해 왔다. 출판 기념회도 가진 바 있다. 그의 글은 특이한 특징을 가지고 있음을 자인한다. 첫째로 기자 시절의 사건을 다룬 기사들이라 단문의 글이라는 것이다. 또 현장을 꼭 자기 눈으로 확인하고 쓰는 근성을 가지고 있어 날조된 소설이 아니고 진실을 말하고 있다는 것이다.

그래서 그는 국내의 명산과 고찰은 물론 우리 역사를 이끈 선구자들이 성장하고 학문을 닦은 유적들을 답사하는데 젊음을 바쳤다는 것을 실토하고 있다. 그리고 국내뿐만 아니라 중국과 일본 내에 산재해 있는 우리 한민족의 자취를 답사하기 위해 여행을 하면서 많은 취재를 하고 유적들을 탐방하여 기록을 하였다. 한민족이 활동한 역사의 현장을 본인 눈으로 확인하는 기자의 근성을 아낌없이 발휘 하였다. 참으로 존경스럽고 그의 열정에 감탄하지 않을 수 없다.

현직에 있을 때에는 주말을 이용하여 전국의 명산, 고산 치고 안 가본 데가 없이 종횡무진으로 누비고 다녔다는 덕천 윤여덕 선생의 끈기에 부러움을 느낀다. 신문기자의 역사탐방을 위한 끈기는 참 대단하다는 것을 다시금 확인하였다. 나는 2011년 6월 1일 윤여덕 선생의 저서 "역사의 고향으로 떠난 사람들" 이란 책 출판기념회에 참석한 일이 있다. 그때 받은 초대장에 적힌 다음 구절을 소개하고 싶다.

〈10년을 하루같이 우리 민족사 연구에 천착(穿鑿)해온 본회 부회장 덕천 윤여덕 선생이 이번에 펴낸 "역사의 고향으로 떠난 사람들" 이야기는 바로 그 생생한 증언록입니다. 격동의 세월 속에 자칫 묻혀버릴 뻔한 역사의 씨와 날들을 가다듬어 사건기자의 날카로운 안목과 필치로 복원해낸 핫 뉴스 입니다.〉

당시 초청인은 사단법인 통일건국민족회 공동회장 최치영, 권천무 회장님이셨다. 나는 그때의 초청장을 책과 함께 보관하고 있다. 이 초청장의 구절은 아직도 유효하다고 생각된다.

이번에 개정판으로 출판되는 덕천 윤여덕 선생의 저서 "발로 쓴 新人文紀行"에 포함된 대주제들을 보면 단군조선과 홍익인간, 광개토대왕 능 비문과 고한문과의 관계고찰, 윤관구성의 위치에 대한 문헌 재고찰, 독도 영위권 분쟁과 그 수복운동과 전망, 한일어업협정과 IMF 환란과의 관계 고찰, 독도의 모든 것 풀 명세서, 제국주의 식민지화 침략의 마수, 일본의 주장과 그 허점들, 일본학자들도 독도는 한국령 주장, 신구 한일어업협정과 독도, 풀리지 않는 수수께끼의 비밀, 의리 앞세운 김영삼과 실용으로 일관한 김대중 등이다. 각 대주제 안에는 여러편의 소주제 단문 글들이 포함되어있다. 이 책에 수록된 소주제의 글들은 일부 몇 편을 제외하고는 저자 덕천 윤여덕 선생이 발로 뛰며 탐구한 역사를 기록한 230여 편의 주옥같은 단문(短文) 증언들이 담겨 있다. 우리의 고대사, 현대사, 정치외교, 경제, 교육, 문화, 종교, 예술 등 여러 분야의 과거와 현재 그리고 미래를 이해하게 하는 좋은 책이다. 한자가 많아서 읽는데 시간이 걸리지만 우리역사를 탐구하고 밝은 미래를 밝히는데 도움이 되는 증언들이다. 세계화의 물결 속에서 우리나라의 전통과 정신문화가 쇠퇴해가는 현대에서 자라는 우리 젊은이들에게 보약이 되었으면 한다. 특히 나는 교육계에서 평생을 보낸 사람으로서 우리나라의 교육이념인 홍익인간에 대한 관심을 많이 가지고있다.

덕천 윤여덕 선생은 대학 시절 백낙준 총장님의 채플 시간 훈화를 듣고부터 홍익인간에 대한 탐구를 60여년 전부터 해왔다고 언급하고 있어 나는 더욱 감명을 받았다. 교육을 평생의 업으로 한 나보다도 더 덕천 선생이 훌륭한 교육자 같은 생각이 들기도 한다. 우리 교육의 심각한 문제는 철학의 부재에 있고 지나치게 정치가 좌우하고 있기 때문이다. 덕천 윤여덕 선생의 애국심과 민족문화 창달을 위한 헌신에 경의를 표한다. 그리고 아직 정리 안 된 기록들도 가능하면 일찍이 정리하여 책으로 엮어 출판되기를 기대하면서 두서없는 글을 마친다.

(2021. 2. 10)

성공한 교육자 _ 동광 장연호 교장

동광 장연호 교장 일기 출간 기념

동광(東光) 장연호 선생과 나는 대학 동기동창으로 지난 60년 동안 두터운 우정을 나누며 살아왔다. 연희대학 영문과를 1953년 3월에 입학하여 1957년 3월에 졸업을 했다. 연희대학과 세브란스의과대학이 통합하여 교명을 연세대로 바꾸기 전해에 졸업을 하여 우리는 연희대학교 마지막 졸업생이다.

산수(傘壽)의 나이 황혼기에 접어들었지만 20대 대학생 시절에 가지고 있던 우정이 조금도 식거나 변하지 않고 현재까지 지속되고 있다. 참으로 자랑스럽고 감사한 생각이 든다.

지난 4월 중순께 동광 학우로부터 반가운 전화를 받았다. 중학교 2학년 때부터 매일 써온 일기를 엮어 책으로 출판한다는 것이다. 원고가 다 정리되어 곧 인쇄에 들어가니 친구인 내가 축하하는 글을 써서 보내달라는 요청이었다. 거절했다가는 60년의 우정에 금이 갈 것 같아 곧 몇 자 적어 보내겠다고 약속했다. 나의 친구가 치밀한 성격에 부지런하고 책임감이 강한 교육자임을 잘 알지만 65년간 날짜로 2만 3천 725일을 매일 일기를 써왔다는 말을 듣고 놀랐다. 중학교 2학년 때가 1948년으로 대한민국이 미군정으로부터 독립정부를 수립한 뜻깊은 해이다. 따라서 장연호 학우의 일기책이 대한민국의 역사나 다름없을 것으로 기대하면서 기쁘고 설레는 마음을 금할 수가 없었다.

동광 학우는 대학을 졸업하고 나와 비슷하게 고향의 고등학교 교사로 교직에 입문하였다. 동광은 고향 정읍에 있는 사립학교인 호남고등학교 교사로 출발하여 교감을 거처 학교장으로 65세 정년까지 근 40년을 2세 교육에 평생을 바쳤다. 동광 선생은 은퇴 후에도 고향을 지키며 향토 문화의 발전에 기여하고 있다. 과수원을 경영하며 지역의 원로로서 바둑인 단체회장으로 그리고 교육계와 종교계 지도자 모임을 주관하는 등 왕성한 활동을 하고 있다.

나는 동광학우를 누구보다도 축복을 받은 성공한 교육자로 존경하고 있다. 그리고 "한 우물을 파야 성공 한다"는 옛말이 옳은 말인 것을 동광의 생애에서 찾을 수 있다고 생각한다. 동광은 한 직장에서 평생을 봉사 하였다. 호남고등학교 평교사로 출발하여 같은 학교에서 교장으로 승진하여 평생 제자를 길러 냈다. 전국 사회 각 분야에 그를 따르고 존경하는 수천 명의 제자들이 있다. 제자 중에는 학자도 있고 법조인도 있고 장군도 있고 기업인도 있다. 내가 대전대 총장으로 있을 때 대전에 있는 한남대학교 신윤표총장이 장 교장의 제자여서 나와 가까이 지내기도 했다. 교육자에게는 훌륭한 제자를 양성하는 것이 가장 큰 보람이고 축복이다. 그리하여 나는 장연호 학우를 여러 우물을 파고 다닌 나보다 성공한 교육자로 부럽게 생각하며 존경하고 있다.

동광 학우는 자녀들 복도 타고 났다. 슬하에 아들 다섯에 딸 둘 일곱남매를 훌륭히 키우고 교육을 시켜 모두가 장성하여 성공을 하였다. 장남은 언론인으로 출발하여 정치인으로 활동하고 있다. 머지않아 국회의원으로 진출하여 나라 발전에 크게 기여할 것으로 믿고 있다. 의사와 판사, 변호사도 있어 남들의 부러움을 산다. 내가 광주대 총장으로 있을 때 막내딸의 주례를 맡아 축복해 준 인연도 있다. 사위가 사법고시에 합격하여 연수를 마치고 법관으로 임명 직전이었다. 손자손녀가 아마도 근 20명 가까이 되는 것으로 알고 있다. 최근에 만났을 때 직계 가족이 모두 모이면 30명이나 되어서 사는 집이 협소하여 시내 한 식당을 빌려서 가족 모임을 갖는다고 하는 말을 들은 적이 있다.

80대의 우리 세대는 물론 대가족 제도하에 살았지만 나는 3남매 밖에 못 키웠다. 아들과 딸 7남매를 키워 요새 소규모 초등학교 한 학급 규모나 되는 손자손녀를 거느리고 있는 장 교장이야말로 큰 축복을 받은 어른이다. 나라로부터 애국자로 칭찬받을 만도 하다고 생각한다. 급격한 저출산으로 우리의 미래가 걱정되는 때이기 때문에 더욱 그렇다.

자녀들의 효심도 아주 지극하여 장 교장이 서울에 올라오면 아들과 딸들이 경쟁하듯 서로 모셔가려고 한다고 한다. 그래서 골고루 찾아가며 대접을 받아야 한다고 나에게 고충을 이야기 한 일이 생각난다. 핵가족화된 우리 사회의 부모에 대한 효성이 식어가는 현실 속에서도 장 교장 가족은 우리 전통 미풍을 지키면서 행복한 가정을 누리고 있다. 장 교장은 학교의 제자 교육뿐 아니라 가정에서의 자녀 교육에도 성공한 우리의 귀감이다.

동광은 친구들을 아끼고 좋아한다. 내가 광주대 총장으로 재직할 때 장교장 내외분이 학교를 방문해 주었다. 사모님이 손수 만든 김치를 선물로 가지고 와서 아주 감사하게 맛있게 먹은 기억이 15년의 세월이 흐른 오늘도 내 가슴에 생생하게 남아있다. 한국교원대 총장 재직시 호남지역에 출장을 갈 때면 정읍에 들러 장 교장 친구를 만났다. 장교장이 자기집 울안에 있는 감나무에서 홍시 감을 따서 내 차에 실어준 일도있다. 그리고 최근에는 건강에 도움이 된다면서 농장에서 재배한 오가피 나무를 잘라 보내기도 하였다. 얼마 전에 연세대 문과대 동문 10여명이 서울에서 자리를 함께 한 일이 있다. 장교장도 연락이 되어 참석을 하였는데 시골 집에서 직접 만든 약술을 큰병에 담아 가지고 올라 왔다. 나는 술을 좋아하지 않기 때문에 술에는 무외한이다. 건강에 좋다고 하여 나도 약으로 알고 한잔 마신 일이 있다. 장 교장은 애주가로서 지금도 반주로 소주 반 병을 마시는 것을 보았다. 노익장을 자랑하는 그의 건강이 남다름을 알 수 있다. 장 교장은 건강 복도 타고 난 교육자이다.

장 교장은 수년전에 컴퓨터를 배워 카페에서 얻은 좋은 글이나 사진 자료들을 나에게 자주 보내주고 있다. 나는 그가 보내주는 유익한 건강

지식이나 노인 계명 등 많은 자료를 즐겁게 읽으면서 나의 상식을 넓히고 있다. 최근에 받은 메일 속에 "늙은이 타령"이란 글에 나에게 공감이 가는 구절이 들어 있었다. "늙으면 있는 놈이나 없는 놈이나 그놈이 그놈이요, 배운 놈이나 못 배운 놈이나 거기서 거기요, 돈과 명예는 아침 이슬처럼 사라지고 마는 허무한 것이오, 건강만 있으면 대통령도 천하의 갑부도 부러울 것 없소" 하는 구절이다. 우리 노인들이 각자의 건강을 철저히 관리하여야 한다는 경고이기도 하다.

나는 연희대학에 진학하여 호남 정읍의 토호(土豪)로 존경받는 동광 장연호 동문을 맞나 오늘까지 우의를 나누고 있는 것을 큰 축복으로 생각한다. 그리고 동광 장연호 동문과의 인연을 소중히 간직하며 감사하고 있다.

지난 65년의 기나긴 세월 매일 쉬지 않고 일기를 써서 이번에 책으로 만들어 출판하게 된 것을 진심으로 축하 드리며 이 책이 저자 자신과 그 가족뿐만 아니라 우리 사회와 교육계에 널리 읽혀 우리 현대사를 바로 이해하고 많은 지혜를 얻게 되기를 기대하며 심심한 찬사를 보내고 싶다. 나의 자랑스런 친구 동광 장연호 선생에게 거듭 경의를 표한다. 그리고 앞으로 100세까지 한결같이 건강을 유지하면서 행복을 누리고 일기를 계속 써서 후속 일기책이 출판되기를 바란다.

끝으로 동광 장연호 교장 내외분의 만수무강과 가정의 평화와 축복을 기원하면서 축하의 글을 맺는다. (2013. 4. 28)

자랑스럽고 아름다운 선배 _ 설송 민병성 회장

설송 민병성 회장 〈설송 가계록〉 출간 기념

내가 존경하는 설송 민병성 선생의 일대기를 책으로 엮어 "설송 가계록"을 출판하게 된 것을 진심으로 경하해 마지않습니다. 여흥민씨대종회의 요청을 받아 고향후배의 한 사람으로 이 축하의 글을 올리게 된 것을 기쁘게 생각합니다.

설송 민병성 회장은 우리 집안과는 선대부터 두터운 세의를 쌓아온 사이라 나는 설송 선생을 친형님 같이 존경하고 또 설송께서도 친동생 못지않은 정을 나에게 베풀어 주시어 감사한 마음을 늘 간직하고 있습니다.

고향을 떠나 서울에 올라와서 다시 만나 우정을 나눈 지도 벌써 반세기가 넘었으니 설송 선생과의 인연은 혈육 못지않은 인연이라고 할 수 있습니다. 더욱이 내가 어렸을 때 설송 회장의 장인 어른께서 나의 선친과 둘도 없는 친구로서 거의 매일 우리 집에 오셔서 저의 아버님과 담소하시며 우의를 나누시던 기억이 지금도 나의 기억에 생생합니다. 물론 설송 회장님의 처남들과 조카들도 모두 나의 선후배들로 두터운 우정을 나누고 있습니다. 설송 선배님께서 설날 우리 아버님께 세배를 드리기 위해 우리 집에 자주 오셨다는 말씀도 들었습니다. 그리하여 나는 설송 선생을 선배로 모신 것을 축복으로 생각하고 또 자랑스럽게 생각합니다.

설송 선생은 일제 말기 청년시절부터 경제의 중요성을 간파하고 고향을 떠나 대전에서 포목상을 시작으로 숙박업 등 경영을 하시다가 해방 후 상경하시어 전매청 공무원 생활을 몇 년 하신 후 메리야스 공장을 창업하시는 등 우리나라 산업발전의 시대적 수요에 부응하여 다양한 사업들을 창업하여 경영하셨습니다. 우리나라 산업화 초기인 1961년에 삼진 화성화학회사를 설립하여 오늘에 이르셨으니 민회장님은 비록 기업의 규모는 크지 않지만 우리나라 산업 발전의 개척자이고 선구자이십니다. 일찍이 화학공업분야에 관심을 가지시고 1960년 초 서울대학교 공과대학 교수를 찾아가 화공기술에 대한 지식을 사사하신 일화는 회장님이 비록 대학은 다니시지 않았지만 탐구정신과 지식은 오늘날 박사학위를 취득한 학자 못지않은 실력의 소유자로 인정되고도 남는다고 나는 생각합니다. 10수 년 전에는 설송 선생께서 러시아 학자들과 피라미드 안에서 콩나물을 기르는 기술을 연구하시던 일도 생각이 납니다. 연구 결과는 불문하고 당시 고희가 지난 연세이셨는데도 러시아를 왕래하며 연구하신다는 말씀을 들은 일이 있습니다. 내가 한국교원대 총장으로 있을 때인데 대학에 있는 사람으로서도 엄두도 못 내는 연구를 하시는 것을 보고 설송 선배님의 기업가로서의 열정에 감탄한 일이 있습니다.

이러한 도전정신이 설송 선생이 사업가로서 성공한 원동력이 되었다고 생각됩니다. 미수를 앞두고 계신 오늘도 젊은이 못지않게 건강한 모습으로 활동하시는 것을 보면 우리 모두가 본받아야 할 큰 사표이시기도 합니다.

사업가가 돈을 많이 벌었다고 존경을 받는 것은 아닙니다. 번 돈을 어떻게 쓰느냐에 따라 존경을 받을 수도 있고 그렇지 않을 수도 있습니다. 설송 선생은 평생 기업에서 얻은 이익을 고향의 발전과 후배들의 어려움을 돕는 일에 아낌없이 쓰셨습니다. 40년 전에 서울에 사는 고향 친지들의 친목과 상부상조를 위해 양우회를 조직하여 초대회장이 되시어 아직도 고문으로 참여하고 계시며 양촌 면민회를 조직하시어 또 초대회장으로 추대받아 기초를 닦아 놓으셨습니다. 그뿐만 아니라 1977년에는 재경 논산군 향우회장직을 맡아 고향 발전에 헌신하신 바도 있습니다. 최근 2010년 봄에는 논산시 명예시장으로 위촉을 받으시기도 했습니다. 10수 년 전부터 공익재단인 설송 장학회를 설립하여 고향의 인재 육성을 위해 지원을 하고 계십니다.

교육계에 평생 몸 담고 있는 나는 지난 반세기 동안 서울에서 설송 선배님의 헌신적 애향정신의 실천을 지켜보면서 감사한 마음을 여러 번 느꼈습니다. 나도 교육자의 길을 걷지 말고 설송 선배님 같이 남에게 도움을 줄 수 있는 기업가가 될 것을 하고 설송을 부러워 한 적도 있습니다.

설송의 고향 발전을 위한 헌신에 감사하여 수년 전에 논산시 양촌면 민들이 모금을 하여 설송 민병성 선생의 공덕비를 세운 바 있습니다. 공덕비는 흔히 볼 수는 있으나 면민들이 모금하여 공덕을 기리는 비를 세운 것은 설송의 공덕비가 처음이 아닌가 싶습니다. 설송에 대한 양촌인들의 감사함의 뜻은 대대로 이어지고 기억될 것입니다.

나는 설송 선생과 양촌 초등학교 동문인 것이 자랑스럽습니다. 설송은 1939년 일제시대 양촌학교를 졸업하셨고 나는 1946년 해방 후 제1회 졸업생입니다. 2005년 내가 대전대학교 총장직을 퇴임하던 해 양촌 모교에서 자랑스런 동문으로 민병성 선배님과 함께 추대받은 기억이 새롭습니다. 그리고 2010년 4월 모교에 인성교육을 위한 교육공원을 만들었는데 설송께서 5천만 원을 지원하셨고 교육청에서 5천여만 원을 지원받아 조성되었습니다. 준공행사에서 설송 선배님과 내가 감사패를 함께 받은 일도 참으로 뜻깊게 생각되며 오래오래 기억될것입니다.

나에게 여흥민씨대종회에서 축사를 요청하면서 동봉한 설송 선생의 약력사항을 보고 나는 또 감탄했습니다. 선배님께서 민씨대종회 회장을 맡고 계신 것을 알고는 있었지만 근 40년간을 종사를 위해 그렇게 많은 공헌을 하신 줄은 미쳐 몰랐습니다. 선조님들의 묘역 정비와 묘비 건립뿐만 아니라 장학재단까지 설립하시어 여흥민씨대종회의 기틀을 마련하시어 전국 수 십만의 민씨 종인들의 존경을 받고 계신 것을 이번에 알게 되었습니다. 설송 민병성 선생을 고향선배님으로 모시게 된 것이 더욱 자랑스럽게 생각 되고 선배님에 대한 존경심이 더해집니다.

근면 성실하고 이웃과 조상을 섬기는 일을 게을리하지 않는 사람이 하나님의 축복을 받는다는 증거를 민병성 회장의 일대기가 우리에게 제시하고 있다고 생각합니다. 부처님같이 인자하고 만년 청춘 같은 설송 선생의 모습과 맑은 음성을 나는 영원히 기릴 것입니다.

이번에 여흥민씨대종회가 주관하여 설송 민병성 회장님의 일대기 "설송가계록"을 간행 하신 것 거듭 축하 드리며 앞으로 계속 설송 선생께서 우리 사회발전과 후배들을 위해 많은 지혜와 도움을 주시기를 바랍니다.

끝으로 설송 민병성 선생의 만수무강과 가정의 번영과 축복을 기원하며 축하의 글을 마칩니다.   (2010. 8. 30)

교육계에서 고락을 함께한 _ 김효겸 총장

김효겸 총장 시집 〈인간과 콩〉 발간 기념 축사

나의 고향 후배이며 근 반세기 동안 교육계에서 고락을 함께한 김효겸 총장께서 첫 시집 『인간과 콩』을 출간하신 것을 진심으로 축하드린다.

김 총장이 지난 10여 년 동안 중앙의 국민일보를 비롯하여 지방의 충청일보, 충청타임즈, 충북일보 등 여러 신문들에 좋은 칼럼을 기고하여 감명 깊게 읽은바 있다. 이번에 김 총장께서 틈틈이 쓰신 시 80편을 모아 첫 시집을 출간하여 우리에게 내놓으니 나는 그분의 정신과 새롭게 하는 열정에 감개가 무량하다.

김 총장은 바쁜 시간을 할애하여 한국문인협회, 청하문학회, 계간문예, 계간현대작가회, 문학공간 등의 시작 활동과 특히 서울시단 '시낭송회'에 참여해서 활동하셨다. 나는 김 총장의 일과 배움에 대한 열정과 근면 성실한 성품을 늘 높이 평가하고 경험하였다.

이번에 『인간과 콩』이라는 첫 시집 출간 주제를 보면서 콩이 인간에 주는 고마움을 새삼 느낄 수 있었다. 작가가 어릴 적에 직접 뜨거운 불볕더위에서 콩밭을 맸던 체험을 시로 표현함으로써 농촌의 중요성을 잘 일깨워 주고 있다. 농촌이 황폐해져 가는 현실에서 경종을 울리는 한편 신선감을 주기에 충분했다고 본다.

본 시집 80편 중에는 시골 생활과 시골 서정을 주제로 하여 쓴 시가 포함되어 있다. 또한 본인이 성장한 환경을 중심으로 시를 구성했다. 부모님의 사랑에 대한 시가 있고 삶의 인간관계에 대해서 시로 묘사했다. 나와 같은 고향 시골에서 자란 김효겸 총장의 시에서 마치 내가 경험했던 옛 추억을 아련하게 연상하여 상상하곤 한다. 특히 '시냇물의 시'에서는 동심의 세계가 묻어난다. 농촌에서 살아보지 않은 사람은 그 맛을 모를게다. 이게 시로 나타나니 향수에 젖어 든다. 환경의 파괴 없이 자연이 제공하는 순수한 시냇물을 음료수로 마시고 밥해 먹던 옛 추억이 새롭다. 또한 '소중한 만남'을 시로 잘 승화시켰다고 생각한다. 첫 시집을 발간하니만큼 시적 표현에 고민을 많이 한 흔적이 엿보인다. 가뜩이나 농촌히 황폐해져 가는 마당에서 농촌을 배경으로 한 시를 써준 것에 감사하고 그립던 옛날을 회상하며 긍정적인 대답을 하고 싶다. 제1부 〈옛집〉에서는 어린 동심이 묻어난다.

시는 작가의 정신적 반응을 통해 우리에게 말로 표현할 수 없는 무엇인가를 말해 주는 언어이다. 시는 시인의 은밀한 독백으로 '엿듣는 문학'이다. 서양의 한 시인은 시는 모든 예술의 최연장자이며 어버이라고 하였다. 시에는 사랑이 있고 미래가 있다.

거듭 첫 시집 출간을 축하드린다. 앞으로 계속 전진하시어 수필가에 이어 시인으로서 대성하시길 기대한다.   (2023. 8. 31)

정직한 기업 총수 교보생명 창립자_
신용호 선생

〈내가 만난 대산〉(2004.4.9) 수록 글

교육계에 45년을 종사한 나와 46년의 역사를 가진 한 기업인과의 만남. 두 사람의 공통점은 의외로 '교육'이라는 한 단어였다. 누가 시킨 것도 아닌데 교육을 자신의 소명으로 알고 배움이 필요한 사람이라면 누구든지, 배움이 필요한 곳이라면 어디서든 오지랖 넓게 지나치지 못했던 우리 두 사람. 나는 이 자리를 빌려 나와는 다른 길을 걸었지만 교육에 대한 꿈과 열정만은 누구에게도 뒤지지 않았던 한 외야 교육자의 이야기를 해보고자 한다.

교육의 이름으로

내가 교원대학교 총장을 하던 1989년쯤이었다. 아는 분의 할머니를

문상 간 자리에서 우연히 교보생명의 창립자께서 '교육박물관'을 만들고 싶어 하신다는 이야기를 들었다. 교육자로서 귀가 솔깃했다. 나는 교육보험을 만들고 장학금을 지급하는 등 국민교육 향상을 위해 노력해 온 그를 평소 존경하고 있었다. 그러기에 '허튼소리는 아니겠다' 싶어 일단 찾아가 뵙기로 했다.

당시 교원대학교는 우리나라 최고의 교육인 양성 기관으로 새롭게 설립된 교원 교육의 중추기관이었기 때문에 이왕이면 '교원대학교에 박물관을 지으면 어떨까'를 건의드리기 위해서였다. 그렇게 무작정 찾아갔건만, 창립자님은 무척 반가워했다. 그리고 '공익사업으로 교육 관련 재단을 만들겠다'는 의견을 피력하셨다. 이미 한국 문학의 세계화에 기여하는 문화재단을 만들었고, 현재는 교보생명교육문화재단을 만들겠다는 뜻이었다.

그 후 나는 준비위원으로 들어가 교보생명교육문화재단 설립 작업에 본격적으로 참여하게 되었다. 교육계의 오랜 경험으로 까다로운 정부의 규정이나 승인은 다 해결했는데, 문제는 '목표 설정'과 '사업 분야'였다. 특히 창립자님은 '좀 더 독창적이고 창의적이며 새로운 것'을 많이 구상하시는 것 같았다. 나는 '교육에 있어서 제일 중요한 교원 문제나 국민들의 교육에 관한 의식을 높이는 쪽'으로 생각하고 있었는데, 창립자님은 역시 경영자인지라 "우리가 교육을 다 할 수는 없지 않은가? 100억 원 규모의 과실금을 가지고 사업을 하는 것이니 좀 더 좁혀야 한다"고 하였다.

그렇게 몇 달이 가고 결국 '환경교육'으로 낙찰이 되었다. 당시만 해도 환경이란 말이 남의 나라 이야기나 배부른 소리로 들리던 시절이니 좀 의외였지만, 남들이 하지 않은 분야이고 남들보다 앞선 분야임은 분명한 일이었다. 그렇게 정해진 목표 아래 나는 초대 이사장이 되었고, 특히 선생님들을 대상으로 환경 세미나와 강연회를 많이 열었다. 선생님들의 인식이 바뀌면 곧 아이들에게 영향을 미칠 것이니 환경교육의 텃밭을 닦는 일이었다. 게다가 어린이의 심성을 좌우하는 중요한 교육 요소로서 환경을 인식하는 계기를 심어주는 일이었다. 요즘 목소리 높여 외치고 있는 환경과 자연의 소중함, 웰빙, 자연과 함께하는 대안교육 등을 접할 때마다 '창립자님의 앞선 생각이 참으로 옳았구나' 라는 생각을 한다.

교육 아니면 No

나는 초창기의 틀만 잡아준 후 1년을 다 못 채우고 그 자리를 떠났다. 대학 총장이라는 중책을 맡고 있는지라 본연의 임무에 매진하기 위해서였다. 그렇게 열심히 한 덕분인지 1992년에 교수들의 선거로 뽑힌 최초의 민주 총장으로 연임되었다. 나는 신나고 뿌듯한 마음으로 창립자님을 찾아뵙고 학교에 기념이 될 만한 것을 주실 수 있는지 물었다. 그랬더니 창립자께서는 "시계나 하나 사줄까요?" 하시는 것이다. 나는 "시계는 많으니까 필요없습니다" 하고는 나와 버렸다. 솔직히 좀 서운하고 화가 났다. 그간의 인연도 있는데. 더구나 내 개인의 사리사욕이 아니라 학교를 위해 어렵게 드린 간청이 아닌가.

그런데 얼마 뒤 당시 교보생명의 사장님께서 전화를 했다. 학교를 위해 1억 원을 내겠다고. 그것이 누구의 뜻인지는 확인하지 않아도 될 일이니, 창립자님께 감사하는 마음이 이루 말할 수 없었다. 그런데 그렇게 주실 걸 왜 그때는 서운하게 돌려보내셨던 걸까? 아마 그는 내가 민주 총장이 되기까지의 과정과 그간의 노력을 다 알아보았을 것이다. 그리고 제대로 쓰일 것이라는 확신이 들어서 주셨을 것이다.

이와 비슷한 일화가 또 있다. 창립자님을 두어 번 정도 뵈었을 때의 일이다. 창립자님과 나는 거창 신가 종씨인데, 하루는 창립자님이 "종친회에서 내가 안 나온다고 불만이 있는 거 같습니다" 라고 말씀하셨다. 우리 가문에는 대종회라는 종친회가 있는데, 권력이나 재력으로 성공한 사람들이 열성을 안 보이면 어른들께서 노여워하시는 게 사실이었다. 하지만 막상 그 이야기를 듣고 나니 화가 났다. 굳이 물질적인 것을 내놓지 않더라도 자손이 사회적으로 훌륭한 역할을 하면 그 자체가 명예이고 보람이 아닌가. 그러나 창립자님은 고민이 깊으셨는지 결국 이런 대안을 내놓으셨다.

"돈을 1억 내겠다. 단 그것은 문중의 자녀들에게 교육을 시키는 문화 재단을 만드는 돈이다. 문중에도 공부를 하고 싶지만 여건이 뒷받침되지 않는 아이들이 분명히 있을 것이다. 교육을 위한 돈이라면 당연히 내가 내야 한다."

그리하여 신씨 일가의 장학재단으로 신장교육재단이 탄생하였다.

처음에는 60여 명의 젊은이들에게 혜택이 주어졌지만 이제는 100여 명에 이르고 있다.

교육이란 이 세상에 없는 두 가지를 가르치는 것

그렇다면 그는 교육을 통해 무엇을 가르치고 싶었던 걸까?

그 분의 팔순 때였다. 창립자님은 "이 세상에 비밀은 없다. 거짓말은 꼭 밝혀진다. 그걸 알면 감히 거짓말을 못하는데, 그것이 바로 정직이다"라고 하였다. 평소의 내 생활신조가 '정직'인데, 그걸 가장 중요한 것으로 꼽은 것이다. 창립자님은 또 이어서 "세상에는 거저가 없다"고 말씀하셨다. 즉 무엇이든 공짜로 생각하면 안 되고 반드시 갚아야 한다는 것이다. 그 갚음은 자신에게 더욱 투철해야 하는 것이므로 노력과 땀방울 없이는 얻어지는 것이 없다는 뜻이기도 하다. 창립자님은 이렇게 이 세상에 없는 두 가지. 즉 정직과 거저에 대해 말씀하였는데, 그것은 내가 가지고 있는 교육철학과 같은 것이다. 교육이라는 것은 결국 사람을 만드는 것, '정직과 성실'을 가르치면 더 이상 무엇이 필요하겠는가.

사실 그분과 나는 자주 만날 기회가 없었다. 가까이 모실 때도 종씨라는 것이 부담이 될까봐 서로 암묵적으로 피했다. 하지만 그 분은 열다섯 살이나 연배이심에도 항렬상의 이유로 늘 존칭에 가까운 말투로 어려워하였다. 또한 어쩌다 점심이라도 함께할 때면 늘 가는 곳이라며 허름한 명태찌개 집으로 안내하였고, 그의 집무실엔 소파나 안락한

의자는 보이지 않고 딱딱한 의자들이 있을 뿐이었다. 내가 본 그는 교육을 위해서라면 억 단위를 턱턱 내놓지만 자신의 삶은 검소하고 소탈하고 겸양하고 소박한 그런 분이었다. 교육 119였던 그 분! 아낌없이 주던 거목의 풍성한 잎은 그래서 더욱 그립게 푸르고, 그 그늘은 그래서 더욱 넓고도 깊다.

한국사회의 발전 방향에 대한 완벽한 탐구
_ 이수윤 교수

이수윤 교수 저 〈서양철학사〉 서평

역사의 대전환기에는 항상 두 방향의 개혁 요구가 있어 왔다. 그 하나는 경제적 부를 충분히 축적한 대상공업자들을 위한 개혁이다. 다른 하나는 중소 규모의 자영업자들을 중심으로 한 서민 대중들을 위한 개혁이다. 역사의 격동기에 나타나는 개혁의 두 방향은 구시대를 극복하는 데 있어서는 뜻을 같이한다. 구시대가 극복되고 새로운 시대가 전개되면 두 개혁 방향은 서로 대립, 갈등한다. 두 개혁 방향의 갈등과 대립은 철학적, 종교적, 정치이데올로기적, 정치이론적 대립 등으로 표현된다. 두 개혁 방향의 대립은 고대 희랍에서 현대에 이르기까지 합리론적 자연 과학과 범신론적 자연 철학의 대립, 칼빈주의와 루터주의의 대립, 부자들만의 자유 만끽을 추구하는 고전적 자유주의와 사회적 조화를 지향하는 민주주의의 대립, 사회적 진화론과 국민적 자유주의의 대립 등으로 나타났다.

지금 우리 사회도 역사의 대전환기를 맞이하고 있다. 우리 사회도 두 방향의 개혁 요구에 직면하고 있다. 그 중 하나의 개혁 방향은 권위주의 체제에서 잠재되어 있던 대산업 자본가들의 경제적 자율에 대한 요구로 표현되고 있다. 다른 하나의 개혁 방향은 중소기업을 중심으로 한 서민 대중들의 경제력 집중 해소를 통한 사회 경제적 조화 실현에 대한 요구로 표현된다. 지금 우리 사회가 분명하게 제기해야 할 절박한 문제 의식은 이 시대가 요구하고 있는 개혁의 방향은 무엇인가에 대한 투철한 인식이다.

지금 우리 사회가 직면하고 있는 국가적 위기의 핵심 원인은 엄청난 경제력 집중으로 인한 신귀족주의의 대두로 국민 분열의 조짐이 보이는 가운데 국가 목표에 대한 국민적 합의가 이루어지지 않는 데 있다. 지금 국가의 새로운 발전을 위해 그 무엇보다도 먼저 요구되는 것은 경제력 집중의 해소다.

경제력 집중의 해소를 통한 사회 경제적 조화가 실현되지 않을 때 우리 사회에는 갈등과 대립과 분열이 가속화할 염려가 있다. 힘 있는 소수는 소리 높여 자기주장을 계속하고 말 없는 다수는 불평과 불만을 마음속에 쌓아두게 된다. 그 상황은 추상적 급진 사상이 확산되고 과격 세력이 활개치는 토대가 된다.

지금 이 시대의 시대 정신은 경제력 집중 해소를 통한 사회 경제적 조화 실현이다. 그것에 대한 문제 인식은 정계, 관계, 언론계에서 단편적으로 제기되고 있다. 그 문제 의식은 철학적·정치적 이념으로 승화되어야 한다. 바로 그것이 급진 사상, 과격 세력의 극복을 위한 가장 바른 길이다. 사회 경제적 조화 구현은 또한 민족 국가의 통일을 우리의 주도로 실현할 수 있는 가장 빠른 길이다. 오늘의 우리 사회 대학들의 시대적 과제는 사회 경제적 조화의 토대 위에서 국민적 자유주의를 실현할 수 있는 철학적 이론을 정립하여 민족 국가의 통일을 우리의 주도로 실현할 수 있는 가장 확고한 토대를 구축하는 일이다.

　李壽允 교수는 『社會思想史』, 『歷史哲學』을 이은 세 번째 저서인 『西洋哲學史』를 통해 우리 사회 대학들의 시대적 과제이면서 철학의 시대적 사명이기도 한 한국 사회의 발전 방향에 대한 이론적 탐구를 완벽하게 체계화했다.　(94. 10. 4. 서울신문)

지식인들의 필독서 _ 이수윤 교수

이수윤 교수 저 〈사회사상사〉 서평

총체적 위기에 빛을

政治思想 분야에서 학문적 실력을 널리 인정받고 있는 李壽允 교수가 법문사에서 『社會思想史』를 펴냈다. 李 교수의 『사회사상사』는 위기의 순간에 희망을 갖도록 하는 의미를 충분히 지니고 있다. 현재의 상황은 총체적 위기라고 규정되고 있다.

현재의 상황은 국가의 진운이 힘차게 뻗어나가고 있는 시기라고 규정되기도 한다. 현재의 상황이 위기인가, 발전기인가 하는 논의는 본질적 문제가 아니다. 총체적 위기 앞에 서 있다고 하더라도 결코 좌절되어서는 안 된다. 그 위기를 오히려 새로운 도약의 계기로 삼아 더욱 힘찬 발전을 실현해야 한다. 그것이 바로 오늘을 사는 우리 모두의 역사적 사명이다. 시련의 위기를 발전의 기회로 변화시키기 위해서는 위기의 원인을 분명히 인식해야 한다.

당면하고 있는 사회적 위기의 원인으로서 지도력의 부재가 거론되기도 한다. 그것은 위기의 근본 원인이 될 수 없다. 인간성은 좋으나 다소 부족한 듯한 지도자도 국가의 이념적 방향과 확고한 정의 이념을 제시할 수만 있다면 이 시대를 이끌어갈 수 있는 탁월한 지도자가 될 수 있다. 당면하고 있는 사회적 위기의 원인으로서 국정을 주도해 나갈 참신한 정치 세력의 부재가 거론되기도 한다. 이것도 위기의 근본 원인이 될 수 없다. 엉성한 정치 세력이라도 국가 경영의 이념적 청사진만 제시한다면 활력이 넘치는 정치 집단으로 전환될 수 있다. 당면하고 있는 사회적 위기의 근본 원인은 정의 이념의 부재, 철학의 빈곤, 사상의 결핍에 있다.

고전적 자유주의가 이 시대의 이념적 방향이 될 수 없다. 사회주의가 이 시대의 이념적 방향이 될 수 없는 것은 물론이다. 양자는 일면적 진리성을 가졌을 뿐이다. 진리는 양자의 통일에 있다. 그것이 바로 이 시대를 이끌어갈 수 있는 이념적 방향이다. 이성적으로 사유하는 사람은 누구나 이 시대의 진리가 균형적 조화를 내용으로 해야 한다는 것을 쉽게 자각할 수 있다. 이 자각이 철학적 확신, 정치적 신념으로까지 고양되기 위해서는 철학 사상, 사회 사상, 정치 사상, 종교 사상을 유기적으로 통일하면서 그 전체를 꿰뚫어볼 수 있는 학문적 안목이 필요하다.

李壽允 교수의 『사회사상사』는 바로 이러한 학문적 통찰력을 기반으로 하여 서술되었다. 이 책은 오늘날 우리가 직면하고 있는 정의 이념의 부재, 철학의 빈곤, 사상의 결핍을 충분히 극복할 수 있는 내용을 갖추고 있다. 이 책은 정치, 행정, 언론, 경제, 교육 등 제 분야에서 활동하고 있는 모든 뜻있는 인사들로부터 전국의 대학생에 이르기까지 전 지식인들이 반드시 읽어야 할 필독서임을 확신한다.

(1992. 8. 31. 서울신문)

모교의 무궁한 발전을 바라며 _ 양촌초등학교

양촌초등학교 학년말 교지 격려 글

다사다난 했던 황금돼지의 해로 불리는 2007년도 저물어 갑니다. 모교 이진훈 교장선생님께서 일전에 저에게 학년말 교지에 실을 글을 요청하시여 펜을 들었습니다.

지난 한해 동안 나에게 있었던 여러 가지 일 중 나에게 가장 뜻깊었던 일은 지난 2007년 4월 25일 나의 세 살 버릇을 길러 준 양촌 초등학교 강당에서 이진훈 교장선생님과 나의 초등학교 동기동창이신 김용희 학교 운영위원장님을 비롯한 학부모님 대표님들로부터 자랑스런 양촌인 상을 수상한 일이라고 생각합니다.

졸업후 60여년 만에 찾은 나의 모교는 너무나 훌륭해 보였습니다. 교실이나 과학실습실, 도서실, 미술실, 컴퓨터실, 교내식당 등 교육시설 환경이 도시에 있는 학교들에 비하여 월등하게 좋아 보였습니다. 교장선생님의 집무실도 제가 근무한 여러 대학의 총장실 못지 않은 훌륭한 시설과 밝은 분위기를 느낄수 있었습니다. 수상의 기쁨보다 모교의 발전상을 보고 얼마나 기뻤는지 모르겠습니다. 교장님실이 장관님실 보다 더 훌륭하다고 교장선생님께 농담 겸 진담으로 말씀 드린 기억이 납니다.

더더욱 나를 기쁘게 한 것은 후배 어린이들의 밝은 얼굴 모습과 함께 여러 선생님들의 교육의 열정이 가득찬 활동상이었습니다. 교내 식당의 점심 식사도 참 맛있게 먹었습니다. 특히 학부모님들의 참여와 봉사활동이 돋보이기도 하였습니다. 내가 만일에 다시 태어날 수만 있으면 나의 모교 양촌학교를 다시 다니고 싶은 심정마저 느끼곤 하였습니다.

교육은 우리가 다 알다시피 가정과 학교와 사회가 일체가 되어야 최대의 성과를 거둘 수 있습니다. 옛말에 군사부(君 師 父)일체 라고 하는 말이 있습니다. 이 말은 현대적 의미로 군은 사회를 대표하고 사는 학교를 대표하며 부는 가정을 대표한다고 할 수 있습니다. 그리하여 학부모님들과 교직원 선생님과 지역 사회가 3위 일체가 되어야 올바른 교육이 이루어진다는 것을 의미한다고 볼 수 있습니다. 나는 모교 양촌초등학교가 훌륭한 교장선생님의 리더십으로 지역사회와 학교와 학부모님의 교육에 대한 열정이 함께 한 올바른 인성교육의 도장임을 자랑스럽게 생각하고 있습니다. 그리고 이렇게 훌륭한 학교를 만드신 교장선생님을 비롯한 학교 선생님들과 학부모님께 감사한 마음을 금할 수가 없습니다.

인생에서 올바른 기초 교육이 얼마나 중요한지 모릅니다. 어려서 동전 한 닢을 아끼는 습관을 길러 주면 커서 성인이 되었을 때 형무소에 가는 것을 예방할 수 있다고, 서양의 대교육학자 페스타로치가 말하였습니다. 그리하여 나는 어린 시절 나를 길러준 모교에 대한 감사함을 나이가 들수록 더 느끼게 됩니다.

나는 모교를 방문한 그날 강당에서 손자 벌 되는 후배 어린이들을 만났을 때 60여 년 전의 나의 모습을 보는 듯 하였으며 '저 어린이들 중 앞으로 60년 후에 나를 닮을 어린이가 누구일까?'를 생각하며 모교에 대한 고마움과 교육에 대한 기대와 희망을 더욱 다지고 돌아왔습니다. 나는 자랑스런 모교 양촌초등학교에서 꿈을 키워가는 나의 후배 꿈나무 어린이들이 각자의 소질을 최대로 계발하고, 건강하게 성장하여 우리나라의 미래를 이끌어 갈 큰 인재로 자라주기를 바라마지 않습니다. 그리고 모교의 무궁한 발전을 기원합니다.

끝으로 2008년 새해에 교장선생님을 비롯한 양촌초등학교 모든 가족에게 하나님의 축복이 늘 가득하시기를 기원합니다.

제3부 이·취임/축사(祝辭)

– 교육의 현장에서 만나다

신·극·범·총·장·교·육·에·세·이

높은 덕망과 탁월한 지도력 _ 이종서 총장

이종서 총장 관동대학교 총장 취임 축사

오늘 우리나라 사학의 명문으로 반세기가 넘는 전통을 자랑하는 관동대학교 제7대 총장 이종서 박사의 취임식에 자리를 함께하여 축사의 말씀을 드리게 된 것을 기쁘고 영광스럽게 생각합니다.

이종서 총장님은 우리 모두가 잘 알다시피 우리나라 문교 행정 분야에 폭넓은 경륜과 학식을 갖춘 학구적인 행정가입니다. 이 총장님은 교육부의 대학정책부서 책임자로 정책을 입안, 집행하고 교원징계재심위원장으로 재직 시에는 민주화 과정에서 억울하게 피해를 입은 교수와 교사들의 복직과 명예 회복에도 남다른 행정력을 발휘한 바 있습니다.

교육부 차관직을 마치고 교직원공제회 이사장으로 재직 시에는 퇴직 교직원들에 대한 복지증진을 위한 사업들을 개발하여 큰 공을 세우기도 했습니다.

최근에 교직원공제회 이사장직을 마치고 강남대학교 교수로 계시다 이번에 명지학원의 부름을 받아 오늘 관동대학교 총장으로 취임하시게 된 것은 이 총장님 개인의 영광인 동시에 관동대학교 전 가족의 축복이라고 저는 생각합니다.

본인은 이종서 총장님과의 특별한 인연 때문에 이 총장님이 외유내강의 원만한 성품과 탁월한 행정 능력 그리고 사회 각계 폭넓은 인맥을 가지고 계신 행정가임을 누구보다도 잘 알고 있습니다. 솔직히 말씀드리면 제가 28년 전 5공 말기 대통령 교육문화수석시절 이 총장님과 3년간을 함께 일한 경험이 있습니다. 그때 제가 이 총장님의 도움을 많이 받아 대통령 보좌임무를 훌륭하게 해낼 수 있었습니다. 그리하여 본인은 어느 대학이던 이종서 박사를 모셔가는 대학은 큰 축복을 받을 것이라는 신념과 기대를 늘 마음속에 가지고 있었습니다. 그 대학이 바로 관동대학교가 되었으니 저는 참으로 감사하게 생각합니다.

이종서 총장님께서 재단과 대학 구성원의 뜻을 받들어 명지학원 관동대학교를 훌륭하게 이끄실 것으로 확신합니다.

오늘날 우리 대학들은 대내외적으로 많은 도전과 시련을 앞에 두고 있습니다. 대외적으로 글로벌 시대의 국경 없는 무한경쟁과 대내적으로 대학 교육에 대한 개혁 요구가 나날이 거세지고 있습니다. 현재 어느 대학도 이 거센 도전과 위기로부터 자유로울 수 없다고 생각합니다.

이 위기를 극복하기 위하여서는 대학공동체의 모든 구성원들이 혼연일체가 되어 지혜를 함께 모아 고민하고 전진할 때 위기 극복이 가능할 것으로 믿습니다.

대학의 주체인 교수님들 한 분 한 분이 소우주 속에서 학문을 하고 학생에 대한 교육 열정을 다할 때 대학은 발전합니다. 대학 행정은 벼룩 세 마리를 이끄는 것보다 힘들다고 농담을 합니다. 내가 대학 총장을 하면서 이 농담이 진담이라는 것을 알았습니다.

사학 명문으로 오늘까지 쌓아온 전통을 이어받고 이종서 총장님의 높은 학식과 덕망과 탁월한 지도력으로 대학의 구성원인 교수님들과 학생 그리고 교직원이 한마음 한뜻이 되어 관동대학교가 크게 도약하기를 기원합니다. 이종서 총장님과 관동대 가족 여러분께 하나님의 은총이 늘 함께하시길 빌며 축사에 대합니다. 감사합니다.

(2013. 3.)

탁월한 리더십과 섬세한 성품 _ 김희수 총장

김희수 총장 건양대학교 총장 취임 축사

건양대 교직원 여러분! 오늘 건양대학교 설립자이시며 제4대 총장 임기를 마치시고 제5대 총장으로 취임하시는 행사에 참석하여 축사의 말씀을 드리게 된 것을 매우 영광스럽게 생각합니다. 먼저 명곡 김희수 총장님의 제5대 총장 취임을 진심으로 축하드립니다.

특히 총장님께서 지난 3년간 건양대를 훌륭히 이끄시어 지방대의 어려운 환경을 극복하시고 취업 명문 대학으로 이 지역에서 우뚝 서게 만드신 공로에 대해 감사를 드리고 경의를 표합니다. 이와 같은 큰 성취에 동참하신 건양대 전구성원에게도 경의와 찬사를 드립니다.

김 총장님의 고향 후배로 인생의 후배로서 너무나 많은 것을 배우게 해주셨습니다. 안과의사로서 서울에 동양 최고의 김안과 병원을 만드시고, 고향인 이곳 논산에 건양대학교를 설립하시고, 또 의과대학까지 설립하시어 건양대학부속병원을 단시일 내에 기존의 종합병원을 압도하는 훌륭한 의료기관으로 발전시키셨습니다.

대학 총장 경험은 제가 좀 오래 했기 때문에 김 총장님보다 앞서가는 줄 알았더니 큰 오산이었습니다. 3년 전 저보다 며칠 먼저 김 총장께서 건양대 총장으로 처음 부임하셨습니다. 지난 3년간 건양대와 대전대는 서로 경주하듯 교육의 수월성을 향하여 열심히 뛰었습니다.

여러 분야에 적지 않은 성과를 함께 거둘 수 있었으나 김 총장님이 이끄시는 건양대에 비하여 많이 부족한 것을 느끼게 합니다. 특히 학생 자원이 급감된 금년도 입시에서 건양대가 지역의 어느 대학보다도 높은 경쟁률을 보여 학생 유치에 성공한 것을 보고 저는 김 총장님으로부터 대학경영에 대한 노하우를 배워야 하겠구나 싶었습니다.

김 총장님의 탁월한 리더십은 총장님의 건강과 부지런하신 솔선수범, 일에 대한 열정과 투철한 교육철학이 원동력이 되었다고 생각합니다. 김 총장님의 근검절약, 그리고 섬세하신 성품과 봉사 정신이 오늘의 건양대학교를 그렇게 짧은 기간에 명문대학으로 우뚝 서게 만들었다고 믿습니다.

김희수 총장님과 같은 리더십을 한국의 지도자가 모두 지닌다면, 우리 사회가 부강해지고 불화와 갈등과 다툼 그리고 부정과 부패도 없어질 것으로 확신합니다.

노익장 하시니 김 총장님의 이러한 훌륭한 경영철학과 리더십은 요사이 세대교체를 외치며 '구세대는 물러가라'는 젊은이들의 외침에 기죽은 우리 사회 노인층들에게 위로와 용기를 주기도 합니다.

저는 개인적으로 김 총장님과 같은 동향 선배님을 가까이에서 대학 총장이라고 하는 동업자로 모실 수 있게 된 것을 자랑스럽게 생각하고 저도 대선배이신 김 총장님을 거울삼아 열심히 뒤좇아 맡은 일에 최선을 다하도록 노력할 것입니다. 이 자리에 참석하신 하객 여러분과 건양대 교직원 모두가 저의 생각에 공감할 것으로 믿습니다.

우리나라 사학들에 대한 사회적 불신도 김희수 총장님께서 이끄시는 건양대학교를 통하여 일소될 것으로 기대합니다.

앞으로 3년 동안 건양대학교를 더욱 크게 이끄셔서 이 지역뿐만 아니라 전국의 대학들 나아가 우리 교육 발전에 더욱 큰 공헌 있으시길 빌며 건양대학교의 무궁한 발전과 총장님 내외분과 가족의 축복을 빌면서 축사에 대합니다. 감사합니다. (2004. 3.)

최초 모교 출신 총장으로 연임 축하 _ 김형태 총장

김형태 한남대학교 총장 취임 축사

존경하는 김정렬 이사장님, 내외 귀빈 여러분 그리고 한남대학교 교직원 학생 여러분!

오늘 한남대학교 제15대 김형태 총장님의 취임식에 참석하여 권면의 말씀을 드리게 된 것을 큰 기쁨으로 생각합니다. 김형태 총장님은 2008년에 최초의 모교 출신 총장으로 선임되시어 지난 4년간 한남대학교를 눈부시게 발전시키고 오늘 15대 총장으로 새 임기를 시작하는 엄숙하고 뜻깊은 취임식에 우리 모두가 자리를 함께하고 있습니다. 반세기가 넘는 긴 역사를 자랑하는 한남대학교가 최초의 모교 출신 연임 총장을 탄생시키는 새 역사가 시작되는 날이기도 합니다. 먼저 이렇게 훌륭한 졸업생을 배출한 한남대학교에 감사드리고 오늘 연임 총장으로 영광스럽게 취임하시는 김형태 총장님께 진심으로 축하 인사를 드립니다.

오늘 권면의 말씀을 드리게 된 본인은 한남대와 김형태 총장과의 각별한 인연 때문에 남다른 감회를 느끼게 됩니다. 김 총장님을 처음 뵌 것은 제가 청와대에서 전두환 대통령을 모시고 교육문화수석으로 있던 1986년경으로 생각됩니다. 당시 나와 평생 교육 동지이셨던 이원설 총장님과 함께 기획처장으로 총장을 보좌하던 젊은 학자 김형태 교수님이 청와대 저의 사무실에 오시어 한남대의 종합대학 승격을 도와 달라고 요청하신 일이 있습니다. 그때의 청와대는 지금보다는 힘이 센 때였기 때문에 아마 내 덕을 좀 보았을 것으로 생각합니다. 이원설 총장님은 오랫동안 경희대 부총장으로 계셨습니다. 1984년에 한국교원대 태동기에 대학원장으로 오셨다가 바로 한남대 총장으로 초빙되어 한남대를 명문대로 발전시키셨습니다. 김형태 총장님은 저와 고향이 같은 논산입니다. 그리고 전공이 교육학으로 저와 학문적으로도 동업자입니다. 내가 2005년 2월 대전대 총장퇴임식 때 이원설 총장님께서 참석하여 축사를 해주셨습니다. 아마도 이원설 박사께서 생존해 계셨다면 오늘 제가 하는 이 권면사를 이 총장님께서 하시지 않았을까 하는 아쉬움을 느낍니다. 저는 인연을 중시하며 지금까지 살아 왔고, 김형태 총장님과의 인연도 소중히 간직하고 있습니다.

오늘 제15대 총장으로 새롭게 취임하시는 김형태 총장님은 우리 모두가 아시다시피 상담 교육 분야에서 많은 연구업적을 남기셨고 대학 행정가로도 여러 보직을 두루 거치시면서 또 지난 4년간 한남대를 이끄시면서 그 탁월한 행정 능력과 열정이 입증되셨기에 제가 권면의 말씀을 더 드린다면 결례가 되지 않을까 싶기도 합니다. 김 총장님께 "지난 4년과 같이 열심히 대학을 이끄십시오"라는 말씀만 드리면 족할 것 같습니다. 그러나 저의 총장 경험을 통하여 얻은 몇 가지 느낌을 참고삼아 말씀드리고 권면사에 대하고자 합니다.

첫째로 대학 총장은 대학에서 일어나는 모든 일에 관심을 가져야 하며 또 책임을 져야 하는 자리입니다. 나를 지지한 사람이나 반대편에 선 사람이나 다 내 사람이라는 생각으로 대학을 이끄시고 대학 구성원을 믿고 행정을 하시되 매사를 확인하는 것을 잊지 마십시오.

둘째로 대학 총장은 개인적으로는 모르되 공적으로는 정치적 중립을 견지하는 것이 총장의 사명이라고 생각됩니다. 다양한 가치가 함께 존재하며 자유로운 사유를 통하여 진리를 찾아 나가는 사회가 대학 사회가 아닌가 싶습니다. 민주주의 사회에서 다양한 가치를 즉 자기와 같지 않은 가치를 수용하고 이해하는 자세가 참으로 중요하다고 생각되며 그러한 아량과 포용력 그리고 합리적 생활 철학은 대학에서 익혀야 한다고 생각합니다.

셋째로 대학의 총장은 대학의 행정책임자로서 그 대학의 정신과 전통을 선양하는 계승자이며, 그 대학의 육성과 발전을 주도하는 추진자입니다. 그러므로 총장의 직책을 소중하게 생각하고 총장의 능력에 우리들의 협력을 같이 모을 때 그 대학은 높은 이념과 목표를 실현하는 대학으로 발전할 수 있게 된다는 것을 우리 모두는 명심하여야 할 것입니다.

넷째로 사립대학의 총장은 주어진 임기 동안 대학 운영을 위임 맡은 선장입니다. 영원한 총장으로 착각될 때가 있는데 사립대학의 영원한 주인은 법인입니다. 저는 사립대학 총장으로 있을 때 이것을 늘 명심하며 건학 이념과 법인의 운영철학을 따라 변화를 이끌었습니다. 흔히 사학에서 설립자의 가족 총장을 실세 총장이라고 하고 고용된 총장의 영향력을 과소평가하는 경향도 있습니다. 그러나 대학의 진정한 발전을 위한 과업들은 실세나 고용이나 차이가 있을 수 없다는 것이 저의 소견입니다. 소신을 갖고 총장님의 철학을 대학을 위해 바치시길 바랍니다.

끝으로 오늘날 대학이 처한 학내외적 현실은 결코 낙관적일 수 없다고 생각합니다. 대학 구성원들이 김 총장님의 지도하에 일치단결하여 중지를 모아 민주적으로 대학을 경영하시기를 바랍니다. 그리하여 정치인들의 반값 등록금이니 또 준비 없는 복지의 유혹과 선동에서 순진한 우리 학생들을 보호하고 진리와 정의가 넘치는 대학으로 한남대를 발전시킬 것을 당부드립니다. 인내와 설득과 용기가 오늘의 대학 총장에게는 그 어느 때보다도 요구되는 덕목이 아닌가 싶습니다.

거듭 제15대 김형태 총장님의 취임을 축하드리며 중부권 명문대학 한남대학교의 무궁한 발전과 김형태 총장의 앞날에 하나님의 은총이 늘 충만하시기를 빌면서 권면사에 대신합니다.　(2012. 3. 23)

향기롭고 덕이 많은 교육자 _ 한기영 총장

한기영 한경대학교 총장 기념 축사

인향천리, 덕향만리(人香千里, 德香萬里)라는 말이 있다. 나는 국립 한경대학교 초대와 2대 총장을 역임하신 한기영 총장님을 향기롭고 덕이 많은 교육자로 존경하고 좋아한다. 나와 한기영 총장님과의 첫 만남은 내가 한국교원대 총장으로 재직하던 1993년경으로 기억된다. 그때 안성 상업대가 전문대학에서 4년제 산업대학으로 승격 개편되어 한 총장님께서 교수직선으로 초대 총장에 취임하셨다. 대학 교육 협의회 주최로 열리는 전국대학총장회의에서 인사를 나눈 바 있다. 그리고 국립대 총장모임에서 자주 만나 친분을 쌓았다. 내가 한 총장님과 더욱 가까워진 것은 1998년 3월 한국교원대에서 정년퇴임을 한 직후 광주대학교 총장으로 부임한 후부터이다. 광주대학교는 지금은 일반대학으로 개편되었지만, 당시는 실용 중심의 교육을 선도하는 산업대학이었기 때문이다.

한 총장님은 한경대학이 경기도에 있는 유일한 4년제 국립대학교임을 늘 자랑으로 생각하며 산업대학의 위상을 높이기 위하여 앞장 서셨다. 경기도 내 유일한 국립대학교인 한경대학을 거점국립대학으로 발전시키겠다는 굳은 신념을 가지고 한 총장님은 퇴임한 지 여러 해가 지난 오늘도 노심초사하고 계시다.

한 총장님께서 한때 전국 산업대학교총장협의회 회장을 맡아 일반대학 위주의 대학 정책을 시정하기 위한 대정부 투쟁에 앞장 서시어 많은 성과를 거둔 바 있다. 산업계 직장인의 학력 신장과 실무중심의 유능한 산업 기술 인력을 양성하기 위하여 설립된 산업 대학을 마치 2류대학처럼 취급하는 차별적 대학 정책을 시정하는데 나도 한기영 총장님과 뜻을 같이하였다. 그리하여 산업대학에 전문대학원의 설치와 석박사 학위 과정의 설치 등 제도개선에 성공하였던 기억이 새롭다. 우리 교육이 사회와 산업계의 수요를 무시하고 무모한 양적 팽창만 거듭하여 오늘날 많은 청년 실업자를 양산하여 사회적 문제가 되고 있다. 산업대학들이 대학 교육의 중심이 되지 못한 것을 아쉽게 생각하며 한 총장님의 노고에 대한 감사한 마음을 갖지 않을 수 없다.

비록 대학의 성격은 다르나 나와 한 총장님은 국립대학의 총장을 연임한 경험을 가지고 있다. 나는 한국교원대 3대와 4대 총장을 지냈고 한 총장님은 한경대학교의 초대와 2대 총장을 연임하시어 나와 공통점이 있다는 데서 더욱 친근감을 느끼곤 했다. 한 총장님은 외유내강의 교육자로 뛰어난 행정가로 평판이 높았다. 특히 그의 행정력과 정치력이 탁월한 것을 느낀 것은 1997년 말 안성산업대학교의 명칭을 한경대학교로 변경하는 것이었는데, 놀라지 않을 수 없었다. "한경대학교"라는 교명이 마치 "한기영 대학교"로 들렸기 때문이다. 한기영을 빨리 발음 하면 한경이 된다. 사립대학들에는 설립자의 호나 이름을 따서 교명을 정하는 경우가 흔히 있지만 국립대학의 경우는 있을 수 없는 일이다. 그래서 나는 지금도 한 총장 본인 이름이 교명이 된 것 같은 착각을 지울 수 없다. 이렇게 교명을 정한 데는 한 총장님의 원대한 꿈이 내포된 사실을 뒤늦게 알았다. 한경의 한(韓)은 대한민국의 한을 그리고 경(京)은 경기도의 경으로 한경대학이 경기도의 대표 국립대학교라는 뜻이었다. 한 총장님은 정년 퇴임하신 지 여러 해가 지났지만 그 꿈을 이루기 위하여 아직도 한경대학교 전 구성원과 함께 노력하고 계신 것을 최근에 알았다.

지난해 가을(2014년 10월) 현 한경대 태범석 총장님 초청으로 국립대 전직 총장총우회(회장: 조성환 전 군산대총장)정기총회가 한경대에서 있었다. 그때 태범석 총장님은 1,000만 경기도민을 대표하는 유일한 국립대학교인 한경대학교를 수도권 거점국립대학교로 발전시키기 위한 원대한 구상을 우리에게 설명해 주셨다. 이때 회의에 참석한 전직 국립대 총장들은 한경대학교의 발전 계획안에 큰 감명을 받고 공감을 표명하였다. 경기도의 위상을 높이기 위하여 그리고 사립대 편중의 경기도 대학 교육을 바로잡기 위하여 한경대학교가 명실상부한 수도권 거점국립대학으로 육성되어야 한다는 당위성에 뜻을 같이했다.

한 총장님은 한경대학교를 우리나라 대표적인 농생명과학대학으로 육성하는 데 큰 공을 세우셨다. 농림부로부터 낙농특성화대학으로 지정을 받아 우리나라 낙농 기술의 선도대학으로 발전시켰고 농업 관련 여러 학문분야를 첨단과학 분야로 개편, 혁신 하였다. 농학을 식물자원과학으로, 축산을 동물생명자원으로, 농업기계를 생물자원 기계로 개편하였다. 한경대학교 장학진흥재단을 설립하여 교수 연구지원과 장학활동을 활성화하였다. 사회교육원을 설치하여 현직 종사자들의 기술개발과 능력 신장을 위해 크게 헌신하였다. 특히 한경대학교는 전국의 영농종사자들의 재교육을 위해 많은 투자와 프로그램을 개발하여 전국 대학을 선도하고있다. 글로벌 시대에 부응하여 여러 개발도상국의 농업기술인력의 교류와 재교육에도 크게 기여하고 있다. 이와 같은 한 총장님의 업적은 한경대학교 내는 물론 우리 고등교육계에 길이길이 기억 될 것이다.

여러 해 전에 한 총장님의 장남 결혼식에 참석한 기억이 새롭게 떠오른다. 10년 가까운 세월이 흐른 것 같다. 예식은 서울 강남의 팔레스 호텔에서 성대히 거행되었다. 나는 하객으로 참석했다가 주례와 같은 테이블로 안내를 받았다. 그날 주례님이 나의 오랜 교육 동료인이 상주 전 교육부총리여서 너무나 기뻤다. 그때까지만 해도 나는 이상주 총장과 한 총장의 깊은 친분을 전연 알지 못했다. 두 분은 서울대 동기

동창으로 대학을 졸업하고 공군 장교로 함께 군에 복무한 전우 사이인 것을 처음 알았다. 나는 우리 인생에서 인연이라는 것이 참 묘하다는 생각을 하게 되었다. 그리고 이 일이 있고 난 뒤부터 나는 한 총장님을 젊어서부터 만난 옛 친구로 생각하게 되었다.

한 총장님은 의리와 정이 많은 교육자이다. 한번 맺은 인연은 좀처럼 잊지 않고 우정을 지속하는 것을 나는 발견하였다. 총장직에서 퇴임한 뒤에도 한 총장님은 자주 안부를 전해오곤 한다. 명절 때면 한 총장님은 자신의 과수원에서 수확한 안성 꿀배를 자주 보내주시어 더욱 감사한 마음을 잊을 수 없다. 나는 답례를 못하여 늘 마음속으로 한 총장님께 빚을 지고 있다는 생각이 들곤 한다.

앞에서 언급했듯이 지난해 10월 한경대 초청으로 전직 국립대총장 현의회가 안성에서 있었다. 그때 한 총장님께서 한경대 모든 구성원들로부터 존경과 사랑을 받고 있는 것을 목격하고 한 총장님에 대한 존경심이 더 해졌다. 한 총장님은 저녁 만찬장으로 이동하는 막간을 이용하여 학교 인근에 위치한 한 총장님의 과수원 농장을 나에게 보여 주셨다. 만여 평이 넘는 큰 농장에 배나무와 여러 가지 농작물을 재배하며 노후를 보내고 있는 한 총장님의 새로운 면모를 발견하였다. 농장에는 농기구 막사가 있고 야전용 침대까지 구비된 한 총장님의 농장 연구실을 견학했다. 1930년대 설립된 안성 농고가 오늘의 한경대학교가 되었다. 평생을 이 대학에서 연구와 후학 양성에 헌신한 농학도답게 젊어서 이 농토를 마련한 것이라니 참으로 대견스럽고 존경스럽게 느껴졌다.

오늘의 시가로 평당 100만 원은 될 것이라고 들었다. 한 총장님께서는 재복도 크게 타고난 교육자임을 나는 발견했다. 그리고 부러운 생각이 들기도 했다. 시간이 있을 때 가끔 이 농장에 와서 쉬고 가라고 하는 말씀까지 하시며 친절을 베풀어 주셨다.

한 총장님은 가정적으로도 남다른 화목한 가정을 이끌고 계시다. 우리가 현직에 있을 때나 퇴임한 후에나 총장 모임이 있을 때 한 총장님은 꼭 사모님을 모시고 참석하신다. 내외분의 금실이 참 좋으신 것을 바로 느낄 수 있다. 한 총장님이 손수 핸들을 잡고 내외분이 드라이브를 즐기시는 것 같아 더욱 아름답게 느껴지기도 했다. 모두 성장하여 제 몫을 다하고 있는 두 아드님과 외동 따님도 효성이 지극하다고 듣고 있다. 훌륭한 가정교육을 받은 결과로 믿어 또한 존경스럽다.

나의 옛 친구가 되신 한기영 총장님께서 남기신 학문적 업적이 우리 교육계에 오래오래 기억되고 경기도 유일의 국립 한경대학교가 우리나라의 고등교육 중심대학으로 발전하여 한 총장님의 소원이 성취되기를 간절히 빈다.

끝으로 한기영 총장님과의 소중한 인연을 나는 오래오래 간직할 것이며, 한 총장님 내외분의 만수무강과 그 가정에 하나님의 은총이 늘 함께하시기를 기원하면서 두서없는 글을 마친다. (2015. 8. 13.)

열정이 넘치는 성실한 학자 _ 해강 오제직 총장

오제직 총장 공주대학교 퇴임 축사

중부권의 명문대학 공주대학교의 제3대 총장으로 지난 4년간 많은 업적을 남기시고 이임하시는 해강 오제직 총장님의 이임 기념문집에 송덕의 말씀을 드리게 됨을 매우 영광스럽게 생각합니다.

먼저 오 총장님께서 공주대학교에 괄목할 만한 발전을 이룩하시고 총장직을 떠나게 된 것을 경하드림과 아울러 아쉬운 마음을 금할 수 없습니다. 필자도 한국교원대학교를 떠나 광주대학교 제3대 총장으로 취임, 같은 시기에 임기를 시작하여 동료 대학 총장으로서 오 총장님과 고락을 함께하였기 때문에 남다른 감회를 느끼게 됩니다.

오 총장님께서 공주대 총장으로 취임하시던 1998년은 우리나라의 경제가 거의 파산지경으로 IMF 관리체제하의 어려운 시기였습니다.

그럼에도 불구하고 오 총장님께서 지난 4년간 공주대학교를 이끌어 오시면서 이룩한 업적은 정말로 놀라지 않을 수가 없습니다.

오랜 사범대학 체제의 공주대학교를 학문연구 중심의 일반 종합대학으로의 기초를 완벽하게 갖추기 위하여 부임 초기부터 모든 정치력을 발휘하시어 보건복지부 산하의 국립공주병원을 공주대로 무상 이관시켰고, 공주문화대학을 흡수 통합시켰을 뿐만 아니라, 예산 캠퍼스의 이전사업을 마무리하는 등 대학의 기반 확충에 크게 기여하셨습니다.

국립대학 총장직을 경험한 필자로서 오 총장님께서 이룩하신 사업들이 얼마나 힘든 일인가를 잘 알고 있습니다. 그렇기 때문에 오 총장님의 탁월한 추진력을 보고 감탄하지 않을 수 없습니다. 또한 공주대학교가 교육인적자원부를 비롯한 여러 부처의 평가에서 우수한 성적을 거두어 많은 다른 대학 총장들로부터 부러움을 사기도 하였습니다.

필자가 광주대 총장으로 있을 때, 오 총장님과 함께 한의학과를 신설하는 일을 함께 추진하던 일을 잊을 수가 없습니다.

대학의 경쟁력 있는 학과가 한의학과이기 때문에 많은 대학들이 인기 학과인 한의학과 신설에 관심을 갖게 되었습니다. 시도 지방 자치단체 중에서 광주광역시와 충청남도에 한의학과가 없기 때문에 국립대인 공주대와 사립대인 광주대가 공동으로 추진하기로 하고 국무총리실로 보건복지부로 뛰어다니곤 하던 일은 영원한 추억으로 기억될 것입니다. 당시 정치적 상황 때문에 비록 성공하지는 못했지만, 한의학과의 성립의 필요성에 대한 설득에는 어느 정도 성공을 거두었다고 생각합니다. 이 과정에서 필자는 오 총장님의 신념에 찬 추진력과 공주대학교 발전에 대한 열정의 일단을 늘 엿볼 수 있었고 패기 있는 총장님으로 존경하게 되었습니다.

오 총장님께서는 의리가 있는 지도자로도 알려져 있습니다. 대학에 도움을 주신 많은 정계, 관계, 학계의 지도자에게 대학으로써 보답할 수 있는 최고의 선물인 명예학위를 여러분에게 수여하신 것을 보고 오 총장님의 대외 교섭력을 높이 평가하고 싶습니다. 사회 각계에 계신 이분들이 모두 공주대학교 발전을 위한 지원 세력이 되실 것이니 공주 대학교의 발전이 더욱 촉진될 것으로 기대됩니다.

오 총장님은 매사에 적극적이시고 솔선수범하시는 성격의 소유자로 이 지역의 공공기관단체들을 이끄는 회장, 위원장, 의장 등의 여러 직책을 맡아 오셨습니다. 정말 부지런하시고 성실한 학자로, 교육행정가로 평가하고 싶습니다. 한 번 더 총장으로 연임되시기를 기대했으나 여의치 못한 것을 아쉽게 생각합니다.

오 총장님께서 비록 총장직은 떠나시지만 아직 정년까지는 수년이 남으셨으니 연구실로 돌아가시어 학문 연구와 제자 교육에 다시 힘을 발휘하실 것으로 믿습니다. 바라옵건데 지난 4년 동안 한시도 쉴 수 없는 대학 총장직을 떠나 자유로운 학문을 즐기고 여유 있는 교수직으로 복귀하시어 휴식도 취하시고 미루셨던 연구와 소원했던 제자도 돌보시면서 원로 지도자로 이 지역과 교육의 발전에 더욱 큰 기여 하시길 기대합니다. 끝으로 오 총장님과 오 총장님 가정에 늘 하나님의 축복이 함께 하시길 기원합니다. (2002. 5.)

법학 교육과 사학정책 발전에 헌신하신
_ 춘강 김병묵 총장

김병묵 총장 경희대학교 정년퇴임 송공사

우리나라 사학의 명문인 경희대학교 12대 총장을 역임하시고 법학 교육 발전에 크게 기여하신 김병묵 교수님께서 정년퇴임을 맞아 기념 문집을 간행하게 된 것을 진심으로 축하드린다. 김 총장님께서 평생 대학교수로서 쌓아오신 높은 학덕과 우리나라 법학 교육 발전과 사학 정책의 발전에 남다른 열정을 가지고 헌신하신데 경의를 표하며 송공 의 글을 쓰게 된 것을 기쁘게 생각한다.

인류의 역사는 사람과 사람의 만남 속에서 빚어지는 사건들의 기록 이요, 우리의 삶의 진상 또한 만남과 나눔의 여정이 아닌가 생각한다. 필자와 김병묵 총장과의 교분을 나눈 연조는 그렇게 길지는 않으나 우리 둘은 사학의 자율성 확보를 위해 함께 고생한 것이 큰 인연이 되었다. 내가 대전대학교 총장으로 재직하던 2003년 전국 사립대학총장협의회 회장직을 맡아 당시 사회적 관심사였던 사립학교법 개정을 반대하는 대정부 설득 작업을 김 총장님과 함께 하게 되었다.

당시 참여정부가 시도한 사립학교법이 민주화를 표방하여 교수나 직원들 그리고 심지어 학생들까지 학교 경영에 참여하게 함으로써 학내 구성원들 간에 불화와 갈등을 초래할 위험성이 높아 사학법 개정을 저지하여야만 했다. 물론 우리나라 일부 사학들이 성장 과정에서 부정 위법 사례가 사회적 물의를 야기시킨 바 있고 또한 이것이 오늘도 많은 사학들이 국민으로부터 불신을 받는 것은 부인할 수 없다. 그러나 당시 법 개정의 논리는 사학경영의 투명성을 확보한다는 취지로 시도 되었으나 개정안은 우리나라 사학의 건학이념을 훼손하고 대학 구성원의 화합을 해칠 수 있을 뿐만 아니라 위헌의 소지까지 있었던 것이다. 그리하여 전국 사립대학 법인연합회와 대학 총장들은 사학법 개정을 저지하기 위한 활동을 하지 않으면 안 되었다. 이 과정에서 김 총장님은 법학 전문가로서 이론적 뒷받침을 해주시었고 솔선하여 입법부와 정부 당국을 설득하는데 앞장을 서 주셨다.

김 총장님께서는 넓은 식견으로 사립학교법 개정 반대 운동에 적극 앞장 서시어 개정법안의 내용을 수정하고 바로 잡는 데 큰 기여를 하시었다. 당시 학교법인과 총장들 간에 사학법을 보는 입장이 서로 달라 일부 사학 총장들은 사학법 개정 반대 운동에 소극적이었기 때문에 김 총장님의 용기에 모두 감명을 받기도 하였다. 이것이 인연이 되어 나는 김 총장님과 교육 동지가 된 셈이다. 어려움을 함께 나누다 보니까 오래된 친구보다 더 가까운 사이가 되었다.

2005년 2월 대전대학교 총장 임기를 마침에 따라 나는 김병묵 총장 님을 나의 후임 한국사립대학교 총장협의회 회장으로 추천하여 총회의 동의를 얻어 그 어려운 임무를 맡으시도록 했다. 그 이후에 김 총장님께 서 나와 고향을 같이한 충청도인이며 나와 각별한 인연을 가지고 있는 전 한밭대학교 총장으로 대전광역시 민선 시장을 역임하신 염홍철 전 중소기업위원회 위원장님과 경희대학 동기 동창인 것을 발견하고 우리 둘 사이는 더욱 가까운 우의를 다지게 되었다. 매월 한번 모이는 고향 사람 조찬 모임에서 김 총장과 자리를 함께하는 기쁨이 나에게는 남다 르게 느껴지게 되었다.

김 총장님께서 지난 2월 제12대 ROTC 중앙회 회장직에 취임하시어 전국의 우리나라 사회 각 분야에서 지도자로 활동하고 있는 수 만 명의 회원들을 이끄시며 국가의 안보와 사회발전에 큰 역활을 하시게 된 것 또한 축하드리고 싶다.

교육자에게 정년이라고 하는 것은 제도적으로 정한 룰이지 학문 연구나 사회활동을 거두는 것은 아니다. 학문과 활동에는 정년이 있을 수 없다. 영어로 retirement는 타이어를 바꿔 낀다는 뜻이라고 한다. 자동차가 타이어를 바꿔 끼면 새 차가 되어 다시 달릴 수 있듯이 퇴임 은 제2의 인생의 출발이다. 김 총장님께서는 건강의 축복을 타고 나시어 정년을 맞으시는 교수님 같지 않다. 앞으로 더 큰 일을 하실 수 있는 기회가 얼마든지 있을 것으로 믿어 부럽게 느껴지기도 한다. 더욱 노익장 하시여 지금까지 쌓아 오신 학덕과 탁월한 경륜을 후학들에게 그리고 우리 사회의 발전을 위해 크게 활용할 수 있기를 기대해 마지 않는다.

끝으로 김 총장님과의 우의가 오래오래 지속되기를 바라며 하나님의 은총 가운데 김 총장님이 건강하시고 가족이 평강하며 행복한 여생이 되시기를 진심으로 기원 드린다.

탁월한 지혜로 행동 지표를 제시해 주신 _ 민범식 교장

민범식 교장 잠신고등학교 정년퇴임 송공사

우리나라 중등 교육에 큰 업적을 남기시고 영예로운 정년을 맞으시는 민범식 교장선생님의 퇴임을 기념하기 위해 문집을 발간한다는 소식을 듣고 이 짤막한 축하의 글을 올리게 된 것을 큰 인연으로 생각합니다. 먼저 파란만장의 지난 40여 성상을 오직 교육에 전념하시어 서울 교육은 물론 우리나라 교육 발전에 크게 기여하시고 정년을 맞으시는 민 교장선생님께 위로와 경의를 표합니다.

佛家에서는 사람이 서로 옷깃만 스쳐도 인연이라고 한다는 말을 들었습니다. 민 교장선생님과 나는 이러한 관점에서 볼 때 보통 인연이 아닌 것을 쉽게 느끼게 됩니다. 사람은 본래 혼자서는 사람으로서의 기능을 다할 수 없고 다른 사람과의 관계를 통해서만 삶의 의미를 찾을 수 있습니다. 그리하여 사람을 '人間'이라 표현하는 것 같습니다.

민 교장선생님께서는 일찍이 서울대 농과대학을 졸업하시고 경기도 교육계에서 출발하시어 서울시 교육연구원의 기틀을 잡아놓으셨고, 무학여고 교감을 거쳐 중량중학교 교장으로, 그리고 교육부 장학관으로서 그의 행정력을 돋보이셨습니다. 저는 같은 교육계에 종사하는 관계로 민 교장선생님의 명성을 자주 듣고 있었습니다.

민 교장선생님과 내가 깊은 인연을 갖게 된 것은 십여 년 전 1981년 8월 한양대학교 사범대학 교수로서 당시 문교부 교직국장으로 겸임 발령을 받은 이후부터였습니다. 당시 민 교장선생님께서는 장학실의 장학관으로 계셨는데 교원의 인사 제도나 복지 행정 모두가 전문직에 관련되는 업무로써 장학실의 도움을 필요로 하였습니다. 나는 문교부 교직국을 맡아 교원의 인사 제도개선과 잡무 경감 방안, 처우 개선, 초·중등 교사 호봉 격차 해소, 스승의 날 제정 등 교권 확립 정책 관련 업무 추진에 있어 장학실의 도움을 많이 받은 바 있습니다. 당시 경기도와 서울시의 교육 현장 경험을 통한 민 교장선생님의 해박한 지식과 남다른 교육 철학이 문교부의 장학 행정에 많은 영향을 주었던 것으로 기억됩니다.

지금 기억으로 1982년 여름 민 교장선생님이 서울교육원장으로 부임하시어 재외 교포 학생 하기 연수를 주관하고 계실 때 내가 방문한 바 있습니다. 교직국에 국제 업무가 통합되어 교직국제국으로 개편되면서 재외 국민 교육을 같이 관장하였기 때문입니다. 원래 재외국민교육원에서 주관하여 실시하는 교육이었으나, 국제화를 앞두고 연수생

수를 늘려 중앙교육연수원과 지방의 몇 개 연수원이 함께 참여하여 학생 연수를 담당케 한 바 있습니다. 그 당시 처음 경험하는 연수였지만 민 교장선생님의 탁월한 지도력으로 서울교육원이 가장 훌륭하게 연수 프로그램을 운영한 것으로 평가된 바 있습니다. 특히 내가 잊지 못하는 것은 연수 온 교포 학생들이 유럽 지역 학생과 미국에서 온 학생 간에 행동과 태도 면에서 많은 차이가 있다는 것이었습니다. 특히 영국에서 온 학생은 복장이나 예의 면에서 미국 교포 학생과 다르다는 것을 민 교장선생님의 보고를 통해 알게 되었고 그 후의 연수 교육 프로그램 개선에 많은 참고가 된 바 있습니다.

제가 청와대에 재직하는 3년 동안 청와대 인근의 경기상고, 청운중학교, 그리고 청운국민학교 교장선생님들과 함께 교육 문제를 의논하고 많은 도움의 말씀을 들은 바 있습니다. 이러한 모임의 주선뿐 아니라 교육 제도나 현장의 개선을 위해 좋은 생각들을 나에게 서슴없이 건의해 주시어 그 고마움을 지금까지 잊지 않고 있습니다.

6·29를 전후한 우리 사회의 갈등 현상은 대학뿐 아니라 중등 교육계에도 적지 않게 나타났습니다. 후에 전교조 파동이라는 쓰라린 고통으로 번졌지만, 그때 당시 민 교장선생님 학교에도 현실에 적응 못하고 소위 저항적 사고로 학교에 불만을 가진 교사가 있다고 들었습니다. 민 교장선생님께서는 인내와 사랑으로 그 젊은 교사의 생각을 바꾸게 하는 데 성공하셨다는 말씀을 그 뒤에 듣고 일찍이 우리 교육 지도자가 민 교장선생님과 같은 지도력을 발휘했다면 아무리 정치가 혼란해도 교육계는 바로 서서 혼란의 회생을 줄일 수 있지 않았을까 생각해

봅니다. 아직도 우리 사회에는 많은 모순이 있고 우리 교육계도 예외가 될 수는 없습니다. 기성세대와 신진 세대 간의 갈등관계가 개선과 이해와 인내로써 협력 관계로 전환되어야 하며 이는 훌륭한 리더십에 의해 이루어지는 것 같습니다. 민 교장선생님을 통해서 더욱 그런 진리를 터득하게 됩니다.

또 한 가지 내가 잊을 수 없는 것은 민 교장선생님께서 병인년(丙寅年, 1986) 가을 보내 주신 조그만 족자입니다. 교육과 서예의 대가이며, 민 교장선생님의 친형님 되시는 추수 민규식(秋水 閔圭植) 선생님의 다음 글이었습니다. 신기언행 극명준덕범수교문 각명금석("愼其言行 克明峻德範垂敎文 刻名金石") 이라는 나의 성명 세 자와 청와대 교문수석으로서의 행동 지표를 제시해 주신 값진 선물이었습니다. 언행을 삼가고 많은 덕을 쌓아야만 교문수석이 될 수 있다는 뜻의 이 글귀를 나는 지금도 명심하고 있으며, 앞으로도 교육계에 몸담고 있는 한 생활의 지표로 간직할 것입니다.

비록 정년이라고 하는 법의 제한으로 학교장으로서의 직책을 마치시지만 교육은 어른을 항상 필요로 하는 인간만이 가지는 특성이므로, 퇴임하신 후에라도 민 교장선생님의 탁월한 지혜를 후학들이 필요로 하게 될 것입니다. 앞으로 자유인으로서 후세의 교육에 더욱 많은 지도와 편달을 하여 주실 것을 기대하면서 민 교장선생님의 앞날에 더욱 큰 영예와 가정에 평화와 번영이 함께 하시기를 빕니다.

(1993. 2. 28)

국내 학계의 귀감 _ 조성진 총장

조성진 총장 충북대학교 퇴임 송공사

오늘 존경하는 조성진 총장님의 퇴임식에 참석하여 치하의 말씀을 드리게 됨을 영광으로 생각합니다. 한편 여러 훌륭하신 하객이 계신데 제가 오늘 이 자리에 서게 된 것에 죄송한 마음을 금치 못하겠습니다.

제가 오늘 조 총장님의 퇴임을 치하드리고 위로의 말씀을 드리게 된 것은 개인적인 친분도 친분이지만, 같은 국립대학의 책임자로서 오늘 퇴임하시는 조 총장님의 형님과 같은 지도를 항상 받아온 인연 때문으로 생각되어 감개무량합니다.

이미 약력 소개 말씀에서 소개된 바와 같이 조성진 박사께서는 30여 년간의 긴 세월을 오직 충북대의 연구실에서 외골수로 연구에 몰두하시어 10여 권의 저서와 60여 편의 연구 논문을 발표하셨고, 수백 명의 우수한 제자를 배출하셨습니다.

생각해 보면 우리나라는 농업 국가이면서도 최근까지 식량을 수입에 의존해 왔습니다. 오늘날 식량이 자급자족을 넘어 잉여 쌀이 지천이 되고 있음은 꿈같은 현실입니다. 이것은 오직 조 총장님과 같은 우리나라의 진실한 애국적인 학자의 피와 땀의 성과로 이루어진 것이라 믿어 감사와 경의를 표하지 않을 수 없습니다.

이러한 조 박사님의 높은 학덕이 헛되지 않았음은 그에게 주어진 여러 가지 서훈 기록에서도 볼 수 있습니다. 일찍이 화랑무공훈장을 6·25 동란 중인 1953년에 수훈하셨고, 국민훈장 동백장을 위시하여 최고 훈장인 무궁화장도 금년 퇴임하는 교육자 중 유일하게 받으셨습니다. 그 외 청주시, 충북문화상도 받으셨으니 조성진 박사님은 정말로 국내 학계의 귀감이 아닐 수 없습니다.

학자로서뿐만 아니라 대학 행정가로서도 조 박사님은 탁월한 능력을 발휘하셨습니다. 조 총장님께서 재임하신 지난 4년간은 우리가 다 알다시피 우리나라 정치·경제·사회적 대변혁기로써 모든 기관의 장이 그러하였지만 대학의 수난 강도는 대학이 최고 지성인의 집단이라는 데서 어느 기관장보다 더하였던 것입니다.

자유와 진리를 추구하여야 할 상아탑이 자기주장만 하는 획일적 민주라는 가치가 잘못 도입되어 물리적 힘과 큰 목소리가 지배하게 되면서 교육의 입지는 더욱 어려웠던 것입니다. 교육이 옳은 것을 추구하여야 하고 학문이 전문성을 존중하는 것이 불변의 속성이라고 볼 때 수의 논리나 물리적 힘의 논리와는 가장 멀어야 하는 것이 대학 사회인 것입니다. 그럼에도 불구하고 우리 대학 사회는 정치 場化하여 많은 대학인들이 그 고통을 이겨내지 않으면 안되었습니다.

조 총장님께서는 이러한 난국을 인내와 사랑으로써 무난히 이겨내시고 그동안 충북대학의 발전을 위해 조용히, 그리고 꾸준히 노력하시어 보시는 바와 같은 많은 업적을 남기셨습니다. 또 대학교육협의회 이사로서 우리나라 고등 교육 발전에도 기여하신 바 적지 않으십니다. 교육이 바로 가도록 정책 당국에 항상 기탄없는 건의와 방향을 제시하여 많은 길잡이 역할을 해주시는 것을 같이 체험했습니다.

이와 같이 훌륭한 대학의 지도자가 오늘 임기를 마치고 대학을 떠나시게 됨에 대학인의 한 사람으로, 또 많은 지도를 가까이에서 받아온 사람으로서 섭섭함과 아쉬움을 금치 못합니다. 그러나 한편 더 크게 생각하면 조 박사께서 작은 연구실에서 나오시어 큰 대학을 책임지셨듯이, 충북대의 울타리에서 벗어나시어 그 깊으신 학식과 높으신 덕망을 전 사회에 베풀어 주시라는 하느님의 뜻으로도 해석하고 희망과 자위를 하고 싶습니다. 다른 사람은 몰라도 조 박사님은 그것이 가능하다고 봅니다. 그 긍지를 저는 가지고 있습니다.

일전에 조 총장님을 위한 골프 모임에서 저와 한 조가 되었는데 공이 어찌나 멀리 나가는지 젊은 저보다 조 박사님의 공이 2~30m는 멀리 가는 장타로 힘을 과시하셨습니다. 이것을 보고 '대학 교수 정년 65세는 잘못 책정되었구나' 하는 것을 느꼈습니다.

조 총장님을 뵙고 또 한 가지 저의 인생관을 다시 생각게 한 것이 있습니다. 하느님께서는 공평하시어 한 사람에게만 복을 다 주시지는 않는다고 믿었습니다. 그러나 조 총장님의 경우만은 예외인 것 같습니다. 남이 시기할 정도로 만복을 타고 나셨습니다. 건강한 사모님의 내조는 물론 부모님이나 자녀 복도 다 타고나셨고, 종교에도 장로라고 하는 명예를 가지셨으니 천당 가시는 것도 보장을 받고 계십니다. 정말 부럽습니다. 이러한 모든 복이 평생을 통하여 끊임없이 노력하신 선생님의 양심과 적덕의 공으로 생각하여 경하해 마지않습니다.

존경하는 조 총장님, 앞으로 다시 30년을 지난 30년간 이루어 주신 것 같이 후학들을 계속 지도해 주시고 충북대뿐만 아니라 혼탁한 우리 사회의 모든 분야에 정의와 양심의 씨를 다시 뿌려 주시기를 부탁드립니다. 그리고 그동안 여러 가지 공인으로서의 제약으로 못다 하신 일들을 자유인 된 몸으로 성취하시길 빕니다.

그리고 조 총장님의 오늘이 있기까지 내조의 힘을 쏟으신 사모님께도 이 자리를 빌려 경의를 표하오며, 아울러 이렇게 훌륭하신 학자로 교육지도자를 함께 하신 충북대학교 교직원 여러분께도 축하드립니다.

끝으로 다시 한번 조 총장님의 학계와 교육계에 남기신 공에 감사와 위로를 드리며, 총장님과 그 가정에 하느님의 축복이 항상 같이하시길 빌며, 아울러 충북대학교의 무궁한 발전과 교직원 여러분의 가정에 평화가 함께하길 기원하오며 간단하나마 치사에 대신합니다.

감사합니다. (1990. 2. 28)

교육자 여정의 각별한 길벗 _ 이택원 총장

이택원 총장 충북대학교 퇴임 송공사

인류의 역사가 사람과 사람과의 만남 속에서 빚어지는 사건들의 기록이요, 우리네 삶의 진상 또한 부단한 만남과 나눔의 여정이 아닌가 한다. 인간은 시시로 만나고 나누면서 형성되어 가는 존재이기에 우리들의 일상생활 속에서 접하게 되는 수많은 인간관계는 그 하나하나가 소중한 인연이요 중요한 의미를 갖는다.

우리가 길을 가다가 명미한 風光을 만나면 기분이 쇄락해지듯, 인생이라는 나그넷길에 좋은 길벗을 만나게 되면 그 인생은 한결 값지고 풍요로워진다. 고향의 동구 밖을 지키는 정정하고 넉넉한 느티나무, 이택원 총장이 그 고향의 느티나무를 연상케 하는 것이 과묵한 성품과 중후한 풍모에서 배어나는 푸근하고 편안한 친화력 때문이리라. 淸風

明月 충북인의 鄕土臭가 물씬 풍기는 질박하고 중후한 풍모를 대하노라면 삭막한 시멘트 문화에 메마른 속뜰이 흙덩이처럼 푸슬푸슬 되살아나는 느낌을 감지하게 된다.

교육자의 길이 부단한 연찬과 자기 연소의 고달픈 여정이기에 같은 길을 가는 길벗으로서의 교분 관계는 그 무엇보다도 각별하고 끈끈한 관계가 아닐 수 없다. 그런 관점에서 볼 때 내가 이택원 총장과 교분을 나누게 된 것은 매우 흐뭇하고 뜻깊은 인연이라 하겠다.

이택원 총장과 교분을 나눈 연조는 그리 깊지 않으나 공사 간에 매우 뜻깊은 인연으로 呼兄呼弟하는 친분을 맺어 왔다. 공적으로는 국립대학교 경영의 책임자로서 학교 발전을 위한 어렵고 외로운 업무를 추진함에 있어 탁월한 역량과 경륜으로 많은 도움을 주셨고, 사적으로는 따님이 우리 대학의 조교로 근무하다가 역시 조교로 근무하던 이정선 군을 서랑으로 맞게 되어 그 결혼식의 주례를 맡았으니 범상한 인연이 아니다. 그 후 따님 내외는 미국으로 유학을 떠나 행복한 생활을 영위하며 학문에 정진하고 있으니 내게는 보람찬 일이 아닐 수 없다. 그 뒤 총장 경선 결과 제4대 총장으로 취임하게 되어 그 기쁨을 함께 나눈 것이 어제 일 같은데 어느새 퇴임을 하게 되셨으니 세월의 매정함을 절감하면서 아쉬운 마음 금할 길이 없다.

총장으로 재직하시는 동안 탁월한 경륜과 행정력, 그리고 뜨거운 열정으로 대학과 지역 사회의 발전을 위하여 노심초사하시어 혁혁하고 획기적인 업적을 남기셨으니 충심으로 경의와 찬사를 보낸다.

대학 발전을 위한 원대한 꿈과 포부를 실현하기 위하여 재임하시는 동안 막대한 대학 발전 기금을 조성하는 한편 학교 시설을 대폭 확장하여 쾌적한 학문 연구 활동의 장을 구축하고 학문의 사회화를 위하여 우수 연구소와 學 硏 産 공동 협약을 체결하여 산학이 협동으로 연구할 수 있는 기반을 마련하셨는가 하면 지식과 정보의 국제화 추세에 대응하여 외국의 유수한 대학과 학술 교류 협력 체제를 구축하여 명실상부한 국립종합대학교로써 면모를 일신하셨다.

그러나 무엇보다도 길이 남을 빛나는 업적은 충북도민의 숙원인 충북대학병원을 준공하여 도민이 양질의 의료 혜택을 받을 수 있게 하였다는 것이다. 그동안 충북에는 3차 진료 기관인 종합병원이 없어 도민의 불편과 고통이 많았다. 충북대병원의 준공은 이택원 총장이 도민의 건강 증진에 기여한 잊을 수 없는 공로로 도민의 마음속에 길이 간직되리라 믿는다.

뜨거운 사랑과 정열을 오직 한 길, 대학과 지역 사회의 발전을 위한 일념으로 불태우시고 이제 영예스런 퇴임을 하시는 이택원 총장님, 모든 시름 놓으시고 和氣滿堂한 가운데 閑雲野鶴처럼 優遊하시며 후학들에게 느티나무처럼 넉넉한 그늘 드리우시고 신의 은총 아래 정정하시기를 충심으로 기원하며 글을 맺는다. (1994. 2. 25)

높은 학덕의 겸손한 학자 _ 연문희 교수

연문희 교수 연세대학교 정년퇴임식 축사

오늘 내가 참으로 아끼고 좋아하는 연문희 교수님의 정년퇴임을 기념하는 모임에 참석하여 축사 말씀을 드리게 된 것을 뜻깊게 생각합니다.

먼저 지난 35년간을 한결같이 학문연구와 후학양성에 열과 성을 다하시고 우리나라 학계와 교육계에 많은 업적을 남기시고 정년을 맞아 퇴임 하시는 연문희 교수님께 심심한 경의를 표하며 오늘 이 아름다운 모임을 주선하신 연문희 교수님 퇴임준비위원장 정승진 선생을 비롯한 준비위원 여러분께 찬사를 보냅니다.

나는 오늘의 주인공 연문희 교수와 여러 가지 인연이 있어 이 자리에 선 것 같습니다. 나와 모교를 같이 하였을 뿐만 아니라 내가 걸이 온 길과 너무나 유사하여 동기간 같은 느낌을 항상 갖고 있었습니다.

내가 연문희 교수님을 알게 된 것은 1988년 2월 한국교원대학교 총장으로 부임한 이후부터입니다. 그러나 우리의 인연은 우리가 만나기 오래전부터 시작되었다는 것을 알고서 더욱 가까워지게 되었습니다. 연문희 교수가 연대 영문과를 졸업하고 미국에 가서 교육학을 전공하시고 박사학위를 취득하신 후 교수 생활을 시작하신 것을 알고 나는 동기간 같은 친근감을 느끼지 않을 수 없었습니다. 내가 걸어온 길과 너무나 흡사하였기 때문입니다. 연문희 교수님은 그의 이름 석 자를 보면 연세대 문과대인으로 태어나셨습니다. 이름 끝 자가 빛 날 희(熙)이기 때문에 연문희 교수의 이름은 연세대 문과대를 빛내는 사람이라고 풀이할 수 있습니다. 참으로 신기한 일이 아닐 수 없습니다. 우리 동양의 오랜 전통에서 사람의 이름이 중요하다고 하는데 작명을 잘하신 덕인지는 몰라도 연 교수님은 연세대 문과대인으로서 그의 남다른 친화적 인품과 깊고 겸손한 학자, 교육자로서의 삶이 학계는 물론 우리 사회에 귀감이 되어 모교를 빛내고 오늘 교수직 정년을 맞으셨습니다. 얼마나 존경스럽고 자랑스럽고 또한 부러운지 모르겠습니다. 아마도 오늘 정년퇴임 이후에도 본의든 본의가 아니든 연문희 교수는 연세 문과대인으로서 모교를 계속 빛나게 하실 것으로 믿습니다.

한국 교원대 총장 시절 연문희 교수님과 함께한 옛일들이 생각납니다. 1988년 2월 한국 교원대 총장으로 부임한 때가 정권교체기로서 권위주의 타파를 위하여 5공 단절과 민주화 열기가 한참인 때였습니다.

대통령 교육문화수석비서관으로 있다가 교원대 총장으로 옮겼기 때문에 일부 학생들의 저항을 심하게 받았습니다. 그때 연 교수님께서 앞장서서 학생들을 설득하고 나를 보호해 주시었습니다. 후배를 잘 만난 것을 얼마나 감사했는지 모릅니다. 이 자리에서 거듭 감사드립니다.

그러나 얼마 후 내가 가장 신뢰하고 의지하려던 연문희 교수님께서 모교인 연세대로 옮기게 되었다는 것이었습니다. 저는 대학 총장을 하면서 교수를 다른 학교로 빼앗기는 것이 제일 싫었습니다. 후임을 구하기 전에는 허락을 안 한다는 원칙을 가지고 있었습니다. 정말 속이 상했습니다. 그러나 연 교수님께서 연세대 모교로 가신다고 하니 차마 거절을 할 수가 없어 고민 끝에 동의를 했습니다. 교원대도 중요하지만 나의 모교도 중요하다고 느꼈기 때문입니다. 아마도 연 문희 교수가 연세대로 옮긴 것은 延 文 人으로 타고난 숙명인 동시에 하나님의 뜻이라고 느껴집니다. 연 교수님께서 교원대를 떠나신 후에도 우리들의 우의는 같은 학교에 있는 동료와 다름없이 오늘까지 이어져 왔습니다.

오늘 연 교수님의 정년퇴임행사는 나에게 부러움과 아쉬움이 교차하는 감정을 느끼게 합니다. 부럽게 느껴지는 것은 연 교수님께서 평생을 딴눈 팔지 않고 자기의 전공 학문인 교육학 연구와 후배교육에 몰두하시어 우리나라 상담 분야의 대가로서 많은 학문적 업적을 남기시고 훌륭한 제자들을 길러내어 우리 사회발전에 기여하신 것을 감사드리고 부럽게 느껴집니다. 특히 나와 같이 대학 총장을 오래 하여 자기를 알아주는 제자가 없는 대학인에게는 오늘의 이 아름다운 연 교수님의 퇴임식이 더욱 부럽게 보입니다. 다른 한편으로는 우리 사회가 정년제도에 묶어 연 교수님과 같은 능력 있는 아직도 청춘 같은 학자의 사회적 지위와 역할을 정지 또는 제한하는 것에 대한 아쉬운 마음을 금할 수가 없습니다. 우리도 미국과 같이 대학교수에 대한 정년제도가 폐지될 날이 오기를 나는 바라고 있습니다.

학문에 정년은 있을 수가 없습니다. 연세대를 떠나신 후에도 연 교수님의 연구 활동과 사회 활동은 더욱 왕성하게 이어질 것으로 저는 믿고 있습니다. 흔히 정년 퇴임을 제2 인생의 출발이라고도 합니다. 영어로 퇴임을 retirement라고 하는데 우리말로는 낡은 자동차 타이어를 다시 끼워 새 차가 되어 다시 달린다는 뜻으로 해석되기도 합니다. 그럴듯한 해석입니다. 앞으로 노익장 하시어 그동안 이루어 놓으신 업적과 경험이 우리 사회를 더욱 밝고 맑게 하는 데 큰 역할을 하여 주시기를 빕니다.

오늘 아침 한 문학평론가의 시론에서 다음과 같은 글귀를 보았습니다.

"지난 수년간 민주화라는 미명 아래 사회의 위계질서가 무너졌고, 공공기관의 권위가 땅에 떨어졌으며, 우리가 지혜를 구해야 할 원로들의 존엄성은 조롱거리가 되었다. 위계질서는 특권이고, 정부 기관의 권위는 폭압이며, 노인들은 수구 꼴통에 기득권자들이라고 생각했기 때문이다. 그러다 보니, 직장과 학교와 가정에서 상급자와 하급자, 교사와 학생, 그리고 부모와 자녀들의 갈등과 충돌은 필연적인 현상이 되었다. 문제는 그러한 것들이 우리의 정신과 문화를 형성해 왔다는 점이다."

우리 국민들의 마음의 건강을 회복하는데 연세대학교 문과대학을 빛내기 위해 태어나신 연문희 교수님의 역할이 더욱 우리에게 요구된다는 사실을 일깨워 주는 글이라고 생각되어 여기 적었습니다.

　　끝으로 연문희 교수님의 높은 학덕과 업적에 대하여 다시 한번 감사와 경의를 표하며 앞으로 후학들과 우리 사회에 계속 훌륭한 지혜를 공급해 주시기 바라며, 연 교수님의 오늘이 있기까지 내조를 아끼지 않으신 사모님께도 이 자리를 빌려 감사의 박수를 보내고 싶습니다. 연문희 교수님 내외분의 건강과 가정의 평화와 번영을 기원하면서 축사에 대합니다. 감사합니다.　(2008. 2.)

훌륭한 인품의 한결같은 교육학자 _ 신용일 부총장

내가 매우 아끼고 좋아하는 신용일 교수님이 정년퇴임을 맞게 되었다는 소식이 세월의 빠름을 새삼 느끼게 합니다. 더욱이 문하생들이 신 박사님의 퇴임을 기념하여 문집을 발간하게 되었으니 몇 자 인사말을 적어 달라고 하여 막상 펜을 들고 보니 무슨 말부터 시작하여야 할지 망설여집니다. 신 교수님과 나는 교육학을 공부하면서 동학의 반려자로서 40여년 간의 인연에 앞서 비록 성장지는 충청도와 경기도로 달리하지만 같은 조상의 후손으로 종친 관계입니다. 나이는 내가 한 살 밑이나 항렬이 하나 높아 종친들 모임에서 신 교수는 나에게 꼭 '아저씨'라는 경칭을 쓰는 양반 가문의 전통을 그대로 보존하고 있습니다. 족보가 없는 서양문명에 젖은 현대인들이 고루하다고 해도 전혀 개의치 않고 우리 선조들이 남긴 가풍은 이어가려고 노력하고 있는 사이입니다. 신용일 교수와 공사로 같이 접해본 이는 누구나 선비다운 그의 성품을 느낄 수 있을 것이라고 생각합니다. 정년이라고 하는 제도에 따르지 않을 수 없는 것이 모든 공직자에게 해당하는 것이지만 이러한 제도에 의해 퇴임하는 학자들의 성취 결과와 명예의 도는 개인별로 차이가 있기 마련입니다. 나는 신 교수가 지금까지 이루어 놓은 학문적 업적과 교육에의 공적이 모두의 부러움과 존경을 받을 것으로 생각합니다.

신 교수님은 1960년대 초에 공주사대 전임으로 대학 교단생활을 시작하고 1974년에 인하대학으로 자리를 옮기신 후 오늘 정년을 맞이하기까지 하루도 학문의 길을 떠나지 않은 순수한 선비형 학자입니다. 그는 그의 인품에서 느낄 수 있듯이 신뢰할 수 있는 성실한 교육실천가였습니다. 주변 여러 인맥으로 보아 화려한 다른 길을 택하였을 수도 있고, 또 유혹도 받으셨을 줄 알지만 오직 대학인의 길을 지키신 것에 주위의 존경을 받고 있습니다. 당장의 영화에 현혹되지 않고 먼 훗날을 위해 밀알과 소금이 되고 나라와 민족의 주춧돌을 놓는 교육학자의 길을 한결같이 지켰기에 오늘의 정년퇴임을 영광스럽고 명예롭게 맞을 수 있었다고 생각합니다.

신 교수님은 교육원론, 교육심리학 등 여러 저서를 젊은 시절 집필하여 출판하셨고, 많은 연구논문을 발표하시어 후학들에게 지혜를 주셨습니다. 교수로서 학문연구와 학생교육에 많은 업적을 남겼을 뿐만 아니라 대학행정과 또 지역사회 발전에도 눈부신 공적을 쌓은 것으로 알고 있습니다. 학과장, 학생처장, 사범대 학장, 교육대학원장, 부총장 등의 모든 주요 보직을 두루 거치면서 대학발전에 기여하셨고, 전국사범대학 협의회장, 중앙교육심의회위원, 인천시 교육연합회 회장을 역임하셨고, 그리고 현재에도 인천학술진흥재단 이사장으로 활약하고 계신 것은 그의 학자로서 교육지도자로서의 경륜이 얼마나 넓고 깊은가를 입증케 합니다. 이러한 공로를 인정받아 일찍이 경기문화상과 국민훈장 모란장까지 수상하신 것을 높이 평가하고 싶으며 더 큰 국가적 사회적 인정이 머지않아 추가되기를 기대합니다.

흔히 하느님은 공평해서 한사람에게 만복을 주지 않는다고 듣고 있습니다. 그러나 신용일 교수의 경우는 예외인 것 같습니다. 공직자가 직장과 가정에 함께 축복받기는 쉬운 일이 아닌데 신 교수는 가정의 세 자녀가 모두 훌륭한 교육을 받고 성혼까지 하여 부모로서의 역할도 성공적으로 마쳐서 주위 사람들의 부러움을 사고 있습니다.

교수 정년제도가 없어진 지 오래인 미국에서는 정년퇴임이 행복한 퇴임(Happy Retirement)으로 불린다고 합니다. 세월이 흘러가기 때문에 또 후학들의 길을 터주어야 하기 때문에 정년퇴임이라는 제도적 장치는 우리가 거역할 수 없으나 학문에는 끝이 없고 나이의 많고 적음에 관계가 없는 것 같습니다. 더욱이 누구보다도 건강한 신 교수님의 젊고 패기 넘치는 모습을 보면 정년퇴임이란 말이 실감나지 않습니다. 우리 사회는 경제성장의 여파로 물질문명에 압도되어 인간성이 점점 쇠퇴하여 가는 것을 생각이 있는 사람은 모두 걱정하고 있습니다. 신 교수님과 같이 사람을 만드는 일을 주 연구 대상으로 하는 훌륭한 교육학자의 지혜를 앞으로 우리 사회가 많이 필요로 할 것으로 확신합니다.

비록 제도에 따른 정년은 즐겁게 맞이하시되 더욱 자유로운 사유와 용기로 우리 교육의 발전에 더 큰 지혜를 주실 것을 기대합니다.

거듭 신 교수님과 나의 인연을 맺어준 조상과 하늘에 감사하고 그동안 우리학계와 교육계에 남기신 신 교수님의 업적에 경의를 표하며 앞으로도 더 좋은 건강과 가정의 행운을 기원하면서 정년퇴임의 아쉬움을 달래고자 합니다. (1997. 2.)

한국교원대학교 비전 구현을 위한 4년 발자취
_ 박배훈 총장

박배훈 총장 한국교원대학교 이임 기념 축사

한국교원대학교 제7대 총장으로 학교 발전을 위해 많은 업적을 남기고, 4년의 임기를 마치면서 이임하시는 박배훈 총장님께 위로 및 경의와 감사의 인사를 드립니다.

박배훈 총장께서 2004년 2월 직선 총장으로 많은 교수님들의 지지와 기대 속에 한국교원대학교의 제7대 총장으로 취임하시던 날 나는 기쁜 마음으로 취임식에 참석하여 축사를 한 기억이 새롭게 떠오릅니다. 정직하고 성실하신 박배훈 총장님의 지도력과 인품을 부처님에 비유하며 한국교원대 구성원들을 화합과 단결로 이끌어 주실 것을 당부드린 기억이 납니다.

지난 4년간 박배훈 총장님이 이끄신 한국교원대학교가 대내외적으로 변화와 개혁의 격랑을 슬기롭게 그리고 조용히 헤쳐 나가며 많은 성과와 발전을 이룩하시고 임기를 마치시는 총장님께 마음속으로 경의를 표합니다. 그리고 감사를 드립니다.

박배훈 총장님의 퇴임을 맞이하는 아쉬움이 나에게는 더욱 크게 느껴집니다. 세월이 무상하여 벌써 10년 전의 일입니다만 필자가 1996년 2월 한국교원대학교 제4대 총장의 임기를 마치고 정년까지 남은 2년을 교육학과 교수로 돌아가 정년퇴임을 할 수 있었던 것은 당시 교무처장으로 계시던 박배훈 총장님의 현명한 뒷받침이 있었기 때문에 가능하였습니다. 그리하여 나는 늘 박배훈 총장님의 고마움을 잊지 않고 있습니다. 박배훈 총장님께서도 총장 임기를 마치시고 정년까지 남은 기간 교수로 복귀하여 후학들을 지도하시게 된다고 하니 나와 같은 길을 가시는 것 같아 더욱 가까운 동지애를 느끼게 됩니다.

내가 박배훈 총장님과 고락을 함께한 10년간의 한국교원대학교 생활에서 있었던 몇 가지 일들이 생각이 납니다. 박배훈 총장님은 내가 총장으로 재직하는 동안 대학원 교학 업무를 맡아 대학원 행정 기반을 구축하셨고, 자연 계열과 예체능 계열을 분리하기 전 제3대학 학장직을 맡아 면학 분위기를 어느 대학보다도 훌륭하게 조성하여, 대학의 안정과 발전에 기여하기도 하였습니다. 그리고 1993년 예체능 계열을 독립하여 제4대학으로 분리하는데 힘을 보태주신 것으로 기억이 됩니다.

교무처장직을 맡아 수고하신 것 또한 잊을 수 없습니다. 어려운 학생

선발 업무, 교수 인사업무, 교육과정운영 등 교학 업무도 수학전공 교수답게 빈틈없이 관리하시어 교육부 감사나 국회 교육위원회의 국정감사도 무난히 받을 수 있었습니다. 그리하여 한국교원대학교의 위상을 높이고 기반을 다지는데 큰 역할을 하셨다고 생각합니다. 인사가 만사라는 말이 있습니다만 대학 사회에도 적용되는 말이라고 생각합니다. 능력 있는 교무처장 덕분에 내가 총장직을 원만히 수행할 수 있었던 것을 나는 늘 감사하게 생각하고 있습니다.

박배훈 총장님은 자기 전공에 대한 신념이 아주 강한 학자이기도 합니다. 교무처장 시절 대학 신입생 선발은 수학 한 과목만 시험을 봐서 학생을 선발하면 자연계든, 인문계든 학생의 수학능력을 정확하게 평가 할 수 있다는 주장을 내 앞에서 자주 하셨습니다. 그 주장을 당시 수용하지 못한 것을 나는 지금도 미안하게 생각합니다. 당시 나는 만약 국어전공 교수님이 교무처장이 되시면 국어 한 과목으로 학생의 모든 능력을 평가할 수 있다고 주장할 것 같아 박 총장님의 건의를 수용할 수 없었으니 이해하여 주실 것으로 믿습니다.

내가 대전대학교 총장으로 있던 2002년인지 2003년인지 정확히 기억이 안 나지만 박배훈 총장님 둘째 아드님의 주례를 맡았던 것도, 박 총장님과의 잊을 수 없는 인연입니다. 박 총장님은 아드님 둘을 다 서울대학교에 진학시켜 훌륭히 키우셨습니다. 모두 대학원을 나와 학자의 길을 택하여 앞으로 큰 동량이 될 것으로 믿습니다.

박배훈 총장님께서 2004년 제7대 총장으로 취임하신 후 4년 동안 대학의 행정조직을 능률화하고 교육의 특성화와 질적 고도화를 위해 여러 가지 혁신 사업을 추진하여 교원교육의 메카로 한국교원대학교가 발전하는 데 튼튼한 기틀을 마련한 것으로 알고 있습니다. 시설 확충과 교육환경개선에도 많은 성과를 거두어 종합교육관과 기숙사를 확충하고 교육박물관, 종합실험실습관, 교사교육센터 등 새로운 시설을 확보하신 것도 박배훈 총장님의 행정 능력을 입증할 수 있어 더욱 찬사를 보내고 싶습니다.

특히 국내 대학에서 유일하게 교육박물관을 신축, 확보하게 된 것을 감사히 생각하고 있습니다. 본인이 2년 전 대전대학교 총장 퇴임 시 소장하고 있던 많은 문헌들을 한국교원대학교 교육박물관에서 받아주시고 앞으로 역대 총장의 소장품을 전시할 수 있도록 배려한 것을 보고 박배훈 총장은 정말 역사의식을 가진 한국교원대학교 주인이구나 하는 생각을 하였습니다. 지난 11월 초 중국 여행 중 남경대학교를 방문했는데 130년의 대학 역사를 자랑하는 학교 역사박물관이 있었습니다. 한국교원대학교의 교육박물관이 앞으로 우리 교육의 역사를 보여주는 큰 교육의 장으로 역할을 할 것으로 믿어 박배훈 총장님과 교육박물관 관계자 여러분의 선견지명에 많은 교육자들로부터 칭송을 받을 것으로 믿고 있습니다.

2005년 4월, 박배훈 총장님께서 나에게 대학발전후원회 회장직을 임명해 주셨는데 뜻대로 되지 않아 도움을 드리지 못한 것을 늘 아쉽고 죄송하게 생각합니다. 앞으로 박배훈 총장님과 함께 전임 총장으로 대학발전을 위한 활동도 좀 더 힘을 내어 같이 뛰었으면 하는 생각도 하게 됩니다. 대학발전을 위한 박배훈 총장님의 열정이 계속 이어지기를 바라며 총장직에서 경험하신 값진 지혜들을 퇴임하신 후에도 계속 후학들에게 아낌없이 나누어 주시기를 당부드립니다.

박배훈 총장님의 한국교원대학교 제7대 총장직 퇴임을 진심으로 위로드리고, 그동안 이룩하신 큰 업적에 거듭 경의와 감사를 드립니다. 아울러 박배훈 총장님과 가정에 늘 축복이 가득하시기를 기원합니다.

(2008. 2.)

제4부 추모(追慕), 인사(人事)

– 교육의 길에서 만난 소중한 지기들

신·극·범·총·장·교·육·에·세·이

의학계의 선구자 _ 故 최재유 전 문교부 장관

故 최재유 전 문교부 장관 1주기 추모사

우주의 삼라만상 중에 세월의 흐름을 거역할 수 있는 것이 무엇이 있겠습니까마는, 최재유 박사님께서 유명을 달리하신 지도 벌써 일 년이 흘렀습니다. 최재유 박사님께서는 우리나라 의학계의 거두이며 안과 의학의 개척자로 대한민국 건국 초기에 보사부장관과 문교부장관을 역임하셨고, 그 후 연세대 재단 이사장, 인덕학원 이사장으로 활동하셨습니다.

이렇게 추모의 펜을 들고 보니 죄송스러운 마음이 앞섭니다. 생존 시에 한 번 찾아뵙지도 못하고 작년 이맘때에 紙上을 통하여 서거하셨다는 소식을 듣고 고극훈 박사님 병원에 마련된 빈소를 급히 찾아 조문을 드리고 말씀 없는 영전에 명복을 빌었습니다. 생전에 찾아뵙지 못하고 34년 반이 지나 영전에 인사드리게 된 죄책감을 스스로 느껴 후회하고 있던 차였습니다.

며칠 전 집안 형님같이 모시는 고향의 선배 김희수 박사님과 점심을 함께 드는 자리에서 최 장관님의 추모 문집을 만든다는 소식을 우연히 들었습니다. 저는 김 박사님께서 최 장관님 수제자인 줄을 몰랐습니다. 그리고 큰 사위 되시는 고극훈 박사님께서 김희수 박사님과 세브란스 동기 동창이신 것을 그때야 알았습니다. 물론 고극훈 박사는 저의 대전중학 선배이신 것을 알고 있었습니다만 분야가 다르고 저 자신이 좀 비사교적인 성격이라 고 박사님을 속으로만 선배로 생각했고, 또 내가 모시던 최 장관님의 큰 사위라는 것을 알고 존경할 따름이었습니다. 김희수 형님과 동기로 절친하다는 말씀을 듣고 더욱 인연의 연속을 느껴 반가웠습니다. 그날의 식사 자리에서 제가 최 장관님을 잠깐 모신 바 있었다는 말씀을 김 박사님께 드렸습니다. 며칠 후 김희수 박사님께서 최 장관님을 추모하는 글을 몇 자라도 좋으니 적어 보내 달라는 연락을 받고 이렇게 죄송스런 마음을 달래며 붓을 들었습니다.

1959년 말 제가 미국 경제조정관실(OEC) 교육국에 근무하고 있을 때 이미 타계하신 문교부 총무과장으로 계시던 김승제 과장께서 장관실에 영문 담당 비서가 필요하니 와서 좀 도와 달라는 요청을 받았습니다. 당시 문교부에는 저와 인연이 있는 국장님, 과장님, 장학관님이 여러분 계셨습니다. 저의 고등학교 교장으로 계시던 한상봉 선생님께서 고등교육국장으로 계셨고, 사범교육과장이시던 김영돈 박사님, 문영한 장학관님, 정의택 보통교육국장님 모두 충청도 출신으로 저를 아껴 주셨습니다. OEC 교육국에 교육관으로 근무하면서 문교부의 여러 부서 간부와 업무적으로 친숙한 관계를 맺었습니다.

당시 문교부의 과장급 이상은 거의 모두가 교육전문가이거나 학자들었습니다. 기술교육국장에 물리학자 박철재 박사, 문화국장에 서울대 사회학 교수이시던 변시민 박사, 편수국장에 조병욱 박사(후에 박만규 박사) 등 모두가 당시 대학에 계신 분보다 수준 높은 학자요 행정가였습니다. 지금 생각해 보면 최 장관님의 인사가 얼마나 전문성을 강조한 인사 정책이었나를 알 수 있어 최 장관님을 더욱 존경하게 됩니다.

저는 지금까지 근 40여 년간 교육 분야에 종사하면서 최 장관님을 모시던 여러 어른들과 지금까지 큰 은혜 속에서 지내고 있습니다. 심태진 수석장학관님, 이창갑 장학관님(전 서울교육감), 문영한 장학관님, 홍웅선 편수관님(전 교육개발원장, 연세대 문과대학장), 신집호 교장님, 민경천 당시 대학교육과장님(전 홍익대 총장), 송경국 과장님, 최태호 과장님(전 춘천교대 학장) 등 모두 제가 장관님을 모실 때 인연을 맺었던 어른들입니다.

3·15 부정 선거에 항거하여 야기된 4·19 학생 의거로 인하여 이승만 대통령의 하야와 더불어 정치와 직접 관련이 없는 문교 행정을 맡으셨지만 최 장관님께서도 다른 각료와 함께 옥고도 치르신 것으로 기억됩니다. 곧 자유의 몸이 되시어 1964년에 이화여대 교수로 복귀하셨고, 나의 모교이기도 한 연세대 이사장으로 7년간 봉직하시면서 모교 발전

에도 기여하신 바 큰 것으로 기억합니다. 1981년부터 인덕학원의 이사장으로 계시다 타계하셨으니 평생 한국 교육과 함께 하셨습니다. 한국 교육이 문제도 많지만 오늘날 우리나라의 번영은 교육이 밑거름이 되었다고 믿어 최 장관님의 업적을 기리고 경의를 표합니다.

더욱이 최 장관님의 수제자인 김희수 박사께서 건양대학을 세우셨고 또 의과대학 설립 허가를 받으신 것은 모두 다 장관님께서 못다 하신 교육 사업을 제자가 이어받으라는 하느님의 계시로 믿어집니다. 최 장관님의 제자 김 박사가 이끄는 건양대학이 틀림없이 우리나라 의학의 발전과 민족의 영원한 번영을 가져올 것으로 믿습니다.

너무 높은 위치에 계셨기 때문에 영문 비서로서 먼 자리에서 모셨지만 어쩌다 뵙는 장관님의 조용하신 웃음과 낭랑하시던 맑은 음성이 지금도 선연합니다. 평생 교육자이며 안과의학 학자요 행정가로 한국 교육계의 발전에 기여하신 장관님의 업적에 경의를 표하며 평소 문안을 드리지 못했던 저의 무관심을 자책하면서 최 장관님의 명복을 빌고 가족의 평강과 번영을 기원합니다. (1995. 7.)

우리 교육계의 큰 스승 _ 故 청랑 박재규 총장

故 청랑 박재규 총장 1주기 추모사

인생은 흐르는 물, 떠가는 구름

흔히 인생을 흐르는 물이요, 떠가는 구름 같다고 한다. 그러나 고희를 넘기셨어도 어느 젊은이보다 건강하시고 활달하시던 박재규 총장님께서 그렇게 허망하게 타계하실 줄은 생각지 못했다. 총장님의 갑작스러운 悲報를 접한 지 벌써 한 해가 지나갔다. 그러나 아직도 학술 세미나장이나 교육 관련 집회에 참석할 때면 박 총장님을 뵐 것 같은 착각에 빠져들곤 한다.

총장님께서 가시는 축하 모임, 학술 모임, 위로 모임에서 나는 그림자같이 곁에서 총장님을 모셨다. 그것은 동향의 인연이라기보다도 가족과 같은 끈끈한 인연 때문으로 생각된다. 나아 박 총장님의 관계는 부자간 같기도 하고, 형제 같기도 하고, 사제 간 같기도 하고, 상사 같기도 하고. 정말 한 가족 같은 정분을 갖고 있었다.

1957년 봄 대학을 졸업하고 첫 교단생활을 시작한 대전공고(현 대전산업대)는 박재규 총장님께서 일제 시대 광산과 교사로 봉직하신 학교였고, 그때 내가 모신 金寅洙 교장선생님과 박 총장님은 공주고보 동문으로 아주 절친한 사이셨다. 당시 박재규 총장님은 부여고교 교장으로, 그리고 도의 장학관으로 충남 중등 교육계의 큰 지도자이셨다.

일제 시대 대전공업학교 교사로 계실 때는 나의 처삼촌의 담임을 하시어 우리 처가와도 교분이 퍽 돈독한 것을 나는 결혼 후 알게 되었다. 그러니까 박 총장님은 나보다도 훨씬 먼저 처가와 친분을 가지셨던 것이다. 내가 결혼한 후에도 처조모댁에 새해 인사를 다니시는 것을 보았다. 이렇게 가정적으로 世誼가 두터운 박 총장님을 나는 평생의 상징적 동일시의 대상으로 존경하게 되었다. 아니 나뿐이 아니고 교육계에 종사하는 모든 이의 존경의 대상이었다.

우리나라 교육계에서 박 총장님만큼 폭넓은 교육 행정 경력을 고루 갖추신 분은 일찍이 없었다. 여러 학교의 장을 두루 거치시고 충청남북도의 교육행정 책임을 맡으시어 열과 성을 다하시었다. 또한 문교부 교육 전문직의 총수인 장학실장, 그리고 전주교대 학장, 서울교대 학장과 공주사대 학장직을 다년간 맡으시어 교육자의 양성에도 큰 공을 세우셨다. 오늘의 교육 현장에 그분의 제자가 수천 명에 이를 것으로 생각된다.

1981년도에 한양대 교수겸 문교부 교직 국장으로 근무하던 시절 박 총장님께서는 공주사대 학장으로 전국국립사대학장협의회 회장을 맡고 계셨다. 내가 1년 반 동안의 교수 겸임 국장으로서 많은 교원 정책을 입안 추진하는 데 박 총장님의 도움은 나에게 커다란 힘이 되어 주었다.

박 총장님께서는 정년 퇴임을 하신 후에도 국가를 위한, 그리고 교육 정책 입안에 많은 지혜를 주셨다. 내가 청와대 교문수석 당시 1986~1988년까지 대통령 교육개혁 심의회 위원으로서 우리나라 교육 개혁의 장단기 계획을 수립하는 데 초 · 중등 교육 분야의 개혁 과제에 대한 자문에 열과 성을 다하여 참여하셨다.

교육 문제는 인간의 문제로 단순한 논리나 학문적 이론으로는 풀리지 않는 것이 너무나 많았다. 그러나 박 총장님의 심오한 경륜이 바탕이 되어 합리적인 방안들이 도출될 수 있었던 것을 잊을 수가 없다. 나는 이러한 박 총장님과의 관계에서 '역시 교육에는 경륜이 중요하구나' 하는 생각을 하였고, 지금도 커다란 도움이 되고 있는 박 총장님의 은혜를 가슴 깊이 간직하고 있다.

박 총장님의 행정 능력은 그분이 당시 문제가 많던 인천대학의 학장으로 취임하시면서 다시 한번 입증되었다. 원칙을 존중하는 박 총장님의 지도력은 교직원, 학생, 재단 등 구성원 간의 깊은 갈등을 조기에 해소시켰으며 학원을 정상으로 회복시켰다. 그뿐 아니라 종합대학으로 육성 발전시켜 오늘의 인천대학교가 되게 만드셨던 것이다.

박 총장님께서는 훌륭한 교육자이신 동시에 원로 장로님으로서 신앙적 지도력도 강한 어른이셨다. 늘 나라와 사회의 안정과 발전을 위한 기도를 멈추지 않으셨다. 내가 한국교원대학교에 부임한 1988년 이후 매해 고향인 연기군을 찾으실 때는 꼭 우리 대학에 들리시어 따뜻한 정을 주셨고, 대학 행정에 관한 많은 조언을 아끼지 않으셨다.

특히 박 총장님은 고향인 연기군 종천면에서 박 총장님과 더불어 공주대학의 안승주 총장님과 덕성여자대학교의 류정열 총장님, 대학 총장이 세 분이나 탄생하신 것을 자랑삼아 자주 말씀하셨다. 이것은 그분이 얼마나 고향을 사랑하고 후배를 아끼느냐를 입증하는 것이다.

지금도 박 총장님을 생각할 때면 근엄하면서도 인자하신, 미소 짓는 총장님의 모습을 눈앞에 뵙는 듯 숙연하고, 총장님의 은혜로움에 가슴이 벅차온다. 나는 박 총장님을 가까이 모셨던 것을 자랑스럽게 생각하고, 그분이 가신 오늘에도 그분과의 만남을 가슴 깊이 간직하며 한국교원대학교를 이끌고 있다. (1994. 4. 5)

만인의 친구 _ 평사 임길진 박사

평사 임길진 박사 〈추모기념문집〉 추모의 글

평사 임길진 박사께서 우리와 유명을 달리 하신지 벌써 일 년이 되었습니다. 임 박사님의 일주기를 맞아 추모문집을 간행하게 된 것을 매우 뜻깊게 생각합니다.

인명은 재천이라고 하지만 임 박사님의 타계는 우리 모두에게 참으로 분통을 느끼게 하였습니다. 하늘이 너무나 무심하였기 때문입니다. 필자는 일 년이 지난 오늘에도 도저히 이해할 수가 없습니다. 왜 그렇게 우리를 위해 하셔야 할 일이 많고 또 유능한 평사 선생께서 이 세상을 급하게 떠나셔야 했는지 원망스럽기도 합니다.

필자가 평사 임길진 박사와 인연을 맺은 것은 15년 전 임 박사님께서 필자의 모교 미시간 주립대 국제대학원장으로 취임하신 이후부터입니다. 1991년 당시 필자는 한국교원대학교 총장으로 재직하고 있었고 미시간 주립대 한국총동문회회장으로서 동문들의 심부름을 하고 있었기 때문입니다.

모교 미시간주립대학교의 국제대학은 세계 어느 대학보다도 질적으로나 양적으로나 뛰어난 대학으로 명성이 높다는 것을 필자는 잘 알고 있었기 때문에 임길진 박사께서 학장으로 발탁된 것은 개인의 명예일 뿐만 아니라 한국인에게 자부심을 심어주셨다고 생각하였습니다. 그리하여 필자는 임 박사님을 존경하고 스스로 자부심을 느끼기도 하였습니다. 지난 십여 년 동안 임길진 박사와 많은 공적 사적 만남의 기회를 통하여 필자는 임 박사님과 형제간 못지않은 우정을 느끼며 지내왔습니다. 그리고 그가 가진 생각과 철학 그리고 사람됨이 너무나 존경스러워 많은 감동을 받기도 하였습니다.

평사 임길진 박사님은 애국심과 정의감이 투철한 학자로써 뛰어난 리더십의 소유자였습니다. 미시간 주립대 국제대학장으로 재직하시는 동안 한국의 여러 대학과 학술교류의 확대는 물론 미시간 주립대의 Global University화에 큰 기여를 하셨습니다. 특히 VIPP 프로그램을 창설하여 한국의 정치, 경제, 사회, 문화 각 분야 인사들의 능력개발과 우리나라의 통일과 우리 민족의 번영을 위한 역량을 높이기 위해 심혈을 기울이셨습니다. 학장보직을 마친 후 임박사님은 우리와 더욱 가까워질 수 있었습니다. 한국개발연구원(KDI) 국제대학원을 창설하는데 일익을 담당하시어 초대학장으로 취임하여 국내 최초로 영어로만 강의하는 공공정책분야 석·박사과정을 개발, 우리나라 공공행정 국제화의 기틀을 마련하셨습니다.

임 박사님은 참으로 창의력과 미래를 내다보는 혜안을 가진 지도자였습니다. 미시간 주립대학 석좌교수로 계시면서 환경문제, 통일문제, 주거도시문제, 세계화와 정보화 문제, 부패 문제 등 사회 여러 분야에 걸쳐 폭넓은 지도력을 발휘하셨습니다. 지금까지 필자가 경험한 학자 중 임 박사님같이 겸손하고 부지런하고 자기희생적인 학자는 보지 못하였습니다. 그래서 그에 대한 그리움이 더해집니다.

필자가 한국교원대학교 총장으로 재직하던 1993년 가을 대전에서 개최된 EXPO 산업박람회 때 미국 전시관의 관리와 안내 업무를 미시간 주립대학이 맡아 학생 30명이 3개월 동안 실습 겸 봉사활동을 하고 돌아간 일이 있습니다. 그 당시 대전 EXPO 조직위원장이셨던 현 과학기술부 장관 겸 부총리 오명 장관과 함께 미국관을 관람한 기억이 납니다. 이들 학생들을 한국교원대에 초청하여 식사를 대접한 일이 있는데, 그 때 미시간 주립대학이 미국 내 여러 대학과의 경쟁을 물리치고 대전 EXPO 미국관 관리 기관으로 선정되었다는 말을 인솔교수들로부터 듣고 필자는 임 학장님의 탁월한 지도력을 알 수 있었습니다.

필자는 임 박사님을 통해 많은 분들을 만날 수 있었고 또 임박사님의 주선으로 1997년 5월 미시간 주립대학 졸업식에서 Distinguished Alumni Award를 받게 된 것을 늘 감사하게 생각하고 있습니다. 물론 본인이 여러 해 동안 한국교육계에서 일을 하였고 동문회장을 맡아

심부름을 하였지만 임박사님의 추천이 없었으면 불가능하였을 것입니다. 임박사님과 미시간 주립대학 동문 여러분께 항상 많은 빚을 진 심정을 가지고 있습니다. 그리고 감사한 마음을 가지고 있습니다.

2003년 10월 미시간 주립대학에서 임 학장님 주관으로 개최된 학국학 발전에 기여한 공로자들을 표창하는 GLOBAL AWARD 시상 행사에 필자가 참석하여 임 박사님의 열정과 탁월한 지도력을 확인하고 감탄하기도 하였습니다. 바쁜 일정에도 맥퍼슨 미시간 주립대학 총장님과 미시간주 출신 연방 의회 상원의원 등 많은 인사들이 이 행사를 축하하기 위해 참석하였습니다. 더욱이 저녁에는 그 많은 참석자들을 임 박사님 자택에 초청하여 만찬 겸 토론회를 마련하고 모두가 한 가족이 되게 하였습니다. 정말 그 때 그 행사를 보고 임 박사님의 애국심과 정의감과 자기희생적 헌신을 보고 미시간 주립대학의 한국학이 임 박사님의 노력으로 발전하고 있다는 것을 실감하였습니다.

그 때 행사에 참석한 저의 대전고등학교 동기동창이며 Ann Arbor에서 사업을 하고 있는 남상용 장로님이 필자에게 한 말이 기억에 남아 있습니다. 남 장로님은 40여 년 전에 미시간대학에서 건축학을 전공하시고 공직생활을 하다가 개인 사업을 시작하여 크게 성공한 친구로, 자기모교인 미시간대학에 한국학 센터를 설립하는데 기금을 출연하고 한국과의 교류발전에 남다른 열정을 가지고 재단까지 설립하여 많은 지원 사업을 하고 계십니다. 지난 2004년 10월에는 중앙대학교에서 학술문화교류발전에 공헌한 그의 노력을 인정받아 명예박사학위를 받기도 하였습니다. 남 장로님은 친구인 필자에게 Ann Arbor 미시간대학에는 임 학장님과 같은 능력 있고 열정을 가진 리더가 없다고 아쉬워하며 미시간주립대가 부럽다는 말을 여러 번 하였습니다.

평사 임길진 박사님과의 인연을 통하여 생겼던 수많은 일들이 머릿속에 떠오르지만 지면 관계로 여기서 줄이고, 끝으로 임 학장님께서 최근에 필자에게 주신 두 권의 책머리에 적힌 글을 소개합니다.

"Global Transformation Toward a Sustainable Civil Society"
임길진 이만영 공저 (1999년 HANUL ACADEMY 출판)
신극범 총장님께, 大 力 長 久, 임길진 드림

"Strategy for Global University"
Gill-Chin Lim, Editor, Michael F. Miller, Associate Editor (2003년 Michigan State University)
신극범 총장님 귀하, 正 中 超 平 無, 2003.8.14 임길진 드림

남다른 우정을 베풀어 주신 평사 임길진 박사님께 거듭 감사드리며 그 님을 그리워하고 그가 안계시어 아쉬워하고 애도하는 모든 친구들과 함께 삼가 명복을 빕니다. 하늘나라에서 꼭 다시 만날 때 잊지 마시고 기억해주십시오.

임박사님, 임박사님 !!... 감사합니다.

(2005. 10)

큰 축복이자 소중한 인연 _ 우재 유호준 목사

우재 유호준 목사 팔순 기념 축사

소중한 만남

우리의 삶은 부단한 만남과 나눔의 과정이 아닌가 한다. 인간은 수시로 만나고 나누면서 나날이 새롭게 형성되어 가는 존재이기에 그 만남 하나하나가 소중한 인연이요 의미를 갖는다. 귀한 만남은 우리의 심혼을 깨우쳐 인생을 풍윤하게 하고 나쁜 만남은 생명의 뿌리에 상처를 내며 깨닫게 하기에 선인들은 '善惡皆吾事'라 했는지 모른다.

그런 의미에서 愚齋 俞虎濬 목사님과의 만남은 나에게 큰 축복이요 소중한 인연이 아닐 수 없다. 종교계의 대원로이신 목사님과 훈훈한 父情처럼 두터운 교분을 나누게 된 것은 내가 청와대에서 교문수석비서관으로 봉직하고 있을 무렵으로 기억된다.

세월의 덧없음을 절감하면서, 흔적 없이 흘러간 지난날의 추억을 더듬는 것 또한 즐거움이라는 것을 실감하면서 어느새 8旬이신가 하는 놀라움과 아직 그 연세밖에 안 되셨나 싶은 의구심을 함께 느끼게 된다. 그것은 내가 목사님을 처음 뵈올 때 백발홍안에서 배어나던 그 厚德仁慈하신 풍모 때문이 아닌가 한다. 평생을 통한 신앙과 말씀의 실천이 꾸밈없는 天純無垢한 진솔성으로 나타나 따뜻하고 푸근한 정을 느끼게 하였다.

당시 목사님께서는 기독교지도자협의회 회장으로 기독교적 사랑과 진리를 이 땅에 구현하고 나라의 융성 발전을 위하여 언제나 정의와 진리의 편에서 충정어린 말씀으로 인도해 주셨다. 목사님께서는 험난한 격랑의 현대사를 오직 헌신적인 사랑과 봉사를 통하여 정의와 진리를 구현하는 목회자로 일관하신 종교계의 산증인이며 정치, 사회, 교육, 문화 등 전 분야에 걸쳐 불타는 열정으로 헌신 봉사하여 빛나는 업적을 남긴 정신적 지주이셨다.

이제 8旬을 맞으시는 유호준 목사님 !

악랄한 일제하에서는 두 차례나 모진 옥고를 겪으시면서도 사랑과 정의의 신념을 굽히지 않으신 애국 애족에 투철한 분이셨다. 목사님처럼 옹골차고 값진 삶을 사신 분 앞에 누가 감히 인생을 무상하다 하겠는가.

유 목사님께서 나를 가끔 '미스터 신'이라고 부르실 때가 있다. 그것은 단순히 연령의 차이에서뿐만 아니라, 公私間에 당신과의 만남에서 온 친근감과 소탈하고 진솔한 성품으로 생각된다. 유 목사님과 맺었던 공사 간의 많은 인연이 이제 하나의 아름다운 추억으로 떠오르고 있다. 당시 檀君聖殿 건립 계획이 보도되자 각 교단에서 거센 반대 운동이 전국적으로 전개되고 있을 때, 유 목사님께서 나를 찾으시어 충정어린 충언을 해 주신 고마움은 지금도 잊을 수가 없다.

당신께서는 사회의 안정을 위하여 성전 건립 계획을 철회하는 것이 좋겠다는 의견을 제시하셨다. 기실 당시 정부 차원에서 그런 계획이 논의되거나 수립한 사실이 없었는데도 어떤 경로로 그것이 와전 곡해되어 문제가 야기 되었던 것이다. 종교적 교리뿐만 아니라, 국가와 사회의 안정을 희구하는 목사님의 우국충정에 다만 숙연할 뿐이었다.

평생을 주님의 뜻에 따라 목회의 길에 바치신 분으로서 국가와 사회를 걱정하시는 그 투철한 애국심에 나는 존경의 마음을 금할 수 없었다. 당시 당신의 곡진한 충언은 사회의 혼란을 수습, 진정하는 계기를 마련해 주었고, 나에게는 귀중한 교훈이 되었다.

그런데 언젠가 학원 소요의 와중에서 당시 따님이 대학 당국과의 마찰로 어려움을 겪고 있을 때 힘이 되어 드리지 못한 것이 지금도 못내 안타깝고 죄스럽게 느껴지곤 한다. 그러나 인연은 무겁고 소중해서 내가 연세대 대학원에 출강할 때, 교학과장으로 뒷바라지를 해 주던 이대윤 교수가 당신의 壻郞이자 나의 후배임을 알고부터는 유 목사님께 장인어른 같은 짙은 친근감을 느끼게 되었다.

아마도 당신께서도 그리 생각하시어 스스럼없이 '미스터 신' 이라 부르셨는지 모르겠다. 내가 山紫水明한 이곳 청주에 있는 한국교원대학교의 총장으로 부임하여 한국 교육의 미래를 담당할 교원 양성과 교육에 봉사하게 되었는데, 뜻밖에도 이곳 청주기독교방송국의 본부장으로 부임한 조성호 선생이 유 목사님의 맏사위가 되심을 알고는 참으로 무겁고 소중한 인연이요, 만남임을 거듭 절감하게 되었다.

하나님의 은총 가득한 가운데 米壽, 白壽 누리시며 정의가 넘쳐흐르는 나라와 겨레의 무궁한 발전과 번영을 위해 정신적 지주로서 거목처럼 亭亭히 그늘을 드리워 주시기를 간구하여 마지않는다.

유 목사님의 8旬을 거듭거듭 송축하고 주님의 은총이 함께 하시길 기도하며 글을 맺는다. (1993. 11. 22)

진솔한 난과 같이 _ 경산 오희필 총장

경산 오희필 총장 고희 축하의 글

경산 오희필 박사님의 고희를 진심으로 축하드립니다.

근대 의학의 발달로 人生七十古來稀라는 杜補의 읊음이 의미를 덜
한다고 하지만 학문과 교육, 그리고 사회봉사에 진력하시어 많은 업적
을 남기시고 20세기의 복잡다난한 격동기를 무사히 넘기시고 건강한
모습으로 고희를 맞이한다는 것은 하나님의 은총을 크게 받은 경사라
고 생각됩니다.

오 박사님과 나는 분야가 달라 학문적 친교는 적었습니다마는 늘
마음속 가까이 선배 교육자로 존경해 왔습니다. 여러 해 뒤입니다만
나도 오 박사님의 뒤를 따라 대전 공고의 교사로 교직 생활을 시작하여
하여 오늘날 교원대 총장으로 봉직하면서 직접·간접으로 오 박사님의

지도와 편달을 받았습니다. 오 박사님께서는 대전대학 총장으로 충남을 대표하여 참석하셨고 나는 충북을 대표하여 참석하였습니다. 여러 모임에서 대학 교육의 산증인으로서 오 박사님께서 좋은 말씀을 하실 때 항상 높은 경륜을 존경하곤 했습니다. 더구나 오 박사님께서 대전대학교 총장 임기를 마치신 때를 같이 하여 1993년 3월 충청학원의 이사로 취임하신다는 소식을 듣고 존경하는 분을 가까이 모시게 되어 매우 기뻤습니다. 그뿐이 아니고 오 박사님은 저의 가장 절친한 친구인 상명여대의 황윤주 교수와 10여 년 전에 사돈을 맺으신 것도 기억하고 있었습니다.

오 박사님께서 얼마나 복이 많으신 분인가는 재작년 말 충남대 총장 선거운동이 한창일 때 알았습니다. 그때 출마한 후보 두 분이 모두 친인척이 되어 누구 편을 들 수 없다고 고민하시는 것을 뵌 적이 있습니다. 당시 총장이던 오덕균 후보와는 숙질간이고, 당선되어 현재 총장으로 계신 정덕기 교수와는 처 남매간이라고 저에게 말씀하신 것을 기억합니다. 즐거운 걱정같이 들렸습니다. 아마도 오 박사님의 이러한 축복은 無慾의 삶의 자세에서 연유된 것 같습니다. 어느 일간지에서 오 박사님이 다음과 같이 말씀하신 것을 보았습니다. "난을 키우다 보면 매우 중요한 진리를 터득하게 됩니다. 빨리 키우려고 욕심을 부리다 보면 크기는커녕 오히려 망치게 된다는 것이지요. 사람의 인생도 이와 마찬가지가 아닌가 싶습니다." 오 박사님의 인생철학이 진솔하게 나타난 말씀이 아닌가 합니다.

무욕의 삶, 욕심내지 않고 허허롭게 살아오신 오 박사님의 삶을 그대로 엿볼 수 있습니다. 당신의 그러한 생활 철학이 고희를 맞고도 오히려 정정한 삶을 유지하는 지주라고 생각됩니다.

오 박사님께서는 일찍이 대전공업고등학교 교사로 교육계에서 출발하시어 충남대학 교수로 재직하시면서 영재 육성을 위하여 젊음과 열정, 그리고 인생을 송두리째 바치셨습니다. 오 박사님께서는 연구와 강의뿐만 아니라 교육 행정에도 탁월한 식견과 지도력을 겸전하시어 교육처장, 문과대학장, 교육대학원장, 그리고 대학원장 등의 중책을 훌륭히 수행하시고 한국물리학회 충남지부장, 물리학회 부지부장, 미국물리학회 정회원, 일본 방사성동위원소협회 정회원 등 교육 단체와 학술 단체에 참여하시어 왕성한 활동을 전개하셨습니다.

이렇듯 탁월한 경륜과 지도력으로 대전대학교 초대 총장으로 부임하시어 4년 동안 학교의 기틀을 다지시는 데 혁혁한 공로를 이룩하시며 오늘의 대전대학교로 발전하는 초석을 다지셨습니다.

오 박사님은 오로지 한국 교육의 발전을 위하여 헌신하시고 고희의 연세에도 미국물리학회 정회원, 일본 ISOTOPE 협회 정회원 및 교수, 학교법인 충청학원 이사 등으로 왕성한 활동을 하고 계십니다. 학교법인 충청학원 이사로 일하면서 뵈옵는 오 박사님의 과묵하고 중후면서도 해박하신 식견과 지도력에 다만 감복할 뿐입니다. 진실로 오 박사님은 한국 교육의 산증인이자 거목이십니다.

이제 고희를 맞아 모든 시름 놓으시고 한운야학(閑雲野鶴)처럼 우유하시고 후학을 위해 사뭇 크낙한 그늘 드리우시며 미수(米壽), 백수(白壽) 누리시기를 간절히 빕니다.　(1995. 2.)

나의 평생친구 _ 남상용 장로

남상용 장로 고희 축하의 글

남상용 장로님은 나의 중학교 고등학교 동기동창으로 나와 인연이 된 지 꼭 60년이 넘었다. 우리는 해방 이듬해인 1946년 봄 대전 중학교에 입학하여 중고등학교 6년을 함께 다녔다. 그때는 학생 수가 많지 않아 남 장로와 나는 아주 가까운 친구였다. 남 장로는 공학에 뜻을 두고 서울대 공과대학 건축학과에 진학을 하고 나는 연세대 영문학과에 진학을 하여 서로 다른 길을 걷게 되었지만, 우리는 대학을 졸업하고 얼마 후 같은 직장에서 다시 만나게 되었다. 미국 대외 원조처 (AID)의 한국 지부인 주한 미국 경제 협조처(USOM/K)에서 1957년 가을부터 남 장로님은 주택국에 건축전문가로, 나는 교육국에 교육전문가로 각각 취직이 되어 만나게 되었다. 이 만남은 우연한 만남 이였지만 지금 생각하면 결코 우연이 아니었다고 느끼어진다. 하나님의 뜻에 의한 것인지도 모르겠다. 그 뒤로 줄 곧 남 장로의 뒤를 내가 쫓아다녔기 때문이다. 우리는 1960년대에 각각 미국으로 유학을 와서 각자의 전문 분야를 더욱 넓혀 가며 오늘에 이르렀다.

남 장로님과 나의 지난 60년간의 교분을 생각하면 하고 싶은 이야기가 너무 많아 무엇부터 소개하여야 할지 막막해진다. 그리고 60년이라는 세월이 너무 짧게 느껴진다. 흔히 주마등 같은 세월이라고 하는데 이 말은 나이 든 이들만이 느낄 수 있는 옛말같이 생각된다. 고희를 넘긴 우리에게 세월은 정말 빠르다는 생각이든다. 남 장로와 내가 20대에 대학을 졸업하고 다니던 주한 미국 경제 협조처(USOM)는 6.25전쟁 후 한국의 경제 재건을 위해 지원을 하는 미국 정부기관(ICA, AID)으로 한국 기관보다 대우도 좋았고 인기 있는 직장이었다. 나도 고향에 있는 대전공업고등학교(현 한밭대학교 전신) 영어 교사로 있다가 교육관으로 발탁되었는데 교사 월급의 두 배를 받고 자리를 옮겼다. 나는 학교 원조를 담당했고 남장로는 건축기술자로서 주택건설 원조업무를 담당하였는데 당시에 우리나라 주택은 대부분 초가집을 면치 못한 상태여서 미국 정부 지원의 ICA 주택사업은 우리나라 건축 문화 발전의 효시가 되었다. 미국의 대한 원조사업이 5.16 혁명 이후 감소하기 시작하여 60년대 중반에는 무상원조가 줄어들고 차관사업으로 전환되었다.

남 장로님은 선견지명이 있어 건축가로서의 꿈을 실현하기 위하여 1964년 봄 유솜(USOM)을 퇴직하고 미시간대학교(University of Michigan) 대학원으로 유학을 떠나 우리 둘은 다시 헤어지게 되었다. 나도 뒤늦게 1969년 봄 남 장로님과 같은 길을 걷게 되었다. USOM 교육국에서 마지막까지 일을 하다가 미국 정부의 학비 지원으로 미시간 주립대학(Michigan State University) 대학원 박사과정에 입학하여 남 장로님을 다시 만나게 되었다. 남 장로와 같은 대학은 아니지만 미시간 대학과 쌍벽을 이루는 미국 주립대학의 대표적 대학이며 실용교육의 선구적 대학인 미시간 주립대학으로 내가 유학을 오게 된 것은 남 장로와 다시 만나라는 하나님의 계시 같이 느껴진다. 미국 내 3,000개가 넘는 대학 중 미시간주에 있는 대학을 골랐으니 얼마나 신기한 일 인가 싶다.

나는 미국정부기관에서 십 년 넘게 일을 했지만 미국에 대한 지식이 없어 좀 불안하게 느꼈으나 같은 미시간 주에 먼저 가 자리 잡은 친구 남 장로가 앤아버에 계신 것을 알고 든든한 마음이 들었다. 남 장로님은 그때 미시간대 대학원을 졸업하고 앤아버에서 지방 공무원으로 취직하여 일을 하고 있었다. 나보다 5년이나 먼저 미국 유학을 와서 안정이 된 남 장로님은 나에게 미국 생활에 대한 오리엔테이션을 해주셨다. 그때 남 장로님은 박사과정을 밟을까 사업가로 나아갈까를 고민하고 계시다 결국 사업가의 길을 택하여 오늘의 위대한 성공한 사업가가 되었다. 그때 학자의 길을 택하였어도 남 장로님은 큰 성공을 거두었을 것으로 믿는다. 그러나 지금 같이 남들이 부러워하는 부자가 되지는 못했을 것이다.

1972년 봄 나는 미시간 주립대에서 박사학위를 마치고 귀국한 후 지난 35년 간 한국교육개발원, 한양대학교, 대통령비서실 그리고 한국교원대, 광주대, 대전대 총장 등 교육기관에 제직하면서 남 장로님과 자주 연락을 하며 친분을 계속 유지하였다. 미국에 공무로 출장을 올 때면 미시간에 들려 남 장로 내외분과 식사를 함께한 기억도 난다. 더욱이 35년 전인 1972년 봄 MSU에서 학위를 마치고 귀국하는 길에 우리 가족 다섯 식구가 앤아버 남 장로 댁에서 하루 밤을 자고 많은 폐를 끼치고 뉴욕으로 떠난 기억이 새롭다. 남 장로님이 검소하고 절약하는 생활 철학을 가지고 실천하는 사업가적 자질을 가진 훌륭한 친구인 것을 나는 일찍이 목격하였다. 어느 때인가 중국 식당에서 우리와 함께 식사를 한 후 먹다 남은 음식을 모두 포장해 달라고 하여 가지고 가는 것을 보고 놀란 적이있다. 지금은 한국에서도 그러한 사례가 보편화 되어 있지만 당시만 해도 한국 사람들은 허풍이 많아 식당에서 먹다 남은 음식을 싸달라고 하는 것은 신사도가 아닌것 같이 느껴지던 때였다. 세계의 부자치고 검약정신이 없는 부자는 없다는 것을 알고 나서 나는 남 장로님의 검소함에 존경심을 더하게 되었다. 남 장로님이 오늘날 기업가로 성공하여 미국뿐만이 아니라 세계적으로 명성 높은 독지가로 성장한 것도 남 장로님의 남다른 탁월한 예지와 기업가 정신이라고 생각한다.

남 장로님은 학창 시절에도 그러하였지만 대학 졸업 후 직장에서도 근면하고 아주 낙천적이며 남들과 화목한 관계를 유지하여 존경을 받았다. 나와 같이 유솜에 다닐 때 인기가 대단하였다. 물론 그의 훤칠

한 키에 미남형으로 태어난 선천적 혜택도 있었겠지만 그의 남다른 성실성이 주위사람들로부터 존경을 받게 하였다고 생각된다. 삼십대의 젊은 유학생으로 와서 40여년을 미국 땅 앤아버에서 피땀 흘려 노력하여 얻은 수백만 불의 재물을 흔쾌히 미시간 대학교 한국학 발전기금으로 기부하여 한국 전통문화와 한민족의 긍지를 높이려는 남 장로의 애국심에 나는 또한 감사함과 경의를 표하지 않을 수 없다. 참으로 장한 한국이 낳은 애국자 실업가라고 평하지 않을 수 없고 또한 이렇게 자랑스러운 친구를 가진 나도 어깨가 으쓱해지는 것 같다. 남들이 다 부러워할 테니깐 말이다. 얼마 전 대한민국 정부에서도 남 장로님의 한국 문화 발전에 기여한 공을 인정하여 국민 훈장 모란장을 수여 한 바 있다. 미시간 대와 경쟁 대학인 나의 모교인 미시간 스테이트에서도 한국학 관련 사업을 많이 추진하는데 남 장로 같은 분이 없어 아섭다고 하는 말을 MSU 국제대학장을 역임한 고 임길진 교수로부터 듣기도 하였다.

남 장로님의 사랑의 실천은 고국에도 미쳐 십여 년 전부터 중앙대학교 건축학과 발전에 기여한 공로로 2004년 가을 한국의 명문사학의 하나인 중앙대학에서 명예박사학위를 받아 주위의 부러움을 사기도 하였다. 내가 총장으로 있던 대학에서 명예학위를 드릴 기회를 만들지 못한 것을 나는 늘 유감스럽게 생각하고 있다. 이제 남 장로님의 활동 범위가 넓어져서 서울에 오셔도 옛날 같이 나와 함께할 시간을 주시지 않아 서운한 생각이 들기도 하나 친구 남 장로의 봉사의 손길이 넓어진 것에 대해 퍽 감사하고 자랑스럽게 생각하며 자위한다.

수년 전 내가 민주평화통일 자문위원회 대전부의장으로 있을 때 전국 각 시도와 세계 각국의 자문위원 천여 명이 모인 서울 장춘 체육관에서 시카고 지역 대표로 참석한 남 장로를 만난 것도 기억에 남는 일 중 하나다. 짧은 만남이었지만 대통령 자문 기구인 민주평통 전체 회의에서 조국의 통일 문제를 논하는 자리에 우리가 함께한 것도 나는 신기하게 생각하고 있다.

남 장로님은 최근 중국 연변에 있는 과학기술대학과 평양에 건설 중인 평양과학 기술대학에도 재정 지원을 하여 해외교포와 통일 후 나라를 이끌 기술인재의 육성에도 큰 관심을 가지고 계시다. 이와 같은 장로님의 자선과 봉사 그리고 민족애 정신이 그의 깊은 신앙생활에서 나온 것을 나는 최근에 알게 되었다. 남 장로님의 부인되시는 홍문숙 여사께서도 권사이시고 미국에 남 장로보다 먼저 오시어 간호사로 병원에 근무하시면서 남편인 남 장로님을 도와 오늘의 영광을 함께 이루어 놓으신 여성 지도자이시다. 한 남자의 성공에는 꼭 부인의 내조가 있는 법이다. 홍 권사님의 내조에 대해서도 이 기회에 찬사를 보내고 싶다. 두 내외분은 젊어서부터 앤아버에서 한인 교회 발전에 많은 기여를 하시여 존경을 받고 계시다. 얼마 전에 남 장로의 글에서 더욱 그가 진실한 신앙인임을 발견하였다.

“⋯⋯어린아이와 같이 연약한 믿음에서 여러 가지 역경과 고난을 통해 성장하였고, 남을 이해하고 용서해 줄수 있는 아량도 자랐으며 어렵게 획득한 나의 소유물도 아낌없이 기쁘게 나누어줄 수 있으니 이것이 과연 성화하는 과정이 아닌가 겸허한 마음으로 여러 번 점검해 봅니다."라는 그의 글 구절에서 남 장로님은 하나님의 섭리에 따라 앞으로 더욱 큰 사랑의 실천자가 될 것으로 믿어 마지 않는다.

인생 칠십 고래희(人生七十古來稀)라는 말은 이제 말 그대로 옛말이 되어 버렸다. 생활환경과 의료과학의 발달로 현대에 사는 우리는 얼마든지 건강을 누리며 백수까지도 살 수 있는 희망을 가지게 되었다. 바라건대 내가 존경하고 사랑하는 나의 평생 친구 남상용 장로님 내외분께서 만수무강하시고 자손만대 하나님의 축복이 넘치시기를 기원하면서 축하의 글에 대한다. (2006.12.26.)

만복과 평강이 함께 하시길 _ 안병기 교수, 박애희 선생

안병기 교수, 박애희 선생 합동 고희연 축하의 글

오늘, 존경하는 안병기 교수님과 박애희 선생님 내외분의 합동 고희연에 참석하여 축하의 인사 말씀을 올리게 된 것을 참으로 뜻깊고 영광스럽게 생각합니다. 먼저, 하늘의 축복으로 고희를 맞으신 안 교수님 내외분께 진심으로 축하를 드립니다. 아울러 오늘 이 푸짐한 잔치의 기쁨을 아름답게 간직하기 위하여 하객 여러분의 축의금도 한 푼 받지 않고 베풀어 주신 안 교수님의 자녀들께 감사하고, 또 그 지극한 효성에 칭송을 보내고 싶습니다.

오늘 고희를 맞으시는 안병기 교수님은 평생을 충남대학교 교수로서 학문 연구와 제자 교육에 열정을 바치시고 현재 대전대학교 재단인 학교법인 혜화학원의 이사로 활동하시며 우리 지역의 교육 발전에 힘쓰시고 계신 분입니다. 사모님이신 박애희 여사께서도 교육자로서 평생을 바치시며 많은 제자들을 기르셨습니다. 안 교수님께서 충남대학교 재직시 여러 보직을 거치셨지만, 1980년대 학원 민주화로 전국의 모든 대학들이 큰 진통을 겪을 때 학생처장직을 맡아보시며 장학사업을 대폭 확충하여 면학 여건을 새롭게 조성하신 바 있으시고, 또한 기획실장직도 맡으시어 지혜롭고 합리적인 행정 능력을 발휘하시어 오늘의 충남대학이 있기까지 큰 공을 세우신 것으로 알고 있습니다.

제가 오늘 안 교수님 내외분의 고희 축하연에 참석하여 더욱 큰 감회를 느끼는 것은, 안 교수님 내외분과 본인 부부와의 만남이 보통 인연이 아니었다는 사실을 다시금 새삼스레 깨닫게 되었다는 점입니다. 솔직히 고백하면, 우리들의 총각 시절 안교수님이 사모님과 사귀실 때, 저 또한 그 당시 사모님과 같은 직장에 있었던 지금의 아내를 사귀었기 때문에 안병기라는 이름을 총각 때부터 익히 들어 알고 있었습니다. 그 후 충남대 교수로 계실 때 몇 번 뵙고, 또다시 십수 년이 지난 뒤 제가 대전대학에 와서 내외분을 뵙게 되었으니 그 인연이야말로 가히 하나님의 뜻이 아닌가 싶습니다. 게다가 박애희 선생님은 저희 결혼식 때에 들러리를 서신 적도 있으십니다. 믿어지지 않으신다면 집에 있는 결혼사진을 보여 드릴 수 있습니다.

안 교수님 내외분께서는 교육자이실 뿐만 아니라, 독실한 기독교인으로서 많은 봉사와 사랑을 이웃에 베푸셔서 신도들의 최고 영예인 장로님과 권사님 직을 각각 맡고 계시니 정말로 축복받은 지도자로서 많은 사람의 존경을 받고 계시다고 생각합니다. 또한, 슬하에 아들과 딸 고루 삼남매를 두시고 모두 훌륭히 키우시어 의사 사위도 보시고, 손주 또한 넷이나 되시니 자손 농사도 남부럽지 않게 크게 성공하신 분입니다. 안 교수님의 큰따님은 저희 대학의 생명과학부 교수로 계시고, 아드님은 치과의사로서, 사위 분은 일반 의사로서 병원을 운영하고 계시니 건강 문제도 다른 사람 신세 안 지고 집안에서 모두 해결하실 수 있으십니다. 혹 한의사가 필요하시면 저의 대전대학 한방병원이 있으니 염려하실 것 없고요. 정말 안 박사님 내외분은 성공한 인생을 살고 계시며 만인의 사랑과 부러움을 받으실만한 자격이 충분하십니다.

고희라는 말이 "인생 칠십 고래희라"는 두보의 시에서 유래했다고 합니다. 그러나 최근 의학계에서는 인간 수명이 125세까지 가능하다고 하니, 만일 두보가 다시 살아온다면 이 시구절도 바뀔 것으로 봅니다.

125세가 되시려면 아직도 50년이 넘게 남았으니 계속 건강관리 철저히 하시어 남은 여생을 더욱 보람있게 지내시면서 후학들과 자손들에게 많은 지혜와 인도를 베푸시길 빕니다.

끝으로 결례가 될는지 모르겠습니다만, 44년 전 저희들의 결혼식 때 들러리를 서주신 사모님께 감사드리고, 고희연을 축하드리는 뜻을 모아 제 아내가 작지만 정성이 담긴 기념품을 전해 드리겠습니다. 거듭 안병기 장로님과 박애희 권사님의 고희를 충심으로 축하드리면서 내외

분이 만수무강하시기를 바라고, 가정에 하나님의 축복이 항상 충만하
시길 빌면서 두서없는 축사를 마치겠습니다. 대단히 고맙습니다.

(2003.9.27.)

침묵의 미덕을 겸비한 _ 석우 김준철 총장

청주대학교 김준철 총장 고희 축하

우리나라 굴지의 명문 대학인 청주대학교 총장 석우 김준철 박사의 고희를 진심으로 축하드린다. 1988년 가을인가 너무 과로하신 관계로 김 총장님께서 한때 건강이 좋지 않으시어 걱정이 되었으나 얼마 후 완전히 회복되셔서 근래는 노익장의 모습을 뵙게 되어 기쁜 마음 그지없다.

석우 김준철 박사는 충북 지역뿐만 아니라 전국적으로 많은 사회 활동을 하고 계신 어른이기 때문에, 오래전부터 마음으로 존경하고 있었으니, 직접 뵈옵고 친분을 다질 기회를 가진 것은 내가 1988년 2월 한국교원대학교 총장으로 부임한 이후의 일이다.

더욱이 김 총장님께서 나의 모교인 연세대학교의 대선배가 되시고 교육계에 일찍이 뜻을 같이하시는 데서 더욱 친형님 같은 마음속으로의 존경과 정분을 느끼고 있다. 또 내가 충북에서 조금도 타관이란 느낌을 갖지 않게 된 것도 김 총장님 같은 분이 계시기 때문으로 생각되어 늘 감사하게 생각하고 있다.

석우 김 박사님께서 청주대학교 총장으로 취임하시기 이전에는 청석학원의 이사장으로 계시면서 대학뿐만 아니라 법인 산하의 청주상고, 청석고, 대성여상, 대성중, 대성여중, 대성국교까지 경영하신 경륜은 정말로 높이 평가되고, 이 학원이 배출한 수많은 졸업생들이 충북지방뿐 아니라 전국 각지 사회 여러 분야에서 활동하고 있는 것을 생각하면 김준철 박사의 영향이 얼마나 우리 사회에 크게 미치고 있는가를 알게 한다.

김 박사께서는 교육계뿐만 아니라 지역 발전과 사회봉사 활동에도 남다른 경륜을 가지고 계신 것을 또한 존경스럽게 생각한다. 일찍이 30여 년 전 체육 발전에도 남다른 관심을 가지시어 1959년부터 오늘에 이르기까지 충북체육회 부회장 그리고 1970년대부터 1980년대 초까지 대한체육회 이사직도 맡아 체육 진흥에 많은 공적을 이룩하셨다.(지금도 충북 부회장이시고 중앙이사이시다.)

그 외에도 대한적십자사 중앙위원회 운영위원으로 1976년부터 현재까지 참여하고 계시며, 국제 PTP 한국 본부 총재, 한중교육기금회 이사장으로서 국제 문화 교류에도 적지 않은 공을 세우셨다. 뿐만 아니라 1985년부터 현재까지 민주평화통일자문회의 부회장으로 통일 과업 수행에도 일조를 하고 계신 것을 보면 그 활동의 폭과 깊이에 있어 누구보다도 돋보이는 지도자임을 알 수가 있다.

이렇게 많은 업적을 쌓으시고 또 폭넓은 경륜을 가지셨으면서도 김 총장님의 겸손하신 성품은 우리에게 많은 감명을 준다. 본인이 이루어 놓으신 이러한 업적에 대해 한 번도 공석에서나 사석에서 언급하시는 것을 볼 수가 없었다. 적은 공을 세우고도 자기 과시를 일삼는 현대사회에, 보기 드문 군자의 모습이라고 표현하고 싶다.

어느 자리에 가시나 원로이면서도 상석을 남에게 양보하려는 겸양도 지적하고 싶다. 더욱이 나에게 감명을 주시는 것은 김 총장님의 과묵하심이다. 상대가 말을 청해 오지 않으면 절대로 먼저 말씀하시지 않는 것을 흔히 보았다. 백언(百言)이 불여일묵(不如一默)이라는 침묵의 미덕을 닦으신 군자같이 느껴져, 말을 안하고 견디기 힘든 나 같은 사람에게는 무언의 가르침을 주신다.

김 총장님께서 또 부모님에 대한 효성이 남다른 분인 것을 우연히 알게 되었다. 어느 날 부모산에 산책할 기회가 있었다. 산 정상 부분에 정성껏 모셔 놓은 산소를 보고 후손이 누군지 지극히 효성을 가진 분이구나 생각하고 탐문해 보니 청석학원 설립자 중 한 분의 산소임을 알았다. 후손인 김 총장님께서 이렇게 부모님의 묘역을 정성껏 가꾸어 놓은 것을 보고 역시 효성이 지극한 어른인 것을 알게 되어 더욱 감명을 받았다.

해방 후 한강 이남에서 제일 먼저 설립된 사학의 명문 청주대학교가 김 총장의 헌신적 노력으로 더욱 발전할 것이라고 나는 믿고 싶다. 총장으로 취임하신 후 많은 시설 투자를 하시어 괄목할 발전을 이루셨고 또 투자를 계속하고 계신 것으로 알고 있다.

언젠가 정원식 총리께서 문교부 장관으로 계실 때 김 총장과 자리를 같이 한 적이 있는데 그때 액수를 알 수 없으나 수십 의원의 시설 예산을 은행으로부터 기채하겠으니 승인해 달라는 요청을 간곡히 하시는 것을 보았다.

총장에 취임하시면서 공약한 모든 사업들을 아마 그의 석우라는 호와 마찬가지로 묵묵히 들소같이 하나하나 끈기 있게 이루어 놓으실 것으로 믿고 있다.　(2010. 8. 2)

동기간보다 가까운 나의 친구 _ 정곡 김한수 원장

정곡 김한수 원장 감사의 글

우리들은 누구나 초중고등학교와 대학 학창생활을 보내면서 많은 친구들을 사귀게 된다.

학교 동창생들 가운데 중고등학교 동창들이 가장 서로 흉허물없이 가까운 사이가 되고 대학 동창생 사이에는 좀 거리감이 느껴지는 것이 일반적인 현상이다. 아마도 10대 후반의 청년기에 감수성이 강하고 순수하여 대학 동창보다는 이해타산적 고려가 적기 때문일 것이다. 이러한 상식과는 달리 나는 대학 동기동창인 정곡 김한수 원장을 나의 여러 고등학교 동기동창생보다도 가깝게 친밀감을 느끼고 있다. 아마도 그의 순박한 친화력 때문인지도 모른다.

정곡과 나는 6. 25 전생 시인 1953년 봄 부산 영도에 위치한 연세대전시캠퍼스에 입학하여 휴전 후 서울로 복교하고, 연희대학교가 세브란스 의대와 통합하여 연세대학으로 교명이 바뀌기 전인 1957년 3월 연희대학교 마지막 졸업생이다.

정곡은 곱슬머리에 항상 단정한 모습을 하고 겨울철이면 목 위까지 올라오는 청색 털 셔츠에 곤색 양복을 입고 연세대 캠퍼스의 백양로를 거닐었고 그때마다 많은 여학생들의 시선을 끌기도 하였다. 신촌 역전에 위치한 김한수 원장의 하숙집에는 우리 동기생뿐 아니라 여러 후배 학생들도 자주 찾아오는 것을 보았다. 그만큼 김한수 동문은 여러 사람들로부터 인기가 있었다. 나는 김한수 동문을 동기간 이상으로 좋아하였다. 물론 김 동문도 나를 아껴주었다.

대학 동기생 중 나와 가까운 친구에 김병선 이라는 학우가 또 있었다. 우리 세 사람은 중간고사나 학기말 고사 때가 되면 함께 모여 공부를 하였고 신촌 뒷골목에서 자주 막걸리도 함께 마시던 기억이 지금도 생생하다. 김병선 학우는 평양에서 홀로 피난을 내려와 외로운 학생이였다. 우리 세 사람은 경상도, 충청도 그리고 북한까지 국토의 남부와 중부 그리고 이북을 대표한다는 생각으로 서로서로 아끼고 의지하며 연희동산에서 미래의 꿈을 키워 갔다.

재학시절 교재나 참고서적이 미약하여 교수님의 강의에서는 딕테이션(받아쓰기)을 많이 하였고 강의요점을 필기하는 일이 아주 중요하였다. 나는 비교적 강의시간에 결석을 하지 않았고 강의 내용을 충실히 받아 적었다. 기말시험 때면 친구들이 나의 노트를 빌려 가곤 했다.

김한수 동문도 자주 나의 노트를 빌려가 시험준비를 했다. 알아보기 어려운 부분을 발견하면 나의 악필을 원망하기도 하였다.

졸업 후에 우리 셋은 다시 동서남북으로 헤어져야만 했다. 나는 고향에 내려가 대전 공고 교사로 바로 임용되었고 정곡 김한수 원장은 고향에 내려가 큰형의 가업을 이어받아 한약방을 경영하게 되었다. 김병선 학우는 공군 장교로 임용되어 공군본부 정훈장교로 국가에 봉사하다가 애석하게도 결혼도 하지 못하고 일직 타계 하였다.

나는 교육계에서 일을 하고 있어 비록 김한수 동문을 자주 만날 수는 없었지만 김 동문의 고향인 경남 남해 출신 인사들을 만나면 김한수 동문을 연상하여 아주 반갑게 느껴지고 친근감을 갖곤 하였다. 이미 40년 가까운 세월이 흘렀지만 남해 출신 국회의원이시던 최치환 의원을 회장으로 모시고 미국 미시간 주립대학교 동문회 총무 일을 10여년간 맡아본 일이 있다. 최 의원님은 1952년 경무대(현 청와대) 치안비서관 시절 나의 모교인 미국 미시간 주립대학에 유학하시어 석사학위를 받은 뒤 치안 총수를 역임한 바 있고, 남해에서 국회의원으로 당선되어 우리 정계에 큰 족적을 남기신 정치 지도자이시다. 고향이 김한수 동문과 동향이기 때문에 나는 마음속으로 더욱 친근감을 느꼈고 존경하게 되었다. 지금도 남해출신 인사를 만나면 나의 고향 사람을 만난 듯이 친근감을 느끼게 된다. 김한수 원장과의 우의가 남다르게 깊었기 때문이었다.

김 동문은 한약과 더불어 근 반세기를 살아오며 국민건강증진을 위해 지금까지 기여하고 있다. 부산 역전 고전미가 풍부한 자신의 4층 옛 건물에 영제당 한약방이라는 간판을 크게 달고 건강을 위해 찾는 손님들을 보살피고 있다. 병후쇠약 허약체질에 좋다는 경옥고, 만성피로 및 스트레스, 불면 우울증에 좋다는 공진단, 중풍과 변비 등에 좋다는 수풍순기환, 신경성심계항진증, 정신불안정, 뇌졸중의 후유증 등에 좋다는 우황청심원, 위장병에 좋다는 평위산 등 여러 가지 한약들을 손수 제조하여 고급하고 있다. 이들 영제당 약들이 일본에까지 수출되어 김한수 원장은 일본에도 많은 고객 친구를 확보하고 있다 하니 참으로 자랑스럽게 느껴진다.

김한수 동문은 희수의 나이에도 청장년 못지않은 체력을 과시하며 인간수명 백 이십 시대를 스스로 준비하고 있다. 매일 5시 반에 기상하여 40분간 지압, 20분간 명상, 50분간 조경을 하고 오후에는 1시간 정도 실내 골프연습장에서 연습 하여 거의 매일 3시간의 운동을 한다고 한다. 규칙적인 운동 뿐만 아니라 건강의 유지를 위해서는 고른 식사 습관이 중요하다고 나에게 가르쳐 주었다. 어느 날 부산에 내려가 김 원장과 한정식집에서 점심식사를 함께 한 일이 있었다. 김 원장은 밥상에 나온 야채 나물부터 모조리 먼저 먹고 난 후 밥을 먹어야 한다며 나에게 시범을 보여주었다. 흔히 우리는 식사를 하는 것을 밥을 주식으로 알고 반찬을 먹는 것을 소홀히 하는 경향이 있는데 밥보다는 반찬을 골고루 먹어야 몸에 좋다는 것이다.

김 원장의 건강과 장수 비결에 대한 설명을 듣고 난 후에는 나의 게으른 습관과 잘못된 편식 버릇을 고치려고 노력하게 되었다. 지난 9월 초순 연대 문과대 동문 모임에 김 원장이 오래간만에 상경하였다. 그때 나는 정읍에서 올라온 장연호 교장 동문과 함께 차를 가지고 서울역으로 마중을 나가서 김한수 동문을 내 차에 태우고 서울 북악스카이웨이, 청와대 앞, 인사동, 남산을 일주하며 서울의 변한 모습을 김 동문에게 보여주었다. 며칠 후 김 원장은 부산에서 다음 내용의 메모와 함께 보약 한 제를 보내주었다.

"신박사! 요번 서울 나들이에는 너무나 고마웠어. 가슴속 깊이 정이 흠뻑 젖었다네. 보내는 생돈산은 금년 여름에 쌓인 서독을 푸는 약이니까 정성껏 복용하기를 바라네...2008.9.28. 김한수"

나는 김 원장이 보내준 약을 정성껏 감사한 마음으로 복용했다. 그 효과와 관계 없이 옛친구의 배려에 감사와 축복과 행복감을 맘껏 느끼고 있다. 김 원장이 경영하는 영제당 한약방이 더욱 번창하고 정곡 김한수 학우와 그 가정에 하나님의 은총이 충만하기를 기원한다.

평생 교육 동지 _ 백승탁 학장

백승탁 학장 명예박사학위 수여 축하의 글

우리 고장의 대표적 교육자이시며 교육행정가이신 학교법인 예덕학
원 이사장 예촌 백승탁 학장님의 명예 경영학 박사 수여식에 참석하여
축하의 인사 말씀을 드리게 된 것을 무한한 영광으로 생각합니다.

우리 모두가 아시다시피 백승탁 학장께서는 평생을 충남 교육과 한
국 교육 발전을 위해 헌신하셨습니다. 20대 평교사로 출발하여 30대에
학교법인을 설립, 중·고등학교 교장과 이사장으로 학교를 운영하셨고
40대에 교육부로 옮기시어 교육정책 개발에 주역으로 활동하셨으며,
50대 60대에 충청남도 교육 총수인 교육감직을 수행하시면서 충남교육
의 발전에 많은 업적을 남기셨습니다.

제8대 관선과 초대 민선 교육감으로 8년간의 임기를 마치시고, 도립 청양대학 설립준비 위원장으로서 취임 대학 설립의 산파역을 맡으시고, 초대 학장으로 취임하시어 전국도립대학 중 최고 수준의 대표적 대학으로 청양대학의 기초를 다지셨습니다.

오늘 이러한 탁월한 경영 능력을 발휘해 충남 교육 발전에 공헌하신 백승탁 학장께서 명예 경영학 박사학위를 받으시게 된 것은 백 박사 개인의 영예뿐만 아니라, 우리 교육계의 경사라고 생각합니다. 더욱이 백승탁 학장님은 여러 해 동안 공주대학교의 총동문회장직을 수행하시면서 모교의 대학 조경사업과 장학사업 등 모교 발전에 크게 기여 공헌하신 것을 보고 다른 많은 대학의 동문회 활동에 귀감이 되었다고 생각합니다.

제가 경험한 백 박사님은 정말 부지런하시고, 설득력이 강하시며, 남다른 판단력과 추진력의 소유자로 나는 백 박사님을 존경하고 있습니다. 한 번 마음먹은 일은 꼭 해내고야 마는 성격이셔서 어떤 때는 저 양반이 충청도분인가 하는 의심이 날 정도로 급하고 강직한 성격의 소유자이십니다.

백승탁 교육감과 본인은 평생의 교육동지로 많은 인연을 가지고 있습니다. 고등학교 동문이기도 하고 80년대 후 저와 같이 교육부에서 문교행정에 참여하기도 하였습니다. 더욱이 본인이 한양대학교 교육학과 교수로 재직할 때, 백 박사님이 한양대학교 대학원에서 교육학 박사학위도 취득하셨습니다. 그 뿐만 아니라 본인이 한국교원대학교 총장으로 있던 1988년에서 1996년까지 8년간 백 교육감께서는 충청남도의 교육감으로 계시면서 교원대 발전에도 많은 도움을 주셨습니다.

지난해 3월 본인이 고향으로 돌아와 대전대학교 총장으로서 오게 되어 백 학장님 가까이 와서 도움을 받을 수 있게 된 것을 또한 큰 인연의 연속으로 생각합니다. 현직에서 물러나셨지만 계속 그 풍부한 경륜을 후학들과 동료들에게 계속 베풀어 주실 것을 당부드리고 앞으로 기회가 되시면 교육 총수직을 맡아 우리 교육 발전에 더 큰 기여하실 것을 기대합니다.

끝으로 오늘 저의 평생 교육 동지인 백승탁 박사님에게 명예 경영학 박사를 수여하신 오제직 공주대 총장님께 감사드리며, 공주대학교의 무궁한 발전과 백 박사님의 학위 취득을 축하해 주시기 위해 이 자리에 참석하시어 저와 함께 기쁨을 나누시는 참석자 여러분께도 많은 축복 있으시길 빕니다.

거듭 백승탁 박사님의 학위 수여를 축하드리며 백 박사님과 그 가정에 늘 하나님의 은총이 함께 하시기를 빌면서 축사에 대합니다.

(2002.4.13.)

영원한 귀감이신 고향의 대선배 _ 설송 민병성 선생

설송 민병성 선생의 송덕비 준공

오늘 고향의 대선배이신 설송 민병성 선생의 송덕비 제막식에 참석하여 축사의 말씀을 올리게 된 것을 매우 영광스럽게 생각합니다.

먼저 설송 민병성 선생의 송덕비 준공을 진심으로 축하드리며 이 뜻깊고 아름다운 사업의 발의를 계획하여 오늘의 제막식이 있기까지 수고하신 송덕비 건립추진위원회 위원 여러분과 이 사업 추진에 참여하신 고향의 여러분께 감사와 경의를 표합니다.

우리가 모두 아시다시피 설송 민병성 선생은 1924년 양촌면 모촌리에서 출생하시어 금년에 팔순을 맞으시는 이 고장이 낳은 훌륭한 어른으로서 젊은 나이에 고향을 떠나시어 객지에서 사업을 하셨지만 지난 반세기 동안 한시도 고향을 잊지 않고 많은 공덕을 쌓으셨습니다.

민병성 선생께서는 저와 가까운 마을에서 태어나셨습니다. 선대부터 내려오는 세의가 두터운 사이여서 친형님과 같은 어른이시고, 양촌 보통학교의 대선배이시기도 하여 민 선배님의 공덕비 건립을 보는 필자의 기쁨은 남다른 감회를 느끼게 합니다.

설송 선생께서는 8 · 15 광복과 더불어 서울에 상경하시어 전매청에 근무하셨고 일찍부터 사업에 관심을 가지던 차 서울대학교의 한 교수와 인연이 되시어 화공약품 제조 기술을 익히신 후, 1960년대 초에 삼신화성산업 주식회사를 설립한 이래 고희를 지나 희수를 넘어 팔순이 되신 오늘까지 회장직을 맡아 활동하고 계십니다. 그동안 기업의 운영을 근면과 성실, 그리고 봉사 정신을 바탕으로 이끄시고 이윤을 개인의 영달보다는 공익을 위하면서 사셨습니다. 저는 지난 40년 가까이 서울에서 함께 살면서 민 선배님의 활동 모습을 지켜보면서 공덕비를 몇 개 세워 드리고도 남을 자격을 가진 선배라고 느껴왔습니다.

민병성 선생은 수신과 제가에 투철하셨을 뿐만 아니라, 숭조 정신이 강하여 선조들을 위한 승모사업을 많이 하셨고, 고향 발전을 위해 여러 가지 장학과 복지사업을 쉬지 않고 하셨습니다. 서울에 있는 양촌 출신 선후배들의 친목과 상조를 위해 양촌면민회와 향우회 창립도 주도하셨습니다. 그리고 친목과 화합과 상부상조를 위해 한결같이 적극적으로 참여하시고 지원을 아끼지 않으시어 재경 양촌 출신 선 · 후배들의 존경을 받고 있습니다.

본인이 민 선배님을 더욱 존경하는 것은 팔순의 연세에도 자기 건강관리를 철저히 하시어 만년 청년의 모습을 간직하고 계시기 때문입니다. 민 선배님의 노익장의 모습은 우리 같은 후배에게 자극을 주고 자기관리의 귀감이 되기도 합니다. 그래서 본인은 민 선배에게 더욱 감사함을 느끼고 있습니다.

아무리 세계화 시대가 되고 지구촌 시대가 되어 넓은 세상에서 우리가 살고 있지만 고향이 없거나 고향을 모르는 인생은 아름다울 수 없습니다. 우리가 부모님을 잊을 수 없는 것과 같이 고향을 버릴 수 없습니다. 우리 고향 양촌의 물과 산과 들이 변하기는 했지만, 양촌 출신 인사들이 지구촌 어디에 살든지 물 맑고 공기 좋고 인정 어린 우리 고향은 항상 양촌인의 마음속에서 살아 숨 쉽니다.

오늘 설송 민병성 선생의 공덕비가 본인이 60년 전 등곳길과 하곳길에 더위를 식히기 위해 발가벗고 목욕을 하던 아름다운 청경대 모퉁이에 세워지게 되어 더욱 아름답게 느껴집니다. 설송의 공덕비를 보고 많은 후배들이 그를 귀감 삼아 고향에 대한 사랑과 봉사 정신을 가진 훌륭한 인재가 되어 우리 고향 양촌의 발전은 물론, 나아가 우리 민족과 국가의 발전에 정신적 밑거름이 되기를 기원합니다.

끝으로 우리 모두의 고향 양촌의 영원한 발전과 더불어 이를 위한 훌륭한 공을 세우신 설송 민병성 선생의 건강과 가정의 축복을 빌고 건립위원 여러분의 노고에 거듭 감사드리면서 축사에 대합니다. (2003. 5. 11)

제5부 강연(講演)

– 교육의 현장, 강연을 하다

신·극·범·총·장·교·육·에·세·이

교원 교육 국제학술대회 환영사

보다 나은 교원 교육을 위하여

오늘 이 국제학술대회에 참석하신 여러분을 만나게 된 것을 무한한 기쁨과 영광으로 생각합니다. 특히 북경사범대학의 Fang Fu Kang 총장님, 미국 미시간주립대학의 Robert Floden 교수님, 미시시피주립대학의 이철구 학장님, 영국 King's College London의 Meg Maguire 교수님, 일본 효고교육대학의 Akira Tsujino 교수님, 주한 프랑스 대사관의 Philippe Salord 어학담당관님께 주제 발표를 위하여 먼 나라에서 여기까지 와 주신 것에 대해 감사를 드립니다.

그리고 토론에 참가하실 국내 학자 여러분께도 심심한 사의를 표합니다. 또한 바쁘신데도 불구하고 기조 강연을 기꺼이 허락해 주신 한국교원단체총연합회 현승종 회장님께 더 없는 감사의 말씀을 드립니다.

아울러 오늘의 국제학술대회를 성공적으로 조직하고 개최하는 데 공헌하였을 뿐 아니라 주제 발표까지 맡아주신 한국교육학회 교육행정학연구회의 김선종 회장님께도 깊은 감사를 드립니다. 그리고 이 모임을 빛내 주시기 위하여 참석하여 격려의 말씀을 해 주실 한국교육학회 정재철 회장님께 감사를 드립니다.

급변하는 현대 산업 사회에서 교육의 성패를 결정짓는 것은 교육시설이나 교육 매체보다는 가르치는 교사의 자질입니다. 즉 우수한 교원의 양성과 임용, 그리고 현직 교원의 연수가 결정적인 요인이 되고 있음을 모두가 공감하는 분명한 사실입니다. 이처럼 우수한 교원들이 교육에 종사하도록 하기 위한 국가적 차원에서의 정책적, 제도적인 관심과 함께 교원 교육의 강화에 대한 국민적 요구가 증대되어 가고 있는 현실성에 비추어 볼 때, 교원 교육에 관한 종합적인 연구의 필요성은 더욱 절실한 것입니다.

이와 같은 필요성에서 세계 여러 나라 중 중요한 국가의 교원 교육 관련 전문가들을 초청하여 국제학술대회를 개최함으로써 각국의 교원 교육 현황과 문제점 및 발전 방향을 살펴보고, 우리의 경우와 비교를 한 다음 결과적으로 보다 나은 정책 수립을 위한 개선 방안을 탐색해 보는 일은 매우 의의 있는 일이라고 생각됩니다. 이번 국제학술대회는 이러한 목적에서 계획된 것입니다.

아무쪼록 이 국제학술대회가 참석하신 여러분께 많은 도움이 되고 나아가 교원 교육 발전을 위한 뜻깊은 자리가 되길 기대하면서 행사 준비에 수고를 아끼지 않은 교육연구원의 백종억 원장님을 비롯한 관계 교직원 여러분의 노고에 위로의 말씀을 드립니다. 그리고 이번 대회가 가능하도록 도와주신 윤형섭 교육부장관님께 감사를 드립니다.

다시 한번 이 국제학술대회에 참석하신 모든 분께 한국교원대학교를 대신하여 감사와 환영의 말씀을 드리며, 본 학술대회가 소기의 성과를 거두도록 끝까지 성원해 주실 것을 빌며 인사에 대합니다.

감사합니다.   (1991. 10. 17)

한국건전사회 교육학회 1999년도 학술세미나 축사

오늘 그동안 노인 문제에 관한 연구를 중점적으로 다루어 온 한국건전사회 교육학회가 '세계노인의 해'를 맞이하여 '노인 복지의 이념과 방향'을 주제로 1999년도 학술세미나를 갖게 된 것을 충심으로 축하드립니다.

새천년이 시작되는 21세기의 문턱에선 우리는 문명사적 대변혁기를 맞고 있습니다. 인류문명이 농경사회에서 산업사회를 거쳐 21세기는 정보화 사회로 진입하고 있습니다. 그동안 물질 중심의 산업 사회화가 추진되면서 우리의 전통적 가족제도인 대가족 제도는 완전히 무너졌고 핵가족화가 가속화되었습니다. 농촌의 몰락과 도시화의 촉진, 아파트

주택문화, 자동차 문화, 음식문화의 서구화, 정보통신기술의 발달에 따른 컴퓨터적 생활문화, 환경의 급격한 변화는 우리의 생활양식과 삶의 가치를 크게 변화시키고 있습니다. 더욱 IMF 경제위기 극복과 정보화 시대에 부응하기 위한 사회 각 분야의 구조조정 과정에서 정년의 단축과 직장으로부터의 퇴출 등 앞으로의 노후 대책은 전국민적 관심사가 아닐 수 없습니다.

그동안 공공기관과 교육기관을 비롯한 많은 기업들이 보장해 주었던 정년보장 제도도 점차 사라져가고 능력주의, 성과주의로 변하고 있어 고령자에게 큰 불이익이 되고 있고, 이것은 또한 오늘의 젊은이에게 미래에 대한 희망보다 불안을 증대시키기도 합니다.

미래 학자들은 21세기의 직장인은 평생동안 직업을 여러번 바꾸게 될 것으로 예언했습니다. 따라서 교육도 평생교육 체제로 바뀌고 있습니다. 이와 같은 세기적 전환기를 맞아 증대해 가는 노인인구를 어떻게 효율적으로 국민생산력으로 전환시킬 수 있느냐의 과제와 병약 등으로 생산성 없는 노인들에 대한 노후보장책의 강구 등은 시급한 국가적, 국민적 과제라 하겠습니다.

노인 문제와 노령화사회의 문제는 소외되고 능력 없는 병약한 노인들을 최소화시키고 이들에 대한 용기와 지원을 할 수 있도록 국민 의식을 개혁하고 사회제도를 발전시키는 일이라고 생각합니다. 어느 시민이 지적했듯이 오늘날 신문을 살 줄도 읽을 줄도 모르는 노인, 색종이를 준비해두고 손주를 기다리지만 손주가 1년에 한 번밖에 오지 않아 섭섭해하는 노인, 며느리에게 글을 쓸 용기가 없는 노인들이 우리 사회의 보통 노인의 모습입니다. 오늘의 청장년 세대들은 새로운 천년의 경로 효친 문화 창출에 앞장서 노력하여야 할 것입니다.

한국건전사회교육학회가 주최하는 이번 학술대회는 현재 직면한 노인 문제뿐만 아니라 장기적 안목에서 문제의 예방적 대책들이 강구되었으면 합니다. 그동안 우리는 노인 문제를 전통적 가족제도에 의존하여 왔고, 개인 문제로 치부되어 공동체로써의 관심은 부족했다고 볼 수 있습니다. 노인들은 우리 사회 발전을 이끌어 온 원동력이며 그들의 땀과 희생으로 오늘의 우리가 있다고 볼 수 있습니다. 경로 효친의 전통 가치의 보존과 아울러 노인 정책에 대한 정부, 민간, 그리고 학계의 공동 노력으로 효율적인 대책들이 강구되어야 할 것입니다. 이런 차원에서 한국건전사회학회의 이번 학술대회가 큰 기여를 할 것으로 믿어 감사드리면서 한국건전사회교육학회의 무궁한 발전을 기원합니다. (1999. 9.)

한국교육학회 학술대회 환영사

한국 교육에 올바른 처방을

존경하는 황응연 한국교육학회 회장님, 서명원 전 회장님을 비롯한 역대 원로 회장님과 회원 여러분, 그리고 이 행사를 빛내기 위하여 참석하신 이천수 교육부 차관님을 비롯한 내외 귀빈 여러분을 우리 대학에 모시게 된 것을 매우 기쁘게 생각하며 환영의 인사를 올립니다. 또한 광복 50주년 기념사업의 일환으로 한국의 지난 반세기 발자취를 되돌아보고 앞으로 다가올 반세기를 전망해 보기 위한 한국교육학회 학술 대회를 본교에서 개최하게 된 것을 매우 영광스럽게 생각합니다.

먼저 한국교육학회가 지난 반세기 동안에 우리나라 교육 발전에 기여한 공헌에 대하여 이 자리를 빌려 경의와 감사를 드립니다. 아울러 본교의 오늘이 있기까지 많은 도움을 주신 회원 여러분께 심심한 감사의 말씀을 드립니다.

20세기를 성공적으로 마감하고 21세기를 맞이할 준비를 서둘러야 하는 역사적 시점에서, 그리고 한국 교육 개혁에 대한 국민적 요구가 크게 요구되고 있는 이 시점에서 이 뜻깊은 모임이 한국교원대학교에서 열리게 된 것은 우연한 일이 아니라고 생각합니다. 한국교원대학교가 태동기부터 논란이 없지 않았으나 오늘의 모습을 갖추게 된 것은 한국교육학회 역대 선배 회장님을 비롯한 회원 여러분의 지도와 편달이 있었기 때문에 가능했습니다. 현재 2,400여 명의 학부생과, 2,000여 명의 대학원생, 2,000여 명의 장·단기연수생과 부속유치원, 국민학교, 중학교, 고등학교를 고루 갖추고 있는 우리 대학교는 몇 가지 특색을 갖추고 있습니다. 잘아시겠지만 학회 회원 여러분을 모신 자리에서 그 특색을 간략하게 말씀드리겠습니다.

첫째로, 본 대학교는 교과 교육의 발전에 치중하고 있습니다. 교육학 일반론도 중요하지만 내용을 어떻게 전개하느냐가 학교 교육의 중요한 과제입니다. 그리하여 종합 대학 내에서의 사범대학 취약점을 최대로 보완하고 있습니다.

둘째로, 유치원, 초등·중등 교사 교육을 통합 운영함으로써 기초 교육의 질적 발전과 교사 교육의 체계화를 도모하고 있습니다.

셋째로, 학부 과정과 대학원 과정 및 연수 과정을 통하여 교사의 양성, 교육의 연구, 그리고 현직 교원의 연수가 유기적 관계 속에서 교원 교육의 효율적 운영을 도모하고 있습니다.

넷째로, 모든 프로그램에 15개 시·도가 모두 참여케 함으로써 국가의 교육정책의 일관성과 통합성을 기하도록 하고 교원의 자질을 골고루 높이고 있습니다.

교육의 질적 균형 발전을 도모케 하여 지방화 시대에 대비하고 생활관 교육을 통하여 교육 정보의 효율적 교류와 공동체 의식 함양과 인성교육에 각별한 노력을 기울이고 있습니다. 학생들이 특기를 한 가지씩 갖도록 지도하고 있으며 7년 전에는 명심보감을 구입 배포하여 읽도록 권장한 바도 있습니다.

앞으로 우리 대학은 그 성격상 한국교육학회와 더욱 긴밀한 유대관계를 강화하여 교원 교육 발전에 기여토록 최선을 다하겠으니 학회원 여러분의 끊임없는 지원을 이 자리를 빌려 당부드립니다.

존경하는 한국교육학회 회원 여러분!

우리나라 교육이 문제도 많지마는 세계 각국의 교육이 문제가 없는 나라가 없다는 것을 잘 알고 있는 우리는 현재의 과도기적 현상에서 파생되고 있는 교육 문제를 좌절보다는 즐거운 도전으로 받아들여서 교육 학도가 분발하여야 될 때라고 생각합니다.

지금 한국의 학교는 사회로부터 학부모로부터 외면당하고 있고 학생들의 교육 활동도 학교 외로 빼앗기고 있는 실정임을 우리는 심각하게 받아들여야 하겠으며 그 원인을 규명하고 올바른 처방을 강구해야 될 때라고 생각됩니다. 공교육비보다 사교육비가 더 많다고 하는 것을 극복하기 위하여는 학교 체제를 사회 변화에 걸맞게 개선하여 학교

밖 교육을 학교 안으로 끌어들여야 합니다.

사회로부터 교원들이, 교육 학도들이 신뢰를 회복하여야 합니다. 이것이 교원대학의 올바른 방향이라고 생각하고 있습니다. 학교 기능의 회복이나 교원에 대한 사회로부터의 신뢰를 회복하는 길은 과감한 교육 환경의 개선과 교원의 전문성 확보라고 생각합니다. 이러한 관점에서 이번에 개최되는 학술 대회가 큰 성과를 거두고 21세기의 한국 교육의 미래를 여는 계기가 되기를 기원하며 오늘 온종일 열리는 학회가 큰 결실을 거둘 수 있기를 바랍니다.

오늘 이 자리가 불편하지마는 생산성 있는 모임이 되도록 협조하여 주시길 바라며 즐거운 시간 보내시길 바랍니다. 끝으로, 한국교육학회의 무궁한 발전과 역대 원로 회장님들을 위시한 회원여러분의 건강과 가정의 평화를 기원하면서 환영의 인사에 대합니다. (1995. 5. 27.)

한국교육학회 회고사

학회 발전을 위한 노력과 회고

　　필자는 1996년 11월부터 1998년 10월까지 한국교육학회 제33대 회장을 역임하였다. 한국교원대학교 총장직을 마치고 평교수로 재직하고 있던 1996년 10월 역대 학회회장님들과 학회 회원들의 지원을 받아 부족한 본인이 황응연 회장님의 뒤를 이어 한국교육학회 회장으로 취임하였다. 청와대 교육문화수석 3년에 교원대 총장직 8년간을 합쳐 11년간의 외도 끝에 오래간만에 평교수 생활로 되돌아간 직후여서 학회 활성화를 기대하는 회원들의 뜻으로 생각하고 학회 발전을 위해 최선을 다하겠다는 각오로 취임식에 임했다.

　　다행스럽게도 전임 황응연 회장님과는 특별한 인연이 있었다. 80년대 초 황 회장께서 이화여대 사범대학장으로서 전국사범대학장 협의회 회장직을 맡아 보셨고, 그 후에 한양대 사범대학장으로 있던 본인이 전국 회장직을 황 학장으로부터 이어받은 적이 있다. 양 단체 간의 성격은 다르지만 이번에 두 번째로 회장직을 이어받게 되어 황 박사님과의 관계가 더욱 깊어졌다. 이러한 인연 때문에 전 회장님의 친절하고 섬세한 지도를 받을 수 있었던 것을 늘 감사하게 생각하고 있다.

회칙에 따라 집행부를 새로 구성하였는데 부회장을 두 분 모셨다. 서울지역을 대표한 부회장으로 중앙대 홍성윤 교수(당시 대학원장)와 지방을 대표하여 전남대학교 안규철 교수(당시 사범대학장)를 모셨다. 상임이사로는 고려대학교 박도순 교수(후에 교육평가원장 취임), 선임이사로 인천대 최희선 교수(연차학술위원장 후에 인천교대 총장 취임), 중앙대 이문원 교수(학회지 편집위원장), 연세대 이형행 교수(학술상심사위원장), 건국대 김충기 교수(섭외위원장), 한양대 노종희 교수(조직위원장), 한성대 연정렬 교수(규정 심사위원장), 그리고 한국교원대 김종건 교수를 위촉하였다. 그리고 사무국장은 최돈민 박사(KEDI), 섭외간사는 김효겸 박사(교육부)가 맡아 주었다. 홍성윤, 안규철 두 분의 부회장을 비롯한 임원 모두가 혼연일체가 되어 각 분야별로 맡은 일을 2년 동안 충실히 수행하여 주셨다. 특히 홍성윤 부회장께서 본인이 광주대에 내려가 있는 동안 회장을 대신하여 많은 궂은일을 맡아 수고하여 주셨다.

본인이 학회장으로 재임한 2년간은 국내적으로는 IMF 경제위기로 인하여 금리와 환율이 폭등하는 등 전 국민이 엄청난 고통을 겪었던 시기였다. 따라서 학회 운영도 그 전만 같지 못한 어려운 시기였다. 이러한 시기에 무엇보다도 학회 발전을 위해서는 재정을 확충하고 학회 위상을 갖추는 일이 시급하다고 생각하고 이를 꾸준히 추진하였다.

먼저 한국교육학회가 임의 단체로 되어 있어 각종 지원을 받는 데 한계가 있음을 인식하고, 법적 지위를 확보하고자 1997년 3월 14일자로 한국교육학회를 사단법인으로 등록하여 승인을 받았다. 학자들 모임인 학회가 법인으로 등록하는 데에는 많은 준비와 법적 자문을 받아야 했으나, 당시 한국교육개발원에 파견근무 중이었던 교육부 김효겸 박사(현 목포대 사무국장)가 전적으로 이를 맡아 추진한 결과 목적을 달성할 수 있었다. 김 국장은 섭외위원회 위원으로 법인 정관을 만들고, 이사 등기에 필요한 각종 서류와 학회기금 준비 등을 차질 없이 수행해 주었다. 학회가 사단법인으로 법적 지위를 갖춤으로써 사회적 공신력을 제고하고, 학회 법인 기금 및 기부금의 세제 혜택이 가능하게 되었으며, 분과회 기부금 수령 시 모 학회를 이용할 경우 세제 혜택이 가능하게 되었다.

둘째, 정년퇴임 연공 표창 규정을 만들었다. 대상자는 본 회에 입회하여 20년 이상 경과된 자로서, 본 회 발전에 현저한 공이 있었던 자나 국내외 교육계에 끼친 공이 컸던 회원을 대상으로 심사위원회에서 심사하여 정기총회 시 수여하도록 하였다. 그 첫 번째로 1998년 10월 23일 정기총회 시 경북대 진위교 교수 등 3인에게 연공 공로상을 수여하였다.

셋째, 학회지 창간호부터 CD-ROM을 개발하여 이를 각 도서관에 보급하였다. CD-ROM 저작료는 판매 금액의 15%로, 제작권은 5년으로 되어 있고, 본 학회 회원에게는 기관 판매가의 30%로 보급할 수 있도록 하였다.

넷째, 관례에 따라 춘계학술대회와 연차 추계학술대회는 매년 차질 없이 성황리에 개최하였다.

1997년 춘계학술대회는 5월 23일 건국대학교에서 개최하였다. "교육개혁의 진단과 전망"을 주제로 이귀윤 이대부속초등학교장(이대 교수)이 발제한 후 보통교육(유한구 서울교대 교수), 고등교육(허형 중앙대 교수), 교원정책(노종희 한양대 교수), 교육행정(윤정일 서울대 교수) 등 영역별로 교육개혁 현안을 진단하였다.

1997년 연차 추계학술대회는 10월 17일~18일 양일간 충남대학교에서 "교사양성 교육과정의 전문성 확보"라는 주제로 개최하였다. 무려 600여 명의 회원이 참석한 이 학술대회에서는 한명희 동국대 교수가 "교사양성 교육과정의 전문성 확보"를 주제로 발표를 하고 교양과목(박아청 계명대 교수), 교육학(정진곤 한양대 교수), 교과교육(강환국 충북대 교수) 등 세 영역별로 교사양성에 있어서의 본질과 발전 과제를 탐색하였다. 둘째 날에는 총 10개 분과 연구회에서 활발한 발표와 토론이 이어졌다.

1998년 춘계학술대회는 "한국 교육의 실상과 개혁의 방향"이라는 주제로 5월 22일 대구대학교에서 있었다. 먼저 "한국 교육의 실상과 개혁의 방향"이라는 제목으로 이돈희 당시 한국교육개발원장이 주제 발표를 담당해 주었고, 대학평가(신재철 전남대 교수), 교원단체(이종재 서울대 교수), 직업교육(이무근 한국직업능력개발원장), 교육통치구조(송화섭 대구대 교수) 등이 영역별로 현황 진단과 개혁 방안을 모색하였다.

본인 임기의 마지막 행사로 개최된 1998년 연차추계학술대회는 10월 23일~24일 양일간 홍익대학교에서 개최되었다. "한국 교육의 구조개혁"이라는 주제로 다음 학회장으로 당선된 이돈희 서울대 교수가 주제 강연을 맡았고, 초등교육(조연순 이대 교수), 중등교육(김명한 경북대 교수)및 고등교육(이형행 연세대 교수) 등 영역별 교육구조개혁방안을 모색하였으며 제2일째 분과연구회 발표에서는 14개 분과 학회 전체가 참석하여 활발한 논문 발표와 토론이 전개되었다.

2년 임기의 학회장 재임 기간에 있었던 많은 일 중에서 몇 가지 기억을 더듬어 보고자 한다.

당시 경제적 상황으로 각계의 기부금을 모으는 데 한계가 있었다. 그리하여 학회 예산을 최대한 절감하는 한편, 학회 기금뿐만 아니라 이자 수익을 극대화하여 차기 회장에게 넘긴다는 방침을 세우고 연리 14%의 정기저축 예금에 가입하였다. 다행스럽게도 학회 출범 시 평교수였던 회원들이 기관장에 당선 또는 임명되어 행사가 있을 때마다 경비 일부를 부담해 주었다. 연차대회 위원장인 최희선 인천교대 총장, 박도순 교육과정평가원장 등이 그들이다. 또한 연차대회와 춘계학술대회 시 오찬을 개회 지역 시·도 교육감이 찬조해 주셨고, 리셉션을 개최 대학 총장이 주최하여 학회 예산을 절약할 수 있었던 것도 감사할 일이다. 임기 2년 동안에 5,000만 원이 증액 된 2억 9,000만 원을 다음 회장에게 연계할 수 있었다. IMF 시기에서 회원들의 회비 수납도 쉽지 않았던 점을 감안하면 사무국의 봉사 정신이 돋보인다. 특히 학회사무국장을 맡은 KEDI의 최돈민 박사의 희생적인 봉사로 사무국 업무가 어려운 여건을 쉽게 극복할 수 있었다.

학회 활동에서 보람을 느낀 점은 교직과목 축소와 교과교육을 강화하려는 움직임을 저지한 점이다. 일부 교과교육 학자가 중심이 되어 교원양성기관의 교육과정 개정을 교육부 정책과제로 수행하고, 그 결과를 토대로 교육과정을 개정하고자 하였다. 이에 대응하여 임시 이사회를 열고, 학회 차원의 입장을 천명하기로 결의를 하고 이에 "교원양성기관의 교육과정 개정에 대한 건의문"을 1997년 1월 28일 교육부에 전달하고 교원양성기관의 교육과정을 개정하는 데 종합적인 의견을 수렴한 후에 개정할 것을 촉구하였으며, 그 결과 교육학 과목을 대폭 줄이고, 교과교육 중심으로 개편하려던 교원양성기관의 교육과정 개정안을 철회했다.

학회 요람이 매년 10월에 발간되어 11월 1일 발족하는 신규 임원 명단이 기재되어 있지 못하여 사실상 무용지물이 되는 폐단을 방지하고자 11월에 발간하고, 책자 연도는 2개 연도를 표기하도록 하였다. 아직도 이 원칙이 지켜져 학회 요람이 발간되고 있다.

아울러 1998년에는 본 학회에서 「인성과 생활지도」를 문음사에서 발간하였다. 책자 발간에는 김종건 교수(교원대)를 비롯한 여섯 분의 교수님들이 수고를 해주셨다. 이 책을 보급하여 학회의 수입을 늘리도록 하였다.

끝으로 학회장으로 있는 동안 전국 1,000여 개의 학술단체들을 모아 한국학술단체연합회 창립을 주도하고 초대 회장으로 취임한 일이 또한 의미 있는 일이었다. 한국교육학회를 비롯하여 인문과학, 사회과학, 자연과학 등 다양한 학문 분야의 25개 대표적 학회가 창립발기학회로 참여하여 약 1년간의 준비 끝에 1997년 11월 4일 한국학술단체연합회 창립대회를 학술진흥재단 강당에서 개최하고 본인이 만장일치로 초대 회장에 추대되어 2년간 이 단체를 이끈 바 있다. 교육학회 회장으로써 초대 학술단체연합회 회장직에 선출되어 교육학회의 위상을 높일 수 있었던 것으로 자부하고 있다. 회장직 2년의 임기를 마치고, 한국행정

학회 회장직을 맡고 있던 김신복 박사에게 후임 회장직을 인계하였다.

나는 한국교육학회야말로 한국 교육 발전의 상징이라고 생각한다. 학회창립 후 50년의 역사를 이어오는 동안 한국교육학회는 3,000명이나 되는 학자 회원을 확보하였고, 우리나라 교육행정과 교육현장의 변화에 크게 공헌하였다. 2년간 회장직을 수행하면서 역대 전임 회장님들의 지도를 성실히 받아가며 학회 발전을 꾀하고자 노력하였다. 신년 초에 이사회를 개최할 때는 역대 회장님들을 함께 초청하여 학회 발전을 위한 조언을 받을 수 있었던 것을 늘 감사하고 있다. 특히 학회행사에 열심히 참석하여 후배들에게 용기를 주신 서명원, 정범모, 이영덕, 정원식, 김종철, 한기언, 김종서, 유봉호, 정재철, 황응연 전임 회장님들께 감사드리고 싶다. 한국 교육 현상에 대해 불만을 느끼는 사회 일각에서 "한국교육은 교육학자가 망쳤다." 라는 비아냥도 있었던 것으로 기억된다. 이러한 비판은 한국교육학회 역대 회장 중 여러분들이 문교행정 책임을 맡아 장관직을 수행하신 데 따른 일부의 편향적 비판이라고 생각된다.

실제로 3~7대 회장 오천석 박사, 10~13대 회장 서명원 박사, 22대 회장 김영식 박사, 25대 회장 이영덕 박사. 27대 회장 정원식 박사, 34대 회장 이돈희 박사 등 역대 회장님들이 장관 또는 총리를 지내셨고, 회장은 아니셨지만 교육학회 회원으로서 전 연세대 교육대학원장을 역임하신 이규호 박사, 전남대 총장을 역임하신 오병문 박사, 그리고 문용린 서울대 교수가 교육인적자원부 장관을 역임한 것을 보면, 어느 학술단체보다도 한국교육학회가 정부의 교육 정책에 끼친 영향이 적지 않았음을 알 수 있다.

이러한 학회 원로들의 참여가 한국 교육 발전에 크게 한몫 하였다고 생각한다. 이것이 또한 한국교육학회의 위상을 높이는 데 기여하였다. 다른 한 면으로는 오늘의 한국 교육의 난맥상을 걱정하는 우리 사회 일부에서 교육학자들을 탓하게 된 배경으로 보이기도 한다. 한국교육학회는 우리 교육문제의 본질을 재검토 하지 않으면 안 되는 시대적 과제를 외면할 수 없다.

교육학 연구의 영역이 급속히 분화되고 분과 연구회가 확대되면서 모(母) 학회에 대한 참여와 관심이 전공 분과별 연구회에 비하여 약화되어 가는 느낌을 받을 때가 있다. 각 분과 연구회 활동이 모 학회를 중심으로 집결되어 교육학 연구가 보다 큰 힘을 발휘할 수 있어야 될 것으로 믿는다. 학문의 지나친 세분화는 인간을 다루는 교육학으로서의 가치를 감퇴시킬 수 있기 때문이다.

오늘 한국 교육, 특히 학교 현장의 난맥상을 바로잡기 위해 교육학도들이 하여야 할 일이 너무도 많다는 것을 학회 회원들은 깨달아야 한다. 여기에 한국교육학회의 존재 의의가 있는 것이다.

한국교육학회 제2건국을 위한 공동체 의식 확립과 시민 인성교육 축사

오늘 "제 2건국을 위한 공동체 의식 확립과 시민 인성교육"을 주제로 개최되는 세미나에 한국교육학회를 대표하여 축사 말씀을 드리게 된 것을 기쁘게 생각합니다.

우리는 지금 일제 식민 통치로부터 해방의 기쁨과 조국의 남북분단의 통한을 함께 맞은 지 53년, 그리고 대한민국 정부 수립 50주년을 맞아 지난 반세기의 우리 민족의 발자취를 되돌아 반성하고 앞으로 맞을 새로운 반세기의 힘찬 전진을 위한 준비에 온 국민이 힘을 모아야 할 역사적 시점에 와 있습니다.

돌이켜 보면 지난 반세기는 외세에 의한 국토의 분단과 민족의 분열, 좌우의 양대 이데올로기적 갈등, 사회 각 분야의 불의와 부정, 불신과 반목, 공익을 뒤로한 집단이기주의, 잘된 것은 자기 탓이고 잘못된 것은 남에게 돌리는 무책임과 몰지각 등 많은 모순 속에서도 오늘의 물질적 풍요를 이루어 놓은 것은 비록 IMF 사태를 맞기는 하였으나 다행스러운 일이라 생각합니다. 그러나 우리 사회가 지금까지의 잘못된 타성을 버리지 않는다면 우리 앞에 도래한 21세기는 결코 밝다고 볼 수 없습니다.

지난 2월 새 국민의 정부가 양당의 연립정부 형태로 출범하였고 지난 8월 15일 김대중 대통령께서 정부수립 50년 경축사에서 "제2의 건국"을 선언한 것은 우리 민족이 거듭 태어날 계기를 마련하였다고 볼 수 있습니다. 제2의 건국은 지난 반세기의 타율적 오류들을 말끔히 거두어 반목에서 화합과 관용으로 불의와 부정에서 정직과 성실의 생활화로, 남에게 책임을 전가하기보다 자기 스스로를 반성하는 성숙된 시민의식으로, 그리고 이기에 앞서 공동체 의식의 함양으로의 대국민적 의식개혁으로 성취될 수 있다고 믿습니다.

그동안 우리 교육은 구태의연하게 입신출세주의를 부추기는 입시경쟁 교육에서 탈피하지 못하고 학생들을 경쟁풍토 속에서 모든 정력을 시험준비를 하는데 몰두하게 하여 젊은이들이 밝고 따뜻한 인간미와 시민정신을 갖추게 하는 데 실패하였습니다. 오히려 우리 교육은 이기주의만 북돋아 주고 있다고 볼 수 있습니다. 제2의 건국을 위해 교육의 본영인 인간성 함양이 절실히 요구된다 하겠습니다.

지금 우리는 변화의 시대에 살고 있습니다만 변화의 노예가 안 되고 어디까지나 변화의 주인으로서의 자아를 잊지 않는 올바른 공동체 의식을 지닌 투철한 시민정신의 함양이 어느 때보다 중요하다고 생각합니다.

오늘 주제 발표를 하여주실 박홍 명예총장님과 연정렬 그리고 안정수 두 교수님께 감사를 드리고 이 세미나 준비에 지원을 아끼지 않으신 공동체의식개혁국민운동협의회 공동대표 김지길 목사님과 강원도협의회 김문기 회장님을 비롯한 여러분께 감사를 드리며 축사에 갈음합니다. (1998. 8. 29.)

한국사립대학총장협의회와 한국대학법인연합회
대학발전 위원회 공동심포지엄 개회사

사학 활로 모색의 자리

오늘 한국사립대학총장협의회와 한국대학법인연합회 대학발전위원회가 공동으로 글로벌시대의 대학교육, 사학의 역할 재정립, 대학발전을 주제로 국제학술심포지움을 개최하게 된 것을 매우 기쁘게 생각하며, 이 심포지엄에 귀한 시간을 할애하여 큰 관심을 갖고 참석하여 주신 내외 귀빈 여러분과 대학법인 이사장님과 대학 총장·학장님, 그리고 대학 관계자 여러분께 충심으로 감사의 인사를 드립니다. 특히 사학을 걱정하시는 교장선생님도 많이 참석하여 주신데 감사를 드립니다.

오늘날 우리 사회는 새로운 역사적 전환점을 맞이하여 대학의 기능과 역할에 큰 변화를 요구하고 있습니다. 지난 세기에 우리나라의 대학들은 자유와 인권이라는 이념을 바탕으로 새로운 선진 지식과 정보를 제공하여 한국의 민주화와 경제 발전에 크게 기여하여 왔습니다. 그러나 오늘의 우리 대학들은 과거의 영광에 안주한 채, 변화된 시대적 사명을 다하지 못하고 정체성, 전문성, 경쟁력을 상실하고 획일적 사고의 틀 안에서 방황하고 있습니다. 특히 한국의 사립대학들은 우리나라 교육 100년의 역사에서 유래가 없는 새로운 도전과 위기에 직면하고 있습니다. 최근의 국제경쟁력을 위한 교육시스템의 개편, 지역 중심의 산업, 문화, 경제 패러다임의 전환, 신입학 자원의 감소에 따른 지방대학의 존폐위기 등 환경 변화와 아울러 사학에 대한 사회적 공신력의 위기에 직면해 있다고 할 수 있습니다. 이러한 당면 과제들을 슬기롭게 극복하기 위하여 미국과 일본의 대표적 사립 명문대학 총장을 한 분씩 초청하여 선진국의 사학의 운영상황과 개혁동향을 알아보고 위기에처한 우리나라 사립대학의 발전방안을 모색해 보고자 이 국제 학술 심포지엄을 개최하게 되었습니다.

한국의 사립대학은 오늘날 전문대학의 90%와 4년제 대학의 80%를 담당하고 있어 국가 고등인력 공급의 큰 몫을 담당하고 있습니다. 사학 발전이야말로 국가 발전의 지상의 과제가 아닐 수 없습니다. 지금까지 우리나라 사학은 경제 성장과 산업 발전에 필요한 다양한 인력을 공급하고 유용한 지식, 정보 등을 창출, 제공함으로써 오늘의 한국 경제발전의 원동력이 되었던 것은 명백한 사실입니다. 그럼에도 불구하고 우리 사학들은 그동안 제도상으로 공립에 준하는 법의 규제와 정부의 통제 하에서 사학 본연의 독창성이나 자율성을 상실한 채 오늘에 이르렀고, 일부 사학들의 부조리와 비리 사례가 국민으로부터 지탄과 불신의 요인으로 작용하고 있습니다. 21세기 무한경쟁시대를 맞아 대학교육의 수월성을 확보하고 국제사회가 요구하는 경쟁력 있는 인재육성을 위해 법인과 대학의 모든 사학 구성원들은 지난날을 반성하고 밝은 미래를 향해 사학 본연의 기능을 회복하여야 하겠습니다. 또한 정부 당국의 지금까지 통제 위주 사학 정책은 무한경쟁의 지식정보화 시대에 걸맞게 완전한 지원 위주의 정책으로 대전환이 이루어져야 하겠습니다. 부정 없는 투명한 경영으로 사학들은 국민의 신뢰를 받도록 노력하고 재단과 대학 그리고, 구성원들 간에 반목과 갈등이 아니라 각 대학의 건학이념의 구현을 위해 모든 역량을 결집하여야 하겠습니다.

인간은 교육을 통하여 만들어진다고 합니다. 교육은 영재든, 둔재든 모든 국민에게 기회가 주어져야 하며 다양한 국민의 교육 욕구를 충족시킬 수 있는 교육제도를 우리는 필요로 합니다. 교육은 인간의 잠재력을 최대한 신장시켜 국민 개개인의 자아실현을 가능케 하고 국가사회에 필요한 인력을 양성하는 국가적 과업이라는 데에서 사학의 공공성은 유지되어야 합니다. 그러나 공공성을 앞세워 자주성과 자율성이 보장되지 못한다면 그 사학은 죽은 사학이라고 보아야 할 것입니다. 이러한 관점에서 볼 때 5 · 16 군사정부 이후 학생선발권, 인사권, 교육과정 운영 등 지금까지 자율성을 상실한 우리나라 사학은 이제 사학

본연의 모습을 되찾아야 할 것입니다.

오늘 이 심포지엄은 우리나라 대학 역사상 처음으로 전국의 사립대학 법인 이사장과 사립대학 총장들이 한자리에 모여 대학의 발전책을 함께 논의 모색한다는 데 큰 의의가 있다고 생각합니다. 오늘의 모임이 우리나라 사립대학들이 제자리를 찾고 새롭게 태어나 새 시대가 요구하는 대학의 사명을 다할 수 있도록 사학인 모두의 힘과 지혜를 결집하는 장이 되기를 기대해 마지않습니다. 이번 심포지엄에서 기조 강연을 맡아주신 박영식 대학교육협의회 회장님, 주제 발표를 맡아주신 Stephen J. Trachtenberg 조지워싱톤대학 총장님과 Kiyonary Dadao 일본 호세이대학 총장 겸 이사장님께 감사드립니다. 그리고 진행과 토론을 맡아 주시고, 함께 참여해 주신 여러 대학의 이사장님과 총장님들께도 감사를 드립니다. 특별히 바쁘신 중에도 토론자로 참석하신 홍찬식 동아일보 논설위원과 이규황 전경련 상임이사께 감사를 드립니다.

끝으로 오늘 바쁘신 중에도 이 자리에 참석하시어 격려의 축사와 지원을 하여 주신 안병영 교육부총리를 대신한 정기언 교육인적자원부 차관보와 국회 교육위원회 위원장님께 감사를 드리고, 심포지엄 준비에 많은 지원을 하여주신 조용기 한국사학법인연합회 회장님과 준비위원 여러분께 심심한 경의를 표하면서, 여러분 모두의 건승과 한국 사학의 무궁한 발전을 기원합니다. 감사합니다. (2004. 8. 17.)

한국주거학회 창립 10주년 기념 정기학술대회 축사

오늘 한국주거학회 창립 10주년을 기념하는 정기 학술대회에 이 지역 총장으로 그리고 한국학술단체 연합회 회장으로서 축사의 말씀을 드리게 되어 영광스럽게 생각합니다. 더욱이 한국주거학회 윤복자 회장께서는 한국학술단체연합회 창립 당시부터 참여하시어 400여 회원 학회 중 가장 활발히 학술 활동을 이끌고 있어 제가 존경하고 있습니다.

우리 인간사회 특히 우리 한국은 전통적으로 의(衣)식(食)주(住) 세 가지를 인간생존의 기본조건으로 여겨왔습니다. 그만큼 주거문화의 중요성이 강조되었다고 볼 수 있습니다. 서양의 명언에도 "정다운 집이 없으면 온 세상이 커다란 감방에 지나지 않는다"고 하였습니다.

그동안 경제생활의 향상과 과학기술의 발전은 인간에게 새로운 욕구를 주었고 그 수요의 창출과 더불어 수요의 공급을 어떻게 하느냐가 사회적 과제로 대두되어 왔습니다. 더욱이 우리의 전통 생활양식이 급속히 변화하여 서구화가 촉진되면서 우리의 미풍양속을 한꺼번에 버리는 우를 범하기도 하였습니다. 최근 들어 그동안의 맹목적 서구화에 따른 부작용이 사회적 문제로 부각되면서 전통과 현대, 자연과 과학의 조화의 중요성에 대한 인식과 각성이 모든 분야에서 일어나고 있음을 봅니다.

새로운 천년 21세기 세계화, 정보화, 지구촌 시대를 50여 일 앞둔 오늘 우리는 세계 여러 문화권 국가의 조화로운 발전 방향을 찾는 일이 무엇보다 급선무라고 생각합니다. 더욱이 앞으로 정보화 사회가 도래함으로써 재택수업, 재택근무 등 교육과 일과 생활이 점차 집에서 이루어질 사이버 세계에 대비하기 위한 국제학술교류는 우리의 최대의 관심사입니다. 이런 뜻에서 한국주거학회 창립 10주년을 기념하는 정기 학술대회가 "세계 주거문화의 변천과 평가"를 주제로 오늘과 내일 이곳 민주화의 도시 빛고을 광주에서 개최케 된 것을 뜻깊게 생각하며 축하를 드립니다.

오늘 학술회의에서 훌륭한 논문으로 발표와 토론을 하여 주시기 위해 참석하신 해외 석학 여러분과 국내 대학의 주거문화 전문가 여러분께 감사드리며 이번 학회가 세계 주거문화 발전에 큰 기여 있으시길 빕니다. 끝으로 윤복자 회장님을 비롯한 한국주거학회회원 여러분의 건승을 빌면서 축사에 대합니다. 감사합니다. (1999. 11. 5.)

한국학술단체연합회 창립 2주년 축사

20세기를 마감하고 새로운 천년의 시작이 이제 수주일 앞으로 다가 왔습니다. 21세기의 새로운 변화에 창조적으로 대응하기 위하여 여러 학문 분야 간의 학술정보 교류와 상호협력을 촉진하기 위해 지난 1997 년 12월 창립된 한국학술단체연합회가 창립 2주년을 맞게 되었습니다. 돌이켜보면 지난 2년간 본 연합회는 IMF 체제하의 경제적 위기와 새 정부의 출범 등 여러 가지 여건 변화와 제약에도 그 설립 취지에 충실히 부응하고자 노력하여 왔습니다. 그동안 본 연합회의 발전을 위해 수고 해 주신 임원 학회장 여러분과 회원 학회장 여러분께 감사드립니다. 특히 본 연합회에 물심양면으로 지원을 하여 주신 한국학술진흥재단 이사장님을 비롯한 관계자 여러분께 심심한 사의를 표합니다.

본 연합회는 지난 2년 동안 매년 2회에 걸쳐 소식지를 발간했고 3회의 연차학술세미나를 개최한 바 있으며 국내 각 분야에서 활동하고 있는 크고 작은 학회 1,400여 개의 정보를 수집 정리하여 지난 2월 「학회총람」을 발간 배포함과 아울러 인터넷에도 같은 정보를 제공하여 모든 관심 있는 분들이 이용할 수 있도록 하였습니다.

한국학술진흥재단의 지원을 받아 한국의 학술활동을 정리하고 21세기를 위한 새로운 방향을 제시하기 위하여 우선 한국철학, 국어국문학, 심리학, 물리학, 작물학 등 6개 분야의 학술 연구의 동향과 전망을 각 분야의 학회 책임하에 연구하여 인문·사회 편과 자연·과학 편으로 나누어 편집, 두 권을 최근에 발간하였습니다. 이 보고서의 기획과 편집 그리고 집필에 참여하신 국어국문학회장 임종기 박사님을 비롯한 편집위원 여러분의 노고에 진심으로 감사드립니다. 앞으로 한국학술연구의 동향 등과 전망은 예산이 확보되는 대로 다른 주요 학문영역별로 확대하여 계속 발간할 계획입니다.

우리가 맞을 새로운 천년은 지식기반사회로 불리고 있습니다. 창조적 지식이 다른 모든 생산요소보다 높은 부가가치를 창출하게 되고 경제, 사회, 문화 모든 면에서 지식의 창의적 활용이 발전과 선진의 척도가 될 것이라는 것이 전문가들의 진단입니다. 지식의 양적 팽창과 아울러 정보통신의 발달로 그 전파와 전환의 속도도 가속화하여 정보 사회화가 지식기반사회의 특징이라고 볼 수 있습니다. 새로운 지식

창출을 위한 학술연구를 주 업무로 하는 우리 학술단체의 역할이 이 새로운 천년 지식기반사회의 구축에 절대적 위치를 점한다는데 모두가 동의할 것입니다.

새로운 세기에 우리는 물질적 풍요는 물론 지식과 도덕이 함께 하는 진정한 의미의 선진국이 될 수 있도록 신지식을 창출하고 국제 경쟁력을 높여나가야 할 것입니다. 이러한 역할을 다하기 위하여 지식인, 학자들이 힘을 합쳐야 할 것입니다. 흐트러진 기존지식 인력을 서로 가까이 연결하여 협력이 가능하도록 구조를 조정하여 시너지효과를 창출하고 활발한 지식의 유통이 이루어지도록 하여야 할 것입니다.

우리 학술단체연합회는 앞으로 각 분야 회원 단체들이 상호 간의 협력체제를 강화하고 건전한 비판으로 상호 존중함으로써 학술연구의 질을 높이고 지식기반사회 구축에 주어진 역할을 다할 수 있도록 최선을 다하여야 할 것입니다.

끝으로 지난 2년간 본 연합회의 발전을 위해 적극적 참여와 지원을 하여 주신 여러분께 거듭 감사드리며 본 연합회의 발전에 지속적인 지원과 협조 있으시길 빕니다.

새천년이 시작되는 경신년 새해 한국학술단체연합회 회원 여러분의 무궁한 발전과 행운을 기원합니다. (1999. 12.)

한국학술단체연합회 학술세미나 개회사

지식기반사회구축에 주어진 역할

새로운 천년을 184일 앞두고 있는 오늘 "지식기반사회를 위한 학술단체의 역할"을 주제로 학술 세미나를 갖게 되었습니다.

우리가 겪고 넘어야 할 21세기는 단순한 세기적 변화가 아니라 인류 문명의 큰 흐름을 바꾸어 놓는 문명 패러다임의 전환이라고 합니다. 이러한 문명사적 전환은 탈산업사회화, 정보화, 세계화, 다원주의화 등으로 표현되며 지식사회를 의미하기도 합니다. 그동안에 물질이 부의 척도였다면 이제는 눈에 보이지 않는 지식 즉 어떤 아이디어를 갖고 있는가가 부의 척도가 된다는 것입니다. 그리하여 지식기반사회를 만드는 일이 국가적 국민적 과제라 아니할 수 없습니다.

무한경쟁의 시대, 세계화, 정보화 사회의 도래와 새로운 천년을 맞이하는 현시점에서 IMF의 시련을 딛고 또 한 번의 도약을 기약하기 위해서 사회의 각 분야가 십이분 노력을 경주해야 할 때입니다. 이제 창조적인 지식의 생산과 첨단기술의 개발을 바탕으로 한 지식기반 사회의 달성은 우리 모두의 화두가 되었습니다. 특히 진정한 의미의 지식 기반 사회는 지식 창출의 당사자일 뿐만 아니라 지식의 공유와 보급 그리고 미래를 위한 토론과 협의를 이끌어 가는 학술단체가 제 역할을 할 수 있을 때 가능할 것임은 의문의 여지가 없습니다. 이러한 취지에서 이번에 한국학술단체연합회는 회원학회의 중지를 모아 "지식기반 사회를 위한 학술단체의 역할"이라는 제목으로 학술토론회를 개최하게 된 것을 매우 뜻 깊게 생각합니다.

정부에서도 최근 "두뇌한국21(BK21) 사업추진계획을 확정 발표한 바 있습니다. 우수한 연구 인력의 양성과 연구의 생산성을 높이는 일에 집중 투자하겠다는 계획입니다. 그동안 우리는 남이 만들어 놓은 지식을 도입하여 소비하는 역할에 주력하였다 해도 과언은 아닙니다. 항상 선진국의 뒤를 따라 그를 모방하는 데 급급한 나머지 우리 것을 소홀히 하고 많은 처방들이 문제 해결에 큰 도움을 주지 못하고 있다는 비판도 있어 왔습니다. 더욱이 지식사회에 대한 불신과 비하적 시각이 없지도 않습니다. 정치권력과 경제권력의 오만도 문제지만 지식인들의 의지와 용기 그리고 능동적 대처도 충분하였는가를 반문하여야 할 것입니다.

새로운 세기에 우리는 물질적 풍요만이 아니라 지식과 도덕이 함께 하는 진정한 의미의 선진국이 될 수 있도록 새로운 지식을 창출하고 국제적 경쟁력을 갖추어 나가야 할 것입니다. 지식기반사회는 공장건물이나 시설이 아니라 사람의 마음과 두뇌가 새롭게 되어야 하고 창의력이 한국인 두뇌에서 콸콸 쏟아져야 되겠습니다. 이러한 역할을 다하기 위하여 지식인 학자, 교육자들이 힘을 모아야 할 것입니다. 지구상에서 가장 높은 교육열을 가지고 있고 높은 고등교육 인구를 가진 우리나라이기 때문에 21세기의 지식기반사회를 구축하는 일은 우리 지식인 학자, 교육자들이 마음만 먹는다면 쉽게 달성할 수 있는 과제라고 생각합니다. 뿔뿔이 흩어져 있는 기존지식 인력을 보다 협력이 가능하도록 구조를 조정하여 시너지 효과도 창출하여야 할 것입니다. 아울러 지식유통도 활발히 이루어지도록 개혁하고 연구과제의 조정 등으로 효율성도 높여야 할 것입니다.

지금 본 연합회가 지난 2월 발행한 학회 총람에 1,400여 개의 크고 작은 학회가 수록되어 있습니다. 학술단체 간 정보교환과 협력, 학술문화 창달을 위한 정책개발 그리고 학술정보 수립과 교환을 목적으로 1997년 12월 창립된 본 학술단체연합회는 앞으로 각 분야의 학술단체들이 회원 상호 간의 협력 체제를 강화, 지식기반 사회 구축에 주어진 역할을 다하는데 최선을 다할 것입니다.

바쁘신 중에도 오늘 학술 세미나에 축사를 맡아주신 서영훈 제2의

건국 범국민추진위원회 상임위원장께 감사드리고 논문을 발표하여
주시고 토론을 맡아 주신 여러 학회장님들과 김신복 부회장을 비롯
한 준비위원 여러분께 감사를 드리면서 개최 인사를 드립니다. 감사
합니다. (1999. 6.)

한국학술단체연합회 기조강연 요지

학술연구의 질 향상과 단체의 역할

새천년의 시작을 수주일 앞둔 이때 회원 여러분의 건승을 빕니다. 한국학술단체연합회가 오늘 창립 2주년을 기념하는 세미나와 함께 정기총회를 개최하게 된 것을 뜻깊게 생각합니다.

새천년을 향한 지식기반사회 구축에 학술단체의 역할이 더욱 중요하고 학술연구의 질적 고도화가 크게 요구되고 있습니다. 이에 부응코자 이번 세미나의 주제를 "21세기 학술연구의 질 향상과 학술단체의 역할"로 정하였습니다. 금세기 마지막으로 본 연합회가 주최하는 이번 학술 세미나가 각 학회 회원 여러분의 적극적인 참여로 학제 간의 교류와 협력의 장이 되길 바라 마지않습니다. 주제 발표를 맡아주신 한국경영학회장 조성하 교수님과 한국학술진흥재단 한민구 총장님께 감사드립니다.

돌이켜보면 지난 2년간 본 연합회는 IMF 체제하의 위기와 새 정부의 출범 등 여러 가지 여건 변화와 제약에도 그 설립 취지에 충실히 부응하고자 노력하여 왔습니다. 그동안 본 연합회의 발전을 위해 수고해 주신 임원 학회장 여러분과 회원 학회장 여러분께 감사드립니다. 특히 본 연합회에 물심양면으로 지원을 하여 주신 한국학술진흥재단 이사장님과 관계관 여러분께 심심한 사의를 표합니다.

본 연합회는 지난 2년 동안 매년 2회에 걸쳐 소식지를 발간했고 3회의 연차학술세미나를 개최한 바 있으며 국내 각 분야에서 활동하고 있는 크고 작은 학회 1,400여 개의 정보를 수집 정리하여 지난 2월 「학회총람」을 발간 배포함과 아울러 인터넷에도 같은 정보를 제공하여 모든 관심 있는 분들이 이용할 수 있도록 하였습니다.

한국학술진흥재단의 지원을 받아 한국의 학술 활동을 정리하고 21세기를 위한 새로운 방향을 제시하기 위하여 우선 국어국문학, 한국철학, 심리학, 물리학 및 전자공학, 작물학 등 6개 분야의 학술 연구의 동향과 전망을 관련 학회 책임하에 연구하여 보고서를 인문·사회 편과 자연과학 편으로 나누어 편집, 두 책을 최근에 발간하였습니다.

이 보고서의 기획과 편집 그리고 집필에 참여하신 국어국문학 회장

임종기 박사님을 비롯한 편집위원 여러분께 감사드립니다. 앞으로 한국학술연구의 동향 등과 전망은 예산이 확보되는 대로 다른 주요 학문 영역별로 확대하여 계속 발간할 계획입니다.

20세기를 마감하고 새로운 천년의 시작이 이제 수주일 앞으로 다가왔습니다. 1천 년대가 지나가고 2천 년대가 시작된다고 하는 것은 우리 문명사에 큰 의미를 갖는다고 생각합니다. 수십 세기 동안 지속된 농경사회에서 지난 수 세기의 산업사회를 거쳐 이제 우리가 맞을 21세기 새로운 천년은 지식정보의 시대로 그 변화 속도도 가속화되고 있습니다.

우리가 맞을 새로운 천년은 지식 기반 사회로 불리고 있습니다. 창조적 지식이 다른 모든 생산요소보다 높은 부가가치를 창출하게 되고 경제, 사회, 문화 모든 면에서 지식의 창의적 활용이 발전과 선진의 척도가 될 것으로 전망합니다.

지식의 양적 팽창과 아울러 정보통신의 발달로 그 전파와 전환의 속도가 가속화하여 정보사회화가 지식기반사회의 특징이라고 볼 수 있습니다. 새로운 지식 창출을 위한 학술연구를 주 업무로 하는 우리 학술단체의 역할이 이 새로운 천년 지식 기반 사회의 구축에 절대적 위치를 점한다는데 모두가 동의 할 것입니다.

새로운 세기에 우리는 물질적 풍요는 물론 지식과 도덕이 함께 하는 진정한 의미의 선진국이 될 수 있도록 새로운 지식을 창출하고 국제 경쟁력을 높여나가야 할 것입니다. 이러한 역할을 다하기 위하여 지식인, 학자들이 힘을 합쳐야 할 것입니다. 흐트러진 기존 지식 인력을 서로 가까이 연결 가능하도록 구조를 조정하여 시너지 효과를 창출하고 활발한 지식의 유통이 이루어지도록 하여야 할 것입니다.

우리 학술단체연합회는 앞으로 각 분야 회원 단체들이 상호 간의 협력 체제를 강화, 지식기반 사회 구축에 주어진 역할을 다하는 데 최선을 다할 것을 기약하면서 현재 우리나라 학술단체가 안고 있는 문제점을 몇 가지 지적하고자 합니다.

첫째, 학술단체가 지나치게 난립하고 있다는 점입니다. 좁은 분야에 관한 학술단체가 친목회 수준으로 결성되어 활동이 유명무실한 경우도 있고 같은 분야에 두세 개 이상의 학술단체가 있어 서로 갈등을 빚는 예도 많은 것으로 사료됩니다. 한 예로 역사학 분야에는 모두 106개의 연구단체가 설립, 중복과 혼란을 초래한다는 보고도 있습니다. 이러한 문제들을 자율적으로 조정하고 보다 자연스러운 학문 풍토 속에서 해결하기 위한 방안 마련이 있어야겠습니다.

둘째, 학술단체의 영세성을 지적하고 싶습니다. 학술단체 대다수가 소수의 회원으로 구성되어 있고 열악한 재정 상황을 면치 못하고 있습니다. 많은 인문·사회 분야 학회들이 기간 학회들까지도 자체 사무실을 갖추지 못하거나 상근직원을 고용하지 못하고 있는 상태입니다.

영세성에도 불구하고 학문 발전에 기여하고 있는 학회가 적지 않다고 하는 것도 인정하면서도 학술단체들이 영세성을 탈피할 수 있도록 스스로 노력하는 한편 외부의 지원 체계가 반드시 갖추어져야 할 것으로 생각합니다.

셋째, 학문적 권위의 확립과 비판적 풍토의 조성이 촉진되어야 하겠습니다. 학문은 꾸준한 연구 업적의 축적을 기반으로 하여 권위가 형성되고 학문적 진리에 접근도 가능합니다. 이를 위해서는 끊임없는 비판과 토론의 과정을 거쳐 새로운 연구와 검정을 거쳐 건전한 학문풍토가 이루어져야 할 것입니다.

넷째, 학술단체 간, 분야 간에 협동과 상호교류가 보다 활발히 전개되어야겠습니다. 새천년을 맞는 지식정보 사회에서는 다양한 학문 분야 간의 협력과 상호교류를 통한 창조적 학술 활동의 진작만이 보다 밝은 미래를 약속해 줄 수 있을 것입니다. 본 연합회가 이번에 발간한 『한국학술연구의 동향과 전망』은 바로 이러한 취지에서 기획된 것입니다.

다섯째, 학술단체에 대한 보다 나은 지원정책을 마련하고 학술 활동의 질을 재고하기 위해서는 학술사회 스스로 합리적인 학술 활동 평가 기준과 제도를 개발, 정착시켜 나가야 합니다. 이러한 작업은 매우 민감한 것이지만 현재 400여 개 이상의 학술단체가 가입하고 있는 본 연합회가 중, 장기 계획을 마련하여 체계적인 연구와 토의를 바탕으로 종합적인 계획을 수립, 추진한다면 가능할 것입니다.

여섯째, 한국학술단체연합회는 정부산하기관이 아닌 민간 단체입니다. 학술단체의 적극적인 참여 없이는 자율단체로써의 기능을 다 할 수 없고 계속 정부 주도의 학술정책을 탈피할 수 없을 것입니다. 따라서 회원 학회 여러분의 적극적인 참여와 협동이 함께 하기를 간곡히 부탁드립니다.

그동안 본 연합회를 2년간 운영하여 오면서 임원학회 회장의 빈번한 교체로 업무의 연속성 유지에 어려움이 있었다는 고백을 드리지 않을 수 없습니다. 많은 학술단체의 회장 임기가 1년 단위로 되어있어 본인이 회장을 맡은 2년 동안에 2회 이상 임원이 교체된 셈입니다. 앞으로 현역 학회장 이외의 상근 임원의 확보책을 강구할 필요가 있다고 생각됩니다. 물론 사무국의 기반이 공고히 된다면 이 취약점은 보완이 가능할 것이지만 강력한 조직으로 연합회가 발전하기 위해서는 현재의 현역 학회장단만의 임원 조직은 재고되었으면 합니다. 그동안의 취약점을 다음으로 이어질 집행부가 보완하여 보다 강력한 학술단체연합회로 도약할 것을 기대해 봅니다.

결론적으로 우리나라 학술단체들이 정돈된 체계와 안정된 재정 기반을 확보하고 학회지와 연구물들의 토론과 비판 과정을 거쳐 학문적 권위가 세계적으로 인정받게 되어야 하며 학제 간 그리고 국제학술단체 간에 활발한 교류와 협력을 이루어 새천년의 한국 학술이 민족 번영

과 인류 공영에 크게 이바지하게 되는 날이 머지않아 도래하기를 여러
분과 함께 기원합니다.

끝으로 본 연합회의 발전을 위해 적극적 참여와 지원을 하여 주신
여러분께 거듭 감사드리며 본 연합회의 발전에 지속적인 지원과 협조
있으시길 빌면서 강연을 마칩니다. 감사합니다. (1999. 10.)

한국유아교육학회 기조강연

전남대학교
'글로벌 시대의 유아교육: 우리가 옛 경험에서 무엇을 얻을 수 있는가?'

존경하는 회장과 학회회원 여러분 그리고 참석하신 귀빈 여러분!
오늘 한국 유아교육학회가 주관하는 국제학술심포지움에 참석하여
주제 강연을 하게 된 것을 영광스럽게 생각합니다.

교육학을 공부하였으나 유아교육과 전공은 아닙니다. 그러나 오늘
이 자리에 서게 된 것은 세 자식을 키워보고 현재 여섯 명의 손자손녀를
키워본 경험을 가진 사람으로서 "세 살 버릇이 여든까지 간다"는 옛말이
아직 유효하다고 믿고 내가 느끼는 오늘의 유아교육 문제를 여러분과
함께 생각해 보고자 합니다. 그리하여 '글로벌 시대의 유아교육: 우리가
옛 경험에서 무엇을 얻을 수 있는가?'로 이야기 주제를 잡았습니다.

내가 가진 교육철학은 모든 교육의 종국적 목적은 건강한 육체와 건강한 정신력을 길러 그가 조화롭게 다른 인간들과 함께 행복한 삶을 향유할 수 있는 능력을 키워주는 데 있다고 생각합니다.

건전한 인간은 건전한 육체와 건강한 정신으로 구성된다고 할 수 있습니다. 본인의 어릴 때의 환경이 오늘의 나의 모습과 연관이 있음을 느낍니다. 저는 농촌 환경에서 초등학교 6년을 5킬로나 떨어진 곳으로 걸어 다녔습니다. 이것이 오늘 나의 다리 힘을 길러주고 건강한 체질을 주었습니다. 그리고 본인의 강인한 정신력은 어려서 엄한 저의 아버님 으로부터 매섭게 자주 맞은 회초리 때문이라고 생각합니다. 그리고 남에 대한 배려를 할 것을 가르쳐주셨습니다. 이것이 오늘 본인이 덜 이기적인 성격을 갖게 해 준 것으로 믿고 있습니다. 만약 한 인간 연구자가 나를 표본으로 하여 실험설계를 하며 연구를 진행하였다면 "세 살 버릇이 여든까지 간다"는 옛말이 검증될 수 있다고 생각합니다.

나는 여러분에게 잘 알려진 옛이야기인 공자의 제자 증자 (505-437 BC)가 그의 아들에게 정직한 인성을 기르기 위해 집돼지 를 잡은 고사를 소개하고자 합니다.

증자는 날마다 세 가지로 본인을 살폈다. "남을 위하여 일을 도모해 줌에 충성스럽지 못한가? 벗과 더불어 사귐에 성실하지 못한가? 전수받 은 것을 복습하지 않는가"

증자는 또한 아버지라는 이름에 걸맞는 좋은 아버지가 되려고 각별한 주의를 기울였다. 그는 자식을 엄격하게 대하며 충성스럽고 성실할 것, 거짓말하지 말 것을 가르쳤을 뿐만 아니라. 우선 몸소 모범을 보여 자식에게 좋은 본보기가 되었다. 그는 부모의 언행과 일거수일투족이 모두 자식에게 깊은 영향을 미칠 것이라고 생각했다. 그래서 그는 특히 부모가 자식앞에서는 언행을 조심하고, 말한 것은 반드시 실행에 옮기며 절대로 언행이 상반되는 행동은 해서는 안 된다고 강조했다.

증자가 돼지를 잡아가며 아들을 교육시킨 고사가 기재되어 있는데 이는 줄곧 세상 사람에게 전해져오고 있다.

어느 날, 증자의 처가 집안일을 서둘러 마치고 몸단장을 하고 거리에 나가려고 했다. 한 곁에서 놀고 있던 어린 아들이 어머니가 나가는 것을 보고는 얼른 뛰어가서 어머니의 옷깃을 붙잡으며 자기도 데리고 나가 놀자고 울며 떼를 썼다. 증자의 처는 아들을 데리고 나가면 성가실 것 같아서 데리고 가고 싶지 않았다. 그러나 아이가 끝도 한도 없이 매달리며 떨어지지 않자 그를 달래며 말했다.

"착하지, 엄마 말 잘 들어야지. 집에서 잘 놀고 있으면 엄마가 돌아와서 우리 집에 있는 저 돼지를 잡아서 고기 요리를 해주마, 좋지?

어린 아들은 고기를 먹는다는 소리를 듣자마자 곧바로 울음을 멈추고는 눈을 깜빡거리며 진지하게 물었다.

"정말이에요?"

어머니는 할 수 없이 고개를 끄덕였다. 아들은 천진난만한 얼굴에 웃음을 가득 짓고는 팔짝팔짝 뛰며 한쪽으로 가서 놀았다.

이 광경을 옆에 서 있던 증자가 모두 보았다. 증자는 아내가 아이를 어르려고 한 것일 뿐 결코 진짜로 돼지를 잡으려고 한 것이 아님을 알고 있었다. 당시 그는 처의 행동을 막고 싶었지만 때는 이미 늦어버렸다. 이제 어떻게 할 것인가?

증자의 처는 밖에서 집으로 돌아와 증자를 보자마자 크게 놀라고 말았다. 증자가 굵은 밧줄로 돼지를 묶고 있는 데다가 그 곁에는 서슬이 시퍼런 칼이 놓여 있었던 것이다.

아니, '저 사람이 정말 돼지를 죽이려고 하나!'

그녀는 황급히 앞으로 뛰어가 증자를 말리며 말했다.

"당신 제정신이에요? 좀 전에는 아이가 하도 억지를 부리며 매달려서 달래려고 어쩔 수 없이 그렇게 말한 것뿐인데. 어째서 정말 돼지를 죽이려고 하는 것예요!"

증자는 여전히 돼지를 계속해서 묶었다. 다 묶고 나서 숨을 돌리고는 근엄하고 진지하게 처에게 말했다.

"당신이 그냥 해 본 소리고, 정말 돼지를 잡으려고 한 것도 아니라는 건 알고 있어요, 그러나 당신 알고 있소? 아이는 아직 사리를 분별할 줄 몰라서 그저 부모의 모습을 보고 따라 행동할 줄밖에 모른다는 것을. 오늘 당신이 말한 것을 책임지지 않고, 어떤 일을 해주겠노라 하고서는 해주지 않으며, 아이를 달랠 셈으로 속이는 것은 바로 자식에게도 거짓말하고 남을 속이라고 가르치는 것과 같소. 어머니라는 사람이 아들을 속인다면 아들은 어머니의 말을 믿을 수 없다고 여기고 앞으로 그에게 아무리 좋은 가르침을 준다 해도 그 애는 당신의 말을 믿기 어려울 것이오. 당신이 이렇게 행동한다면 어떻게 아이를 바르게 교육시킬 수 있겠소?"

아내는 남편의 말이 구절마다 모두 옳다고 느꼈다. 그녀는 남편이 아이를 대하는 진실한 교육 태도, 말한 것을 책임지고 언행을 일치하며 심혈을 기울여 아이의 품성을 성실하게 기르려 하는 고결한 행동에 탄복했다. 그녀는 마침내 부모는 자식이 따라 하는 본보기로서 자식에게 좋은 귀감을 보여야 한다는 것을 깊이 깨달았다.

'이번 교훈을 명심하여 앞으로 말과 행동함에 있어서 각별히 신중해야겠구나.'

아내는 남편이 돼지를 잡는 것을 더 이상 말리지 않았다. 그들은 하마터면 아이의 영혼에 나쁜 영향을 끼쳤을 뻔한 것을 만회했다. 비록 적지 않은 대가를 치렀지만 그만한 가치는 충분히 있었다.

인간성 문제가 정보화시대에 큰 도전을 받고 있습니다. 과학기술의 발전이 과거에 상상할 수 없었던 새로운 국면을 맞게 하고 있습니다.

인간 생활의 근본을 위태롭게 하고 있습니다.

최근에 유네스코에서 인간의 발달에 중요한 요소로 다음 다섯 가지를 강조하고 있습니다.

첫째로 모든 인간은 각자 독특한 개성을 가지고 있다. 동시에 모든 인간은 전통 유산을 공유하며 살아가야 한다. 따라서 그 개인이 처한 문화공간에서 열린 대화를 통하여 의미 있는 생활을 향유할 수 있다.

둘째로 진실이 신뢰를 낳는다. 신뢰가 없으면 인간관계의 기초가 무너지며 도덕 사회의 가능성은 없다.

셋째로 감정이 앞서면 자기 선택에 관한 명확한 판단을 흐리게 한다. 그러나 이성만을 앞세워도 인간사회를 냉담하게 하고 타산적으로 만든다. 따라서 이성과 감성의 상호보완적 조화를 필요로 한다.

넷째로 개인 생활의 만족은 결국은 자기도취적이다. 초월적 목적을 가진 인생은 광신이나 생의 부정에 빠질 수도 있다. 우리는 선을 지향하는 도덕적 통찰력을 길러야 한다.

다섯째로 인간은 정신과 육체를 가지고 있고 물질적, 정신적 충족을 필요로 한다. 그렇기 때문에 부에 대한 추구는 정신 수양을 통해 조절되어야 한다. 정신적 만족을 통해 물질적 만족도 억제되어야 한다.

어린이의 인성교육과 정서 개발을 위해서는 가족구조의 최근 변화도 큰 문제가 아닐 수 없습니다. 최근에 일본 정부는 그들의 교육개혁안에서 가정의 교육 기능을 강조하고 있습니다. 가정이 교육의 원천임을 강조하고 있습니다. 특히 가정은 어린이의 생활 습관과 규범을 가르치는 곳이다. 그리고 대화의 장이며 영혼을 길러주는 정원입니다.

모든 어린이 교육은 모델(모방)에서 시작됩니다. 어린이는 옳고 그름의 판단력 없이 부모의 행동을 보고 배웁니다. 어린이의 예의 교육을 위해 부모는 세심한 주의를 해야 합니다. 교육은 자유와 규칙의 조화가 필요합니다. 일본에서는 초등학교에서 도덕과목, 중학교에서는 인간과목, 그리고 고등학교에서는 인간생활과목을 가르칩니다. 말하기, 읽기, 쓰기 등 조기 교육을 강조하고 있습니다. 고전, 철학, 역사, 예술, 문화 그리고 체육도 강조됩니다. 자연, 직업, 기술, 예술, 문화감상 등은 참여를 통해 학습합니다. 학생들이 사회봉사를 통해 다른 사람과 더불어 사는 방법을 터득하게 합니다. 지역의 지도자들이 교육활동에 참여 지원하고, 문제 학생에 대한 관심을 강화해야 합니다.

교사들은 학생과 학부모의 신뢰를 받도록 노력해야 합니다. 그리고 유해 정보산업으로부터 학생들을 보호해야 합니다. 비정부기구(NGO)의 협조를 얻어 유해 정보로부터의 피해를 예방하고, 이러한 유해 정보 공급자에게 법적 제재를 가하며, 그러한 공급을 중지하도록 압력을 가해야 합니다. (2004. 9. 23)

전국사립대학총장협의회 개회사

사학 발전을 위한 지혜를 모으자

오늘 우리나라 전국사립대학교 회원 대학 총장님들을 모시고 "위기에 처한 사립대학의 진로"라는 주제로 심포지엄 및 총회를 개회하게 된 것을 매우 기쁘고 뜻깊게 생각합니다.

학년말 학사 업무와 신입생 모집 등 바쁘신 일정에도 불구하고 오늘 회의에 참석하여 주신 총장님 여러분과 자리를 빛내주시기 위해 우리와 함께하여 주신 내빈 여러분께 감사드립니다. 그리고 오늘 주제 발표를 맡아주신 손봉호 동덕여자대학교 총장님과 김병묵 경희대학 총장님 그리고 토론에 참여하실 정순훈 배재대 총장님과 차종순 호남신학대 총장님께도 감사를 드립니다.

존경하는 총장님 여러분!

지금 우리나라 교육은 변화된 시대적 사명을 다하지 못하고 대학교육의 정체성, 전문성, 경쟁력, 신뢰성 모두를 상실한 채 획일적 틀 안에서 방황하고 있습니다.

우리는 교육열을 자랑하고 정보화를 자랑하고 있습니다만, 작금의 수능부정사건은 60여 만의 전 수험생을 피의자로 몰고 있고 사이버 범죄로부터 전 국민과 학생들을 불안하게 하고 있습니다. 참으로 부끄럽고 교육을 이끄는 우리 총장들은 오늘의 현상을 보고 통탄과 그 책임감을 느끼지 않을 수 없습니다. 우리는 그 원인이 어디에 있는지를 찾기 위해 진지하게 고민하여야 합니다. 우리는 경직된, 획일화된 중앙 통제적 교육체제에서 하루속히 벗어나야 하겠습니다.

정보화 사회에서 국제 경쟁이 대학들의 경쟁으로 압축되어 가고 있으며, 국제 경쟁의 최전선에 대학이 서 있어야 합니다. 그러나 무한경쟁의 정보화, 세계화 시대를 맞아 시대가 바뀌고 사회가 변화하고 새로운 교육의 원리와 기법이 발견되는 오늘에도 우리의 교육시스템은 구태의연하게 중앙집권적 입시교육의 틀을 벗어나지 못하고 있습니다.

한국의 학교 교육은 공부 아닌 공부에 학생들이 방과 후, 밤이나 주말, 방학 등 놀아야 할 시간, 자야 할 시간을 모두 입시 준비에 투입하고 있어 도덕, 가치관 교육, 창의적 교육 등을 불가능하게 하고 살벌한 무철학의 경쟁으로만 학생들을 몰아붙이고 있습니다. 이러한 교육 현실이 오늘날 수능시험 부정 현상을 전국적으로 만연되게 한 원인이라고 생각됩니다. 이번 기회로 우리는 우리 교육정책을 근본적으로 재검토하여 올바른 해결 방안을 찾아야 한다고 생각합니다. 그 올바른 길이란 사립대학에 대한 자율권을 최대로 확장하는 일이라고 생각합니다.

그럼에도 불구하고 정치권은 사학에 대한 자율권 신장이나 지원책을 외면한 채 사학 구성원 간에 불신과 불화만 조장할 위험성이 있는 지배구조의 변화를 위한 사립학교법 개정안을 국회에 상정하여 추진하려고 하고 있습니다.

지금까지 우리 사립대학은 교육입국의 일념으로 정부의 간섭과 차별적 처우를 감내하며 국가 발전에 필요한 인재 육성에 진력해 왔습니다. 대학교육의 80%를 담당하고 있는 우리 사학은 60~70년대에는 산업화의 역군을 길러냈고 80~90년대는 민주화 실현에 앞장섰으며 지금은 교육수요의 감소라는 심각한 위기 하에서도 세계화를 위해 노력하고 있습니다.

그럼에도 불구하고 정부는 교육의 공공성을 추구하는 과정에서 사학에 대한 재정적 지원 의무는 등한시하면서도 운영의 자율권을 심각하게 제한해 왔으며, 사학의 전반적 위기상황이 도래한 이후에는 시장원리를 내세워 사립대학의 위기를 방관하고 있습니다. 이러한 상황에서 일부 편협한 교육관을 가진 소수집단의 주장에 근거한 사립학교법 개정안은 과격한 노동단체의 경영 참여 논리를 교육계에 도입, 교육환경을 혼란에 빠트릴 위험성이 있다고 생각됩니다. 그리하여 오늘 심포지엄에서 사학의 자율성 문제와 현재 정부 여당에서 추진코자 하는 사립학교법 개정안에 대한 심도 있는 논의를 통해 정부 당국에 사학 발전을 위한 올바른 정책건의를 도출하고자 합니다.

우리 사학은 일치단결하여 지난날의 일부 사학의 과오를 청산하고 사회적 신뢰를 회복하여야 하며, 그동안 방관하고 감내해 왔던 정부의 획일적 통제로부터 과감히 벗어난 사학 본연의 진로를 찾아야 할 것입니다. 그리하여 급변하는 무한경쟁의 시대에 대처할 수 있도록 경쟁력 제고에 최선을 다하여야 할 것입니다.

오늘의 심포지엄이 소기의 성과를 거둘 수 있도록 적극적인 참여와 지원을 부탁드리며 발표와 토론에 참여하신 총장님들께 거듭 감사드립니다. 끝으로 회원 대학 총장님의 건승과 회원 대학 모두의 발전을 기원하면서 개회사에 갈음 합니다. (2004. 5. 6.)

한국학술단체연합회 제1회 통합학술대회 축사

존경하는 한국학술단체연합회 조동성 회장님, 회원학회 회장님과 회원 여러분 그리고 내외 귀빈 여러분!

오늘 이 역사 깊은 고도 경주에서 우리나라 대표적 학술 단체들의 총연합체인 한국학술단체연합회가 주최하는 제1회 통합학술대회 개회식에 참석하여 축하 인사를 드리게 된 것을 매우 기쁘게 생각합니다. 또한 뜻깊게 생각합니다.

먼저 오늘 이 뜻깊은 국내 최대의 학술대회를 기획하고 주관하시는 한국학술단체연합회 조동성 회장님과 임원 여러분께 심심한 경의와 찬사를 보냅니다.

한국학술단체연합회는 여러분이 아시다시피 25개의 모학회 회장들로 준비위원회를 구성하여 약 1년에 가까운 준비과정을 거처 지금으로부터 9년 전인 1997년 12월에 약 300개의 학회가 참여, 창립, 출범한 후 오늘에 이르렀습니다. 본인이 당시 한국교육학회 회장으로 준비위원장을 맡아 초대 회장으로 일을 한 인연으로 이 자리에 섰습니다. 그동안 제 뒤를 이어 김신복 교수님, 최영희 교수님, 이태진 교수님 그리고 현 조동성 회장으로 이어졌습니다. 이 자리를 빌려 역대 회장님들의 노고에 대해 감사를 드립니다.

오늘 제가 감사하게 느끼는 것은 우리나라의 정치 세계에서는 통치자가 바뀌면 그 전의 역사가 부정되고, 단죄되고, 전임자는 인정을 하지 않는 것이 통례인데 우리 학술단체연합회가 역대 회장을 이 대회에 초대하여 준 것은 역시 우리 학계는 정계보다는 앞서 있고 나라의 장래에 희망을 갖게 합니다.

존경하는 학술단체연합회 회원 여러분

본인은 이번 통합학술 대회가 "기초와 응용이 만날 때: 기초연구가 응용연구로 확산되는 접합점의 모색"을 주제로 하여 인문, 사회과학, 자연과학, 공학, 생명과학 등 모든 분야가 함께하여 학제 간 공동연구의 기회를 창출하고 학문교류의 장을 마련한다는 점에서 한국 학술단체의 위상이 그 어느 때보다도 고양될 것으로 믿습니다.

본인은 지금까지의 우리나라 학계가 기초연구에 소홀하였고 사회 모든 분야에서 지나치게 경제성이 강조되어 돈 되는 것만 너무 치중한 나머지 원칙보다 편법이, 진실보다 위장이, 내용보다 포장이, 마음속보다 겉모양이 지배하는 한국 사회를 만든 것이 아닌가 자문할 때가 있습니다.

축사의 자리이지만 본인이 경험한 처지를 한두 가지 고백하고 싶습니다. 저는 친구들 앞에서 교육학 공부를 했다고 말했다 봉변 가까운 반응을 경험한 일이 있습니다. 학생들의 과외 문제, 대학입시 문제 해결을 못 한다고 책망을 많이 들었습니다. 이와 같은 친구들의 솔직한 학자들에 대한 불만을 들을 때 나는 말문이 막혀 얼굴이 붉어지기도 합니다. 한때는 한국 교육은 교육학자가 망쳐 놓았다는 세간의 혹평도 있었습니다. 제가 한국교육학회 회장을 맡고 있을 때 위와 같은 불평과 원망을 듣고 나는 한국정치학회가 잘해서 우리 정치가 이러냐고 맞받아 대응하여 국면을 모면하기도 했습니다.

저는 대학 총장을 비교적 오래 한 경험이 있습니다. 문교부장관으로부터 학생 데모를 막지 못한다고 꾸중을 듣기도 했습니다. 한때는 학생 데모를 다스리지 않고 총장들은 그동안 무엇을 했느냐고 대통령님으로부터 무능한 총장들이라는 책망도 경험했습니다. 그때마다 실소를 금할 수가 없었습니다. 학자 여러분 저의 고통을 이해하시겠습니까? 이해가 안 되셔도 동정은 해주시리라 믿습니다.

우리나라는 참으로 엄청난 나라가 되었습니다. 지난 반세기 동안 우리 앞에 다가온 여러 번의 격동기를 슬기롭게 이겨내고 오늘에 이르렀습니다. 경제뿐만 아니라 종교, 스포츠, 예술 등 여러 분야에서 우리 한국인이 두각을 나타내고 있습니다. 참으로 자랑스럽습니다. 그러나 한편으로 부끄러운 점이 없지 않습니다.

사회 각 분야에서 불신과 부정, 독선과 아집, 편견과 이기가 난무하여 전 세계 사람들로부터 불신을 받고 있습니다. 과외 공화국, 투기 공화국, 거짓말 공화국, 집단 이기주의 등 우리가 극복하여야 할 국민의식의 선진화는 참으로 절실한 과제입니다.

우리는 사회 모든 영역에서 도덕성과 윤리 규범을 확립하여야 합니다. 학자들은 수범을 보여야 하고 국민들뿐만 아니라 정책집행자들과 사회 지도층들을 계도할 의무가 있습니다. 이 모든 사회병리 현상을 연구하여 올바른 처방을 제시하여야 합니다.

학자들은 자기 전공을 통하여 세상을 이해하려 합니다. 그러나 세상만사는 그렇게 단순하지 않다는 사실을 우리는 인식할 필요가 있습니다. 오늘 이 학술대회가 그동안 편협하고 폐쇄적인 학술연구 풍토 때문에 올바른 종합적 처방을 도출하지 못한 데 대하여 우리 학계가 반성하고, 무한경쟁의 세계화 속에서 학제 간의 공동 연구와 교류를 활성화하여 우리의 학문 연구 수준을 고양하면서 국운 융성의 기회로 이어지기를 기대합니다.

존경하는 학술단체연합회 회원 여러분의 노력으로 우리 사회가 더욱 희망 있고 더욱 밝고 정직하고 신뢰할 수 있는 살기 좋은 나라로 발전되기를 바랍니다.

끝으로 이번 학술대회가 우리나라 학술연구 풍토의 개선과 기초학문과 응용학문 발전은 물론 여러 학제 간의 유대가 강화되는 계기가 되기를 빌며 조동성 회장님을 비롯한 회원 여러분의 건승과 한국학술단체연합회의 무궁한 발전을 기원하며 축사에 대합니다. 감사합니다.

(2006. 7. 6.)

제7차년도 산 · 학 · 연 컨소시엄 최종발표회 및 성과물 전시회 축사

중소기업인, 중소기업청, 광주광역시, 산학협력원 관계자 여러분! 그리고 자리를 함께하신 내빈 여러분!

오늘 『제7차년도 산 · 학 · 연 컨소시엄 최종발표회 및 성과물 전시회』를 진심으로 축하하며, 여러분들과 함께 산 · 학 · 연 협동의 중요성을 새로이 다지게 된 것을 매우 뜻깊게 생각합니다.

21세기는 지식과 정보가 가장 중요한 경쟁력이 되는 시대입니다. 과학기술은 지식과 정보의 핵심입니다. 지식정보시대는 이제부터가 시작입니다. 인터넷 등 정보통신과 생명과학기술이 주도하는 새로운 과학기술의 패러다임은 지금부터 본격적인 경쟁시대로 접어들고 있습니다. 이와 같은 무한경쟁 속에서 우리가 살아남는 길은 급격한 환경변화에 대응할 수 있는 기술력과 정보력을 갖춘 우수한 중소기업을 육성하는 길뿐이라고 생각합니다.

이러한 때에 기업, 대학 및 연구기관이 공동으로 추진하고 있는 "산·학·연 공동기술 개발사업"이야말로 우리나라 기업의 경쟁력을 세계 일류수준으로 향상시키는 효과적인 방안 중 하나일 것입니다. 이제는 기업이나 대학·연구기관이 독자적으로 기술력 향상을 도모하는 시대는 지났습니다. 여러분도 잘 아시는 바와 같이 미국과 같은 선진국에서는 산·학·연 협력을 통해 눈부시게 경제 활력을 회복하고 있으며 이러한 성공사례는 우리 모두에게 커다란 교훈을 주고 있습니다.

광주대학교도 지난 1997년 제5차년도 산·학·연 컨소시엄사업부터 참여하여 첫해에는 14과제, 6차년도에 15과제를 성공적으로 수행하였습니다. 특히 7차년도 16과제에 대하여 성실하게 마무리하는 것을 치하하며, 특히 본 대학교에 장학금까지 기탁한 성공적인 사례는 산·학·연 협동사업의 새로운 가능성을 보여주었다고 생각합니다.

아무쪼록 오늘의 이 발표회가 우리 지역에 산·학·연 협력을 확산시키고 나아가 우리 경제의 경쟁력을 강화시키는 뜻깊은 도약의 장이 되기를 기원합니다. 감사합니다.

금빛평생교육봉사단발대식 격려사

평생교육 구현의 선구자 되시길

존경하는 금빛평생교육봉사단 여러분!

오늘 대전을 필두로 전국에서 금빛평생교육봉사단의 발대식에 격려의 말씀을 드리게 된 것을 매우 기쁘게 생각합니다. 특히 바쁘신 가운데에서도 이 자리를 빛내주신 조성종 교육인적자원부 평생교육국장님, 구기찬 행정부시장님, 김영식 부교육감님께 진심으로 감사를 드립니다. 금빛봉사단은 55세 이상의 전직 교사, 공무원, 민간전문가 등 100여 명씩 16개 시·도에 구성되어 각 지역의 평생교육을 이끌어 갈 자원봉사 단체입니다.

오늘날 우리는 평생학습사회를 맞이하고 있습니다. 인간의 평균수명은 늘어나고, 지식의 수명이 짧아지면서 그 간격을 메우기 위해서 우리는 평생 공부하지 않으면 안 되게 되었습니다. 더구나 지식정보사회는 어떠한 생산요소, 즉 자본, 노동, 토지의 요소보다 지식과 정보가 매우 중요한 사회입니다. 오로지 지식과 정보만이 고부가가치를 창출할 수 있는 경쟁력의 원천인 것입니다. 이처럼 개인은 물론 국가의 흥망을 좌우할 새로운 지식과 정보의 획득을 위해 노력하지 않는 개인이나 국가는 도태될 수밖에 없습니다. 따라서 우리 사회가 빠르게 평생학습체제를 구축하지 않으면 안 될 이유가 여기에 있는 것입니다.

금빛봉사단은 지식정보사회에서 평생학습사회를 선도하고, 자원봉사의 열기를 확산하는 등 두 마리의 토끼를 동시에 잡을 수 있는 기회이기도 합니다. 오늘날 인간 수명의 연장으로 고령화 사회가 진전되고 있으나, 풍부한 인생 경륜을 갖고 계신 어르신들의 노하우를 제대로 활용하고 있지 못한 게 현실입니다. 비록 새로운 지식들이 요구되어지는 사회라고는 하나 전통적인 지식과 진리가 쓸모없는 게 아닙니다.

인생을 사는 원리나 지혜는 고금이 다를 수 없다는 점에서 어르신들의 경륜을 전수 받는 건 우리 사회의 건강한 발전을 위해 꼭 필요한 일임에 틀림없습니다. 이러한 맥락에서 금빛봉사단은 할 일을 만들어드리고, 또 남을 가르치기 위해 스스로 학습하는 기회를 제공함으로써 금빛 찬란한 노후를 즐길 수 있는 참으로 귀한 아이디어라고 생각하고 다시 한번 금빛봉사단에 참여하신 어르신들에게 고마운 뜻을 전하며 더욱 건강하시고 행복한 나날이시기를 기원해 마지않습니다.

끝으로 금빛평생교육봉사단 운영을 위해서 물심양면으로 지원해 주신 교육인적자원부, 대전시 교육청에 감사드립니다. 감사합니다.

(2002. 5. 16.)

광주대학교 학생대표자 수련회 격려사

꿈을 이루는 젊음, 새천년의 진월인 여러분!

새로운 천년을 여는 첫해가 밝았습니다. 새해에도 우리 진월골 가족 모두가 늘 건강하고 가정에 행복이 가득하길 기원합니다.

또한 본교의 발전을 위해 많은 정열과 고민을 함께 해준 총학생회장을 비롯한 학생회 임원, 학생대표 여러분에게 감사와 고마움의 마음을 전합니다.

2000년 올해는 우리 대학이 개교 20주년이 되는 뜻깊은 해입니다. 지난 20년간 우리 광주대학교는 4만여 명의 훌륭한 인재를 배출하였고, 재적생이 1만 5천 명으로 규모면에서 광주, 전남 지역에서 3대

대학의 하나로 성장하였습니다.

돌아보면 지난 한 해는 광주대학교가 새롭게 도약하는 해였다고 할 수 있을 것입니다. 교육부에서 주관하는 교육개혁 추진 우수대학 전국 2위, 우수산업대학 선정, 창업보육센터와 디자인지원센타의 설립, 1200명을 수용할 수 있는 초현대식 기숙사 건립, 그리고 동문회가 탄탄히 조직을 갖추는 등 교내외적으로 눈부신 발전을 하였습니다.

아시다시피 세계는 정보화의 물결 속에서 지구촌화가 촉진되고 지식기반 사회화로 대학인의 창의적 역할이 더욱 강조되고 있습니다. 한편 무한경쟁시대를 맞아 대학 간에 경쟁이 더욱 가열화되어 오직 노력을 더 많이 하는 자만이 승자로 생존할 있을 것이라는데 모두가 공감하고 있습니다.

제2의 도약기를 맞은 우리 대학은 이러한 시대적 요구에 부응하고 슬기롭게 대처하여 우리 광주대 학생들에 최고의 교육환경을 마련, 21세기 우리 사회를 이끌 실력 있는 인재를 양성하는 데 최선을 다할 것입니다.

새로 맞을 천년에는 훌륭한 광주대의 전통이 우리 사회 전체에 이어져 인간중심의 사랑의 세기가 되기를 바랍니다. 양심과 정직이 생활화 되고, 사랑과 봉사의 정신이 꽃피우고, 선배들의 훌륭한 전통을 이어 오늘 어떻게 하는 것이 보다 나은 내일이 약속될 것인가를 생각하는 역사의식을 가지고 우리 모두가 새천년을 향해 힘찬 발걸음을 내딛어야 하겠습니다. 이번 수련회를 통해서 총학생회 구성원 모두가 합심 단결하여 이러한 새천년 새희망을 실현할 인재 양성에 앞서가는 대학이 되기 위하여 지혜를 함께 모아주실 것을 부탁합니다.

총장을 비롯한 교직원 모두가 학생 여러분의 좋은 의견을 적극 수렴, 밝고 희망찬 지성의 전당을 만드는 데 최선을 다할 것을 약속드리면서 총학생회, 동아리연합회 그리고 학생대표 모두의 협조와 동참을 기대합니다.

새천년 새해에 여러분 모두의 건승과 소망이 이루어지길 빌면서 격려사에 대합니다.   (2000. 2. 10.)

CEO를 위한 비즈니스코칭 수강 소감

끊임없는 자기변화의 필요성 느껴

참으로 오래간만에 학생이 되어 제1회〈CEO coaching 클리닉 과정〉 연수를 받았다. 지난 7월 27일부터 28일 양일간 아침 9시부터 오후 5시 30분까지 꼬박 2일간을 바쁜 대학 업무를 뒤로 하고 교육에 참가했다. 중부권 최고 대학을 지향하고 있는 대전대학교 총장직을 수행하는데 새로운 코칭 비법이 도움이 될 것이라는 기대와 호기심, 그리고 교육기관 이외 기업과 사회단체 경영인들과 견주어 보고 싶은 욕망에서였다. 우리 대전대학교의 경영 주체인 학교법인 혜화학원 임용철 이사장님과 함께 참가하였다.

처음 초청 통보를 받았을 때 다른 대학의 총장들도 참가 예정이라기에 요사이 어려움에 처한 우리 지방 대학문제도 함께 의논해 보고 싶었으나, 아쉽게도 대학 총장은 나 홀로였다. 그러나 연수에 참가한 분들 중 김용숙 전 문화부차관님을 비롯한 몇 분들은 나와 교분이 있는 사이여서 외롭지는 않았다. 특히 우리나라 NGO의 대표적 기관인 경실련의 박명옥 사무총장이 대전 출신으로 고교 후배인 것을 알고 더욱 반가웠다.

코칭 강습은 준비된 교재 순서에 따라 코치되기, 코칭대화모델, 코칭스킬, 코칭스타일, 조직 내에서의 코칭, 실행계획, 실행실습의 7가지 단원을 강사의 지도하에 차근차근 차례로 강의를 듣고 또 상호 실습시간을 가졌다. 아주 흥미로웠고 나 자신의 대화 습관이 그동안 너무 비코치적이었음을 발견했다.

코칭 클리닉은 기업의 매니저들이 코칭접근법을 활용하여 보다 훌륭한 리더가 될 수 있도록 코칭의 핵심구조와 스킬을 집중적으로 익히도록 구성되어 있다. 코칭 스킬은 일상적으로 대화, 팀 회의, 정기적 면담 등에 활용하게 된다.

일반적으로 코치라는 용어는 운동경기에서의 선수들이나 팀을 이끄는 지도자들을 뜻한다. 특히 2002년 우리나라에서 개최된 월드컵 경기에서 한국팀을 4강까지 이끈 히딩크 감독이 훌륭한 코치로 알려졌다. 기업 경영에서의 코치라는 용어는 좀 생소한 감이 들었다. 그러나 운동

경기에서와 같이 팀을 이끄는 리더를 뜻한다는 데서 동일하다고 보여진다.

우리 축구팀을 기대 이상으로 좋은 성적을 거둘 수 있게 한 것은 히딩크 감독이 새로운 기술을 선수들에게 지도하였다는 것보다 선수들 각자가 가지고 있는 자기 기량을 최대한 발휘할 수 있도록 이끌었다는 점과 선수 한 사람 한 사람에게 자신감을 심어주었다는 두 가지 요인으로 알려졌다.

나는 이번 강습을 통하여 코칭이란 "상대가 바라는 목표를 향해 자발적인 행동을 촉진시키는 의사소통 수단" 이라고 정의되며, 효과적 대화법이자 최신의 리더십 기법이라는 것을 알게 되었다.

훌륭한 대화는 상대로부터 많은 말을 이끌어 내는 것이다. 그러나 우리는 특히 CEO들은 부하직원들로부터 이야기를 듣기보다는 자신의 생각을 많이 전하는 지시 위주의 대화를 하는 습관에 젖어 있다. 나도 예외가 아니었다. 코칭 강습을 통하여 나의 대화법 즉 자기 생각을 일방적으로 상대에게 전달하는 습관을 고치고, 상대로부터 이야기를 하게 하여 스스로 문제의 해결 방법을 찾게 하는 대화 스타일로 바꾸기로 결심했다. 나의 오래된 습관이 쉽게 고쳐지지는 않겠지만 항상 나의 결점을 반성하고 고쳐서 코치 총장이 되고 싶다.

일찍이 대화 철학의 시조라 불리는 소크라테스는 "나는 아무것도 모른다"라는 명제에서 출발한 문답식 대화를 했다. 이번 강습을 통하여 나는 소크라테스의 위력을 다시 한번 인식하게 되었다.

나에게 뜻있는 코칭 크리닉 프로그램에 참가할 기회를 주신 한국리더십센터 김경섭 사장님과 스태프 여러분, 강사 선생님들께 감사드리고 각계를 대표하여 참가해 주신 여러분과의 만남을 오래오래 간직하고자 한다.

제1회 코칭 클리닉 과정에 참가한 CEO 여러분의 건승과 한국리더십센터의 발전을 기원하면서…….

신창교육문화재단 장학사업 축사

4 반세기를 함께한 신창회(慎昌會) 사회 각 분야 지도자들의 모임 –
각별한 숭조정신으로 하나 되어_극범(克範 대종회 회장, 전 대전대 총장)

어릴 때 아버님께서 우리 신씨는 양반이라는 말씀을 자주 하셨다.
사회적 신분의 우월성을 말씀하신 것이 아니라 삶의 내면을 다스리는
가치 지향적 규범을 가르치신 것이었다. 부족하지만 나는 양반 정신을
지키며 살라는 말씀을 따라 정직하고 성실한 선비정신을 갖도록 노력
하며 살아왔다.

우리 신문의 중흥을 위해 1980년대 초에 창립된 신창회는 신 씨
청년들의 모임이었다. 신창회와 함께 4 반세기를 보내는 동안 나는
어렸을 때 아버님께서 말씀하신 대로 거창 신문(慎門)이 정말 양반

집안이로구나 하는 감회를 여러 번 가져 보았다. 신창회 회원들은 각자 사회 각 분야에 종사하고 있어 다양한 분들이 모인다. 그러나 한 할아버지 자손이면서 모두 몇이 안 되니 서로 각별한 우애를 느끼며 선조에 대한 긍지와 숭조(崇祖) 정신이 각별한 듯하다. 그러니 행렬이나 연령의 차이를 뛰어넘어 한 가족 같이 서로 사랑하고 아끼고 돕는 일에 정성을 다하는가 보다.

한양대학교 사범대학장으로 재직하던 1982년 봄, 초대 회장이시던 순범 의원님의 뒤를 이어 내가 신창회 제2대 회장이 되면서 나는 신창회와 인연을 가졌다.

그 후 신창회가 초기의 친목 단체에서 성장하여 신문 중흥을 위한 장학 사업모임으로 발전하게 된 것은 1996년경으로 기억 되는데 기화하이텍 사장이시며 한국기독실업인회 회장을 맡고 계신 용한(鏞翰) 사장님을 비롯한 뜻있는 회원들이 신창회 제2 창립을 선언하고 장학 재단을 발기하면서부터이다. 회원들이 십시일반(十匙一飯)으로 모금을 시작하여 1억 원 가까운 기금을 모금하였고 교보생명의 창립자 용호(鏞虎) 회장님과 일본에 계신 해성(海晟) 아저씨께서 각각 1억 원의 거금을 지원해 주시어 기금 3억 원이 확보되어 발기한 지 1년 만인 1997년에 재단법인 신창교육문화재단이 정부의 정식 허가를 받아 거창신씨 종인을 위한 공익 재단법인으로 설립되었다.

당시 신창회 회장으로 있던 내가 초대 이사장으로 취임하고 장학 사업을 시작한 후 현재 기금 10억의 재단으로 발전하였다. 2001년에 승남(承男) 총장님이 이사장직을 계승하여 수고하고 계시다.

특별한 공로를 세우신 분들께 감사

신창회를 이끈 역대 회장으로는 우리나라 경제기획원 초기에 통계 국장을 지내시고 증권 보험공사 사장을 역임하신 윤재(潤宰) 회장님과 중소기업을 경영 하시고 거창 고등학교 동문회장을 역임하신 종성(鍾晟) 사장님이 계신다. 1980년대 초 창립당시에 30대, 40대, 50대이던 회원들이 이제 50대, 60대, 70대가 되었다. 초창기의 여러 회원들이 현직에서 물러나고 연세가 높아짐에 따라 근래 신창회 행사에 참석을 전과 같이 못 하시는 것이 아쉽게 느껴진다. 그리고 신창교육문화재단 출범에 참여하신 모든 회원님들께 참으로 감사함을 느끼며 초창기부터 사무국장으로 오늘까지 수고하는 상명대학 교수 재명(宰明) 박사의 노고가 컸다는 것을 알리고 싶다.

신창회는 현 용극(鏞克) 회장께서 취임하면서 젊고 유능한 회원들을 영입하여 새로운 도약기를 맞이하고 있다. 2002년에 새 회장으로 취임한 용극 회장이 2000년부터 3년간 매년 1억 원씩 총 3억 5천여만 원의 거금을 신창교육문화재단 기금으로 출연하여 주위의 칭송을 받고 있다.

신창회와 신문(愼門)의 발전에 남다른 열정을 가진 금재(金宰) 금성 전기 사장의 공로에 대해서도 칭송을 보내고 싶다. 금재 사장은 그동안 신창교육문화재단과 문중을 위해 2억 원 가까운 헌금을 하신 것으로 알고 있다. 참으로 감사하고 장한 일이다.

신창회 창립 초기부터 많은 관심과 지원을 보내 주시고 대종회 회장을 역임하신 KCTC 태범(泰範) 회장님의 신문을 사랑하고 아끼는 열정에 나는 많은 감동을 받고 있다. 태범 형님께서는 신창회 행사 때면 바쁘신 중에도 꼭 참석하시어 우리들을 격려해 주시고 이끌어 주셨다. 작년 5월 나의 퇴임을 위로해 주시기 위하여 태범 형님께서 대종회 영성 회장님과 신창회 임원들을 롯데호텔에 초청하여 만찬을 베풀어 주신 것을 나는 큰 영광으로 생각하고 또한 감사한 마음을 금할 수 없다. 더욱이 그날 태범 회장님께서 신창교육문화재단 기금으로 1억 원을 기탁해 주셔서 참석한 모든 회원의 큰 찬사와 감사의 박수를 받으셨다.

태범 형님께서 대종회 회장으로 계시던 1995년 여름 전국의 신문(慎門) 대학 교수들을 조사하여 명단을 만들고 롯데호텔에서 점심을 함께 한 일이 생각난다. 당시 전국 대학에 교수로 재직하고 있는 우리 신씨 교수가 약 60명 가까이 되는 것으로 파악되었다. 그날 오찬 모임에 인하대 부총장이시던 용일(鏞日) 박사와 서울대 용하(鏞廈) 교수님을 비롯한 20여 명의 일가교수들이 전국에서 참석하여 신문(慎門)중흥을 위해 함께 노력해보기로 하였으나 후속 조치를 취하지 못한 것을 나는 퍽 아쉽게 생각하고 있다.

가문의 중흥을 위한 핵심조직–신창회

앞으로 신문(慎門)학자 교수들의 모임도 조직하여 학문 발전에도 기여하고 우리 조상님의 얼을 재현할 수 있게 되기를 기대해 본다.

신창회 활동을 통한 교보생명과의 인연도 잊을 수가 없다. 나는 교보생명 창립자 대산 용호(鏞虎) 회장께서 1991년에 설립하신 대산농촌문화재단 이사로 참여하였고 1997년에는 교보생명 교육문화 재단 초대 이사장직을 맡기도 하였다. 자주 뵙지는 못했지만 고(故) 대산 용호 창립자님은 위대한 기업가 정신과 애국정신과 그리고 신문(愼門)에 대한 각별한 애정을 가지고 계셨다. "세상에 공것은 없다. 세상에 비밀은 없다."는 그 어른의 평소 말씀에서 공사 간에 엄정한 자기 관리를 엿볼 수 있으며 문중 일을 하는데 귀감이 되는 큰 말씀으로 생각하였다.

대전대 총장직을 퇴임한 지 꼭 일주년이 되던 지난 2006년 2월 26일, 거창 구산재(龜山齋)에서 개최된 거창신씨 대종회 종무회의에서 부족한 나에게 영성(永晟) 회장님의 뒤를 이어 제11대 대종회 회장직을 맡도록 의결하셨다. 여러 가지 부족한 내가 전국 5만의 종인을 대표하는 대종 회장직을 맡는다는 것은 너무 힘겨운 짐이 아닐 수 없고 또한 송구스러운 마음도 금할 수가 없었다.

공교롭게도 대종회와 신창회는 창립 시기가 비슷하고 숭조(崇祖) 정신의 함양과 신문(愼門)의 중흥에 그 설립 목적을 두고 있어 두 개의 조직이지만 하나라고 볼 수 있다. 신창회는 대종회 발전에 큰 초석의 역할을 할 것으로 믿고 싶다.

공헌공 수자(恭獻公 修字) 할아버지 자손인 우리 5만 거창신씨 가족이 대종회를 중심으로 대동단결하여 우리 선조님들의 위업을 기리고 오늘에 사는 우리 모두의 결속과 상부상조로 후손들이 크게 번영하고 신문의 중흥뿐만 아니라 우리 민족의 부흥에도 기여할 수 있게 되기를 기대한다. 이것이 또한 4반세기 전에 출범한 신창회의 창립정신이었기 때문에 나는 신창회 때와 같은 정신으로 대종회를 이끌고 싶다. 그동안 신창회 발전에 많은 기여를 하며 함께 사랑을 나눈 신창회 모든 회원들에게 감사드리고 우리 대종회 발전에도 큰 힘이 되어 주시기를 당부드리고 싶다.

거창 신씨 만세!

대종회 만세!

신창회 만세!

제1회 청소년 선도와 경로효친사상
선양을 위한 전국웅변대회 축사

사람의 품성이 미래를 좌우합니다

청소년 선도와 경로효친사상 선양을 위하여 열린 전국웅변대회를
진심으로 축하합니다.

청소년은 꿈과 희망이자, 무한한 잠재력을 지닌 우리의 미래입니다.
따라서 청소년의 가치관과 행동 양식은 곧 미래의 모습을 뜻하는 것입
니다. 신바람 길거리 웅변지도자연수원에서 이러한 청소년의 중요성을
바로 보고, 그 중심과 근본사상으로 정립해야 할 경로효친사상을 주제
로 웅변대회를 개최한 것은 매우 소중한 의미를 갖는다고 볼 수 있을
것입니다.

오늘날 우리 사회는 이기적 독선과 물적 가치관의 지배로 인간의 존엄성과 품성이 훼손되었으며, 질서와 규범 또한 보편성을 벗어나 개인적 자의성에 의해 왜곡되어지고 있습니다. 이러한 현상은 우리 사회의 도덕과 질서를 전도시키는 심각한 병리 현상으로써 반드시 바로잡아 나가야 할 시대적 과제입니다.

돌이켜 보면 이 시대는 개발과 자본의 논리 속에 마치 지고의 선이 있는 양 살아왔으며, 이 과정 속에서 우리와 청소년 모두가 도덕과 질서보다는 물적 결과에 구속되는 삶의 방식에 익숙해져 왔습니다.

신바람 길거리 웅변지도자연수원이 개최한 이번 웅변대회는 이러한 시대적 병리현상의 원인과 문제점을 되짚어 보고, 이를 치유·개선할 수 있는 값진 계기가 될 것으로 믿습니다.

경로사상이라 함은 인간의 근본 도리와 세상의 이치, 그리고 참된 삶을 이루기 위한 질서를 의미하는 것입니다. 따라서 경로사상은 적게는 웃어른의 공경과 예의를 뜻하는 것이나, 이것이 세상을 살아 나가는 법도이자, 더불어 아끼고 베풀며 살아 나가는 이치의 출발임을 볼 때, 그 가치의 소중함이 결코 유한하지 않음을 알 수 있을 것입니다. 미래의 꿈과 희망은 곧고 바른 인간의 품성으로부터 비롯되는 것입니다.

이번 웅변대회에 참가한 청소년 여러분은 입상 성적의 높고 낮음을 떠나 경로사상의 참된 가치를 되새기는 귀한 시간을 가지시길 바라는 바입니다. 아울러 이번 웅변대회를 통하여 이 시대를 살아가는 우리 모두가 경로사상의 참뜻과 이를 실천할 수 있는 굳은 의지를 다질 수 있도록 힘찬 사자후를 보여주시길 당부드립니다.

끝으로 이 뜻깊은 대회를 마련하시고, 열정을 쏟아주신 신바람 길거리 웅변지도자연수원 김성동 원장님과 관계자 여러분을 비롯하여 후원자 여러분께 깊은 경의를 표하며, 참가하신 청소년 여러분에게도 감사와 행운이 함께 하시길 기원합니다.　(2001. 12. 1.)

민주평통 개회사

통일을 바라보는 올바른 안목

존경하는 자문위원 여러분!

무더운 여름철이 지나가고 가을이 성큼 다가온 듯합니다. 오늘 민주평화통일자문회의법 제29조에 의거 대전광역시 5개 구 협의회 소속 자문위원 여러분들을 한 자리에 모시고 대전지역 민주평화통일자문회의 지역회의를 개최하게 된 것을 매우 뜻깊게 생각합니다.

바쁘신 중에도 오늘 지역회의에 참석하여 자리를 빛내주신 김광희 정무부시장님과 구청장님께 감사드리고, 통일정책에 대한 건의와 토론에 참여하여 주신 자문위원 여러분께 감사를 드립니다.

이번 지역회의는 민주평통이 창립된 후 처음으로 개최되는 회의로서 통일정책에 대한 지역민의 여론을 수렴하고, 지역 내 시민들이 민족의 염원인 국민통합과 민족통일에 관한 관심과 각자의 역할을 확인하여 통일 의지를 다지기 위하여 전국적으로 9월과 10월에 걸쳐 개최하도록 계획되어 있습니다. 대전지역회의가 충북에 이어 두 번째로 열리게 되었습니다.

존경하는 자문위원 여러분!

우리는 국내·외적으로 아주 복잡한 전환기를 맞고 있습니다. 대내적으로는 새 정부 출범 후 지난날의 잘못된 관행과 제도를 바로잡기 위해 사회 각 분야의 개혁과제들이 추진되고 있고, 대외적으로는 북한의 핵문제와 이라크 파병문제, 한미관계, WTO 체재하에서의 경제문제 등 매우 복잡한 환경에 처해 있습니다.

참여 정부의 통일정책은 국민의 정부에서 추진해 온 남북 화해와 협력 정책을 지속적으로 추진하여 민족 구성원 모두의 자유와 복지 그리고 인간존엄성을 보장하고 인류 공영에 이바지하는 민족공동체를 이루어 나가는 일입니다.

우리의 통일과제는 한반도 내의 화해 협력뿐만 아니라 동북아 지역의 평화와 안정 나아가서는 세계평화에도 크게 도움이 되는 것이어야 합니다.

세계화, 정보화 시대의 핵심 화두는 개방과 협력입니다. 남북이 평화와 도약의 한반도 시대를 열기 위해서는 남북이 전쟁 재발이라는 야만과 미개에서 벗어나 화해와 개방, 협력의 네트워크를 짜나가는 일입니다.

우리의 통일은 시간이 걸리더라도 반드시 평화적으로 성취하여야 하며, 남북이 서로 이득이 되고 쉽게 실천할 수 있는 것부터 차근차근 풀어가야 할 것입니다.

남북 관계를 개선하고 통일로 가는 길은 물론 우리의 일방적인 노력만으로 열리는 것은 아닙니다. 북한 측의 호응과 협조가 있어야 합니다. 역사의 긴 안목으로 볼 때 통일 문제는 어느 체제가 세계사적 전개에 부합되고 민족공동체의 삶의 질을 보장해 줄 수 있느냐 하는 문제로 귀결된다고 생각합니다.

냉전 시대의 이데올로기 대립으로 지난날에 있었던 갈등을 극복하고 우리 사회 저변에서부터 상대방을 이해하고 관용하는 정신이 뿌리를 내려야 하며, 무엇보다도 우리 체제의 내실을 다지는 일이 중요합니다.

자유민주주의의 특징은 의견의 다양성에 있습니다. 그러나 그 다양한 견해들이 국민통합, 국가와 민족의 번영이라는 대명제 아래 통합된 의견으로 집약되어야 합니다. 이를 위하여 자문위원 여러분들이 국민의 통일의식 고취에 선도적 역할을 다하여야 하겠습니다.

특히 지난 7월 전국에서 처음으로 구성·창립된 대전 평화통일 포럼
의 활성화를 통해서 정확한 대북 인식과 통일정책의 올바른 이해와
실천이 가능하도록 노력을 기울여 나가야 하겠습니다. 이번 지역협의
회 모임이 이러한 우리 지역의 평화통일 운동의 활성화를 다짐하는
모임이 되기를 기대합니다.

오늘 지역협의회에서 토론과 정책 건의에 참여하여 주신 자문위원
여러분께 감사드리고, 오늘 바쁘신 중에도 임석하여 주신 사무처장님
과, 김두권 사무국장님을 비롯한 관계자 여러분께도 감사의 인사를
드리면서 그리고 자문위원 여러분의 건승을 빌면서 개회 인사에 대합
니다. (2004. 6. 30.)

민주평통 국민토론회 기조연설문

이라크 파병, 무엇이 올바른 선택인가?

먼저 오늘 이 토론회에 참석해 주신 여러분께 진심으로 감사의 말씀을 올립니다. 올해 초 미국이 이라크와의 전쟁을 시작하면서 국제사회의 변화는 예견했던 바와 같이 현실화되었습니다. 특히 국제평화를 해치고 테러의 위협으로부터 안보와 평화를 지키기 위해서는 과거와 같은 수동적인 방위만이 아니라, 적극적으로 이런 국가나 집단을 공격할 수도 있다는 점을 국제사회에 인식시켜 주었다는 점입니다. 물론 이라크 전쟁에 대한 평가와 의미는 매우 다양하게 나타나고 있습니다. 한편에서는 이라크 전쟁으로 인하여 미국이 더 이상 세계에서 유일한 초강대국으로 머무는 것이 아니라, 제국(帝國)으로 등장했다는 평가를 내릴 수도 있으며, 또 다른 의미로는 미국이 힘과 의지 과시를 통하여 국제질서의 평화적 강제를 달성했다는 의미를 부여할 수도 있습니다.

또한 이번 이라크 전쟁에서 나타난 전쟁의 특징 또한 다양한 측면에서 관측되고 있습니다. 즉, 미국이 국제사회의 지지를 받지 않고 선제공격을 가한 첫 사례라는 점에서 앞으로 국제 질서에 커다란 영향을 미치게 될 것이라는 점입니다. 그리고 이번 전쟁을 통하여 미국이 전 세계에 군사력을 과시할 수 있는 충분한 능력을 보유하고 있으며, 이를 실행에 옮길 수 있는 의지가 확고하다는 점을 보여주었다고 할 수 있습니다.

이와 같이 이라크 전쟁에 대한 인식과 평가는 매우 다양하게 나타나고 있지만, 우리에게 분명한 것은 이번 이라크 전쟁의 영향이 북한 핵 문제의 해결과 한반도의 안보에도 큰 영향을 미치게 될 것이라는 점입니다.

국제적으로는 이미 1990년대에 탈냉전이 시작되어서 과거 냉전과 같은 군사·안보적인 위협 요소가 대부분 해소되었다고 하지만, 아직까지도 한반도에서는 북한의 위협이 존재하고 있고, 바로 북한의 위협이 한반도는 물론 동북아시아와 국제평화를 위협하는 것으로 인식되고 있습니다.

그러나 이러한 북한의 위협을 우리는 아직까지 독자적으로 해결할 수 없으며, 또한 독자적인 해결 방안을 강구할 수도 없다는 어려움이 있습니다. 우리가 북한으로부터의 위협을 평화적인 방법으로 해결하기 위해서는 미국을 비롯한 국제사회의 협력과 지지가 필수적이기 때문입니다. 따라서 우리는 국제사회의 일원으로 평화적인 국제 환경을 조성하고 번영과 공존을 위해 노력해야 하는 의무와 책임을 가지고 있다고 할 수 있을 것입니다.

　특히 우리의 안보를 보장하며 남북문제를 해결하고 21세기 번영된 국가를 건설하기 위해서는, 무엇보다도 한미 동맹에 의하여 우리와 같은 운명체인 미국과의 협력이 절대적이라고 할 수 있을 것입니다. 그러나 한미 동맹 역시 동반자적 관계에서 설정되어야 하고, 그런 의미에서 이번에 미국이 요청한 이라크 추가 파병에 대한 논의는 우리 사회에 매우 중요한 의미를 지니는 것으로 평가할 수 있습니다.

　이라크 추가 파병에 대하여 찬성하느냐, 아니면 반대하느냐가 사실상 우리에게 중요한 것이 아니라고 저는 생각합니다. 이런 찬·반의 입장을 떠나서 우리에게 중요한 것은 바로 이번 이라크 추가 파병 논의를 통해서 국론을 집결하는 것이 더욱 중요하다고 생각하고 있기 때문입니다. 따라서 오늘 이 국민토론회는 이런 의미에서 매우 뜻깊은 자리라고 생각합니다. 오늘 여기서 논의된 사항들은 바로 찬·반의 주장을 넘어서 새롭게 국론을 결집할 수 있는 매우 좋은 기회이기 때문입니다.

요즘 노무현 대통령의 재신임 문제로 온 국가가 떠들썩합니다. 또 한편에서는 한다, 못한다, 어떻게 하느냐 등의 문제로 논란이 되고 있습니다. 이런 국가 초유의 사태를 보면서 저는 바로 국론이 결집되지 못했기 때문에 나타난 상황이 아닌가 하는 생각을 해봅니다. 국가가 어렵고 힘들 때일수록 국론을 결집해야 하고, 결집된 힘을 가지고 다시 총력을 기울여야 하는 것이 아닌가 생각합니다.

바로 이런 생각에서 오늘 이 토론회가 흐트러진 국론을 다시 재정립하는 기회가 되기를 희망합니다. 국내 정치적 상황이 어렵고 복잡하다고 해서 우리에게 닥친 국제 정치적 난제를 해결하지 않을 수는 없습니다. 따라서 오늘 이 토론회가 비록 국제 정치적 문제에 대한 논의를 하는 자리이지만, 오늘 도출된 합의를 통해 우리에게 닥친 국내 정치적 어려움도 슬기롭게 풀어갈 수 있게 되기를 기대해 봅니다.

마지막으로 오늘 토론회에 참석해 주신 여러분들과 특히 좋은 의견을 제시해 주실 발표자, 토론자, 그리고 사회자 교수님께 감사드리고 이 자리를 마련해 주신 민주평화통일자문회의 관계자 여러분, 특히 신은숙 담당관께 깊은 감사를 드립니다.

충청미래발전포럼 창립기념식 축사

충청의 미래를 밝힙시다

여러분 안녕하십니까. 대전대학교 총장 신극범입니다. 오늘 충청미래발전포럼 창립기념식을 축하드리고, 이 자리에 참석하신 우리가 존경하는 이회창 한나라당 대통령 후보를 환영하는 인사 말씀을 드리게 된 것을 매우 기쁘게 생각합니다.

지금 우리는 새천년 21세기 나라의 운명이 좌우될 12월 대통령 선거일을 한 달 앞두고 있습니다. 대통령 중심제를 택하고 있는 우리나라는 비전 있고, 능력 있고, 정직하고, 헌신적이며, 모든 국민이 안심하고 편안하게 생업에 종사하며 행복하게 살 수 있도록 국가와 민족을 이끌

수 있는 지도자를 필요로 하고 있습니다.

지난 반세기의 헌정사를 통하여 우리는 여러분의 대통령을 모셔 왔기 때문에 이번만큼은 후회 없는 투표 행위가 이루어질 것으로 확신합니다. 지금까지 동서와 남북 이념과 지역적 분열, 그리고 편견적·편파적 정책 때문에 충청지역이 상대적 불이익을 받아온 것이 사실입니다.

이런 점에서 이번 충청미래발전포럼의 창립을 통하여 그동안의 낙후를 조속히 회복하고 과학기술과 교육문화와 국방의 중심부인 충청의 위상을 높이는데 큰 성과를 거둘 수 있기를 바랍니다.

또한 이러한 관점에서 전국에 골고루 작은 연고는 있으시지만 예산에 뿌리를 두고 계신 이회창 후보께서 다시 한나라당 대통령 후보가 되신 것을 다행으로 생각하며 이번 선거에서 좋은 성과 있으실 것을 우리 모두 성원합시다.

본인은 교육자의 한 사람으로서 정치를 직접 경험하지 못하였으나 이회창 후보를 지난 1997년 대선 때부터 몇 차례 충남인 사모임인 백소회 조찬모임에서 뵌 적이 있습니다. 지난달 백소회 회원인 이 후보님의 출마를 축하하는 조찬모임에 참석하여 이 후보님을 만나보고 놀랐습니다.

이 후보님의 정치인으로서의 성숙도와 겸손하고 자신감에 찬 모습을 보고 이제는 참으로 준비된 대통령감이로구나 생각했습니다. 이것은 아부가 아닙니다. 이것은 저의 솔직한 심정입니다.

이 후보는 1997년 대선 때에는 어색한 느낌을 주었습니다. 이제는 정말 다른 정치인과 차별화된 지도자상을 갖춘 분이라는데 이의를 가질 사람이 없을 것으로 봅니다. 소신 있는 법관 중앙 선거관리위원장, 감사원장, 국무총리를 역임하셨고 1997년에 대통령 후보로 낙선하신 후 지난 5년간 야당 총재 경험까지 하셨습니다.

우리나라 헌정사에 여당과 야당 총재경험을 다같이 해 본 대통령후보는 없었습니다. 야당만 평생 경험한 대통령을 문민정부와 국민의 정부를 통하여 경험하였습니다. 여당만 경험하던 전임 대통령들과 크게 차이가 없었음을 우리는 경험하였습니다.

이회창 후보가 97년 대선에 성공하지 못한 것이 이런 점에서 보면 오히려 다행스럽게 생각되기도 합니다. 여야를 균형 있게 국정을 이끌 수 있는 능력을 갖출 기회를 얻으셨기 때문입니다.

이번 대선에서는 중부권 충청도에서 대통령이 나올 것이고 나와야 한다는 것이 국민의 여망이었습니다. 충청도에서 여러분이 나오면 누구를 택하나 충청인들은 고민스러웠습니다만 이 후보로 단일화된 것을 충청인들은 다행스럽게 생각합니다.

오늘 그동안 뒤졌던 충청권을 되살리고 그동안의 지역 간의 갈등을 뛰어넘어 전국이 균형적 발전을 도모하고 전 민족이 화합·단결할 수 있도록 큰 정치를 이 후보님께서 하여주실 것을 기대합니다. 물론 이를 위하여 이번 대선에서 꼭 승리하시기를 또한 기원합니다.

오늘 충청미래발전포럼의 창립총회에 참석하시어 충청 발전에 관한 이 후보님의 견해를 듣게 된 것을 여기에 참석하신 여러분을 대신하여 감사하게 생각합니다.

거듭 충청미래발전포럼 창립을 축하하고 이회창 후보님이 대전에 오신 것을 환영하며 충청인에게 큰 희망을 주실 것으로 믿고 이번 대선에서 꼭 승리하실 것을 우리 모두 기원합시다.

충청미래포럼의 무궁한 발전을 빕니다. 감사합니다.

(2002. 11. 16.)

평생학습축제 축사

.

서로 함께 배우는 축제

어느새 넉넉한 가을의 풍경도 사라지고, 몸이 움츠러드는 겨울이 성큼 다가왔음을 느낄 수 있습니다.

추운 날씨에도 불구하고 축하해 주시기 위해 참석하신 전국 평생교육 관계자와 시민 여러분, 그리고 대학 관계자 및 내빈 여러분께 먼저 감사의 말씀을 드립니다.

우리는 요람에서 무덤까지 많은 것들을 보고 학습하고 활용하고 있습니다. "그야말로 삶은 끊임없는 학습의 과정이며, 학습을 통해 무수한 삶을 경험하게 됩니다." 또한, 현대사회를 일컬어 언제 어디서나 누구든지 배움을 주고받을 수 있는 '평생학습사회'라고 합니다. 따라서 어떤 의미에서 삶은 학습이라고도 할 수 있습니다.

학습이란 가르침과 같은 공식적인 수단을 통해서 혹은 경험과 자기 훈련 등과 같은 비공식적인 방법을 통해 지식이나 기술 그리고 태도와 신념 등을 획득하는 걸 의미합니다. 우리는 동아리 발표회나, 작품전시 같은 평생학습축제를 통해 많은 정보를 공유하게 되며, 그것은 곧 가르침을 위한 교훈이 됩니다.

평생학습축제는 학습동아리를 조직하여 기술과 지식을 서로 나누고 배움으로써 직접적으로 학습할 수 있도록 도와주며, 새로운 경험과 사고를 접하게 하고, 그리고 다른 사람들과의 관계 속에서 간접적으로 학습하도록 돕는 기회를 제공합니다.

이런 점에서 평생학습축제는 본질적으로 평생교육의 실천을 위한 장인 것입니다.

우리가 후손들에게 물려줄 것은 단지 외형상의 경제 성장이나 화려함이 아니라, 인간을 중요시하고 서로를 사랑하며 소박함의 참된 의미를 일깨워 주는 올바른 가치관의 확립과 건전한 시민의식, 그리고 이를 위한 교육체계라고 생각합니다. 이번에 우리 시에서 열리는 '제1회 평생학습축제'는 바로 이런 변화의 출발점이라고 할 수 있겠습니다.

21세기의 세계화·정보화 시대는 '열린 교육사회, 평생학습사회의 건설'을 지향하고, 수요자 중심의 평생학습으로 전환되고 있습니다. 이를 위해 평생교육법이 2000년 3월 1일부터 발효되고, 이어 곧 시행령 및 시행규칙이 제정·공포되었습니다. 우리 대학에도 평생교육원이 설립되어, 올해 교육인적자원부로부터 2002년부터 2006년까지 대전 지역 평생교육정보센터로 지정 받아 원활한 체제의 재정비를 꾀하고 있습니다. 55세 이상 퇴직교원, 공무원, 민간 전문가 어르신 118명의 금빛 평생교육봉사단을 중심으로 대전시민 모두가 평생학습인으로서의 자부심과 긍지를 가지고 이번 축제를 마음껏 만끽할 수 있기를 바랍니다.

앞으로도 평생교육 프로그램을 더욱 활성화시켜 지역사회의 학습 요구를 찾아내어 미래 사회에 새롭게 등장할 평생학습의 산실이 될 수 있도록 노력하고자 합니다. 본 축제를 성공리에 개최할 수 있도록 성원해 주신 모든 분들께 깊이 감사드립니다.

모쪼록 오늘 귀한 시간 내시어 참석하신 모든 분들의 가정에 행복이 가득하시길 바라며 항상 건강하시고 하시는 일들이 잘 되시길 진심으로 바라겠습니다. 감사합니다. (2002. 11. 4.)

학교폭력 및 성폭력 추방을 위한 시민대토론회 인사말

교육개혁실천 시민연대 주최

오늘 "학원 폭력 및 성폭력 추방을 위한 시민대토론회" 좌장을 맡게 되어 인사드립니다.

우리 사회가 급격한 산업화 과정을 거치면서 물질문명, 기계문명에 압도되어 사회 도처에 나타나는 많은 갈등과 비인간화 현상을 걱정하는 소리가 높습니다. 더욱이 최근에는 학교 교육현장마저 교육질서가 파괴되고 교원들의 사기 저하와 학부모의 학교에 대한 불신과 학생들의 학습기피증 현상이 심각하다는 여론입니다. 학원폭력과 성폭력 등 청소년 비행도 급증하고 있습니다. 아무리 우리가 물질적 부를 누린다 해도 교육이 사람다운 사람을 기르지 못한다면 그 교육은 죽은 교육이

요, 그 사회는 멸망하고 말 것입니다. 사람이 없어지기 때문입니다.

사람답다 함은 사회집단의 구성원들에게 요구되는 규범을 배워 지키는 것을 의미합니다. 그리고 교육이 기르고자 하는 인간상은 사회가 규정하며 인간에게 요구되는 자질은 사회를 떠나서는 알 수가 없습니다. 따라서 인간 교육이 잘되기 위해서는 식물이 잘 자라기 위해 알맞은 토양이 중요하듯이 어린이의 타고난 소질을 발판으로 하여 사회가 기대하는 자질이 길러지도록 사회환경과 교육환경이 마련되어야 하겠습니다. 어린이들이 성장과정을 통하여 가정, 학교, 사회에서 보고 듣고 경험하는 모든 것이 교육환경이며 이것이 또 사람이 만들어지는 토양입니다.

어린이는 어른의 거울이라는 말이 있습니다. 이것은 어린이의 행동이 어른의 행동을 보고 따라가기 때문입니다. 교육에 관심 있는 어른들은 몸소 어린이에게 규범에 어긋나는 행동을 감추느라 "애들이 볼까 무섭다"라고 걱정하면서 행동을 삼갑니다. 우리는 사람의 성격은 대부분 어린 시절 형성되고, 한번 형성된 성격은 고치기 힘들다는 사실을 알아야 하겠습니다.

정보화, 산업화로 인한 직업의 다양화로 인간적 접촉이 줄어들고 주거환경이 변화되어 어린이 성격 형성에 악영향을 줍니다. "고층 아파트 지역 거주 아동의 성격이 쉽게 화를 내고, 피로를 느끼며, 자연에 대한 무감각이 현저하고, 감정이 없으며, 집중력이 부족하고 공격성이 강하고, 자신감이 부족하고 의존심이 높고, 우울증이 심하다"는 보고도 있습니다.

오늘의 학교 교육환경 즉 교육내용, 방법, 시설, 모두가 사회변화에 부응하고 있는지도 반성하여야 하겠습니다.

가정에서의 과잉보호나 입시경쟁에 이기기만 기대하는 점수 위주의 교육관도 문제가 아닐 수 없습니다. 이제 우리는 교육의 목적이 경쟁이 있는 것이 아니라 사람다운 사람을 만드는 데 있음을 국민 모두가 자각하여 산업사회, 정보화 사회에서 인간의 비인간화를 막아 학원 폭력이나 성폭력이 예방되도록 국민적 지혜를 모아 행동할 때라고 생각합니다.

이번 대토론회가 현재 학교폭력의 위기상황이 극복되는 계기가 될 것을 기대하며 인사 말씀에 갈음합니다. 감사합니다.

광주대 총장 시절, 필자는 새천년의 희망찬 미래를 여는 모임을 열고, 지난 세기를 이끌어 오신 지역 사회 어른을 모시고 감사드리면서, 새천년의 주역이 될 유소년들을 격려하는 자리를 가진 바 있습니다. 그 자리에서 필자는 올바른 역사의식을 가지고 훌륭한 뉴밀레니엄의 소망을 이루려면 무엇보다 교육을 통해야 한다고 보고 '2000년대는 교육의 시대'라고 선언한 바 있습니다. 이 선언이야말로 이 책의 결론임과 동시에 앞으로 우리가 함께 이루어 갈 시대적 과업이라 여겨서 이 책의 에필로그로 삼고자 합니다.

〈 뉴밀레니엄의 소망 〉
– 〈가는 천년의 아쉬움과 오는 천년의 희망의 한마당(1999.12.23.)〉 축사 –

온 세계가 새천년을 맞을 준비에 분주하다는 뉴스가 지면을 채우고 있습니다. 이에 때를 같이하여 우리 광주대학교에서 "가는 천년의 아쉬움과 감사 그리고 오는 새천년의 희망과 기쁨을 함께 나누기 위한 자리"를 마련하게 된 것을 매우 뜻깊게 생각합니다.

세월(시간)은 인간과 무관하게 흘러가지만 인간이 만든 역사가 있기에 의미가 있습니다.

과거와 현재 그리고 미래로 구성된 역사는 인간에 의해서 만들어지고 인간만이 가지고 있는 특권이기도 합니다. 그러나 사람들은 현재만을 생각하고 지나간 과거나 앞으로 올 미래에 대한 생각은 소홀히 하기 쉽습니다. 인간이 역사의 주인이면서도 역사를 올바로 이해하지 못했기 때문입니다. 곧 역사의식의 결여에 기인한다고 생각됩니다. 국민의 역사의식 수준이 문화 시민의 척도가 되는 것입니다. 우리의 오늘은 어제의 노력의 결과입니다. 그리고 우리의 내일은 오늘 우리가 어떻게 하느냐의 결과에 의해 결정된다고 볼 수 있습니다. 결과적으로 우리가 맞이할 새천년은 앞을 향한 우리의 각오에 달려있습니다.

며칠 후 우리가 작별하게 된 가는 천년의 역사는 어르신 여러분의 피와 땀으로 이루어 놓으신 것입니다. 오늘의 우리가 있기까지 열과 성을 다 바쳐 지난 천년을 이끌어 오신 어르신 여러분들께 깊은 감사와 위로를 드리고자 이 자리를 마련하였습니다.

아울러 우리가 맞을 새천년을 어른들의 가르침을 거울삼아 더 훌륭한 미래를 이끌겠다는 새 천년의 주역이 될 오늘의 어린이와 청소년들의 다짐으로 희망과 기쁨을 함께하기 위한 자리이기도 합니다.

지난 한 세기를 되돌아보면 오늘의 어른들은 우리글 우리말도 쓰지 못하고, 성까지도 개명하여야 했던 참혹한 일제 식민지하에서 집신을 삼아신고, 석유등잔불 밑에서 글을 배우고, 지게도 지고, 나뭇잎 나뭇가지를 땔감으로 쓰고, 십리길 이 십리 길을 멀다 하지 않고 걸어서 학교를 다녔습니다. 정말 원시사회 생활을 경험을 했습니다.

한편 2000년대의 주인이 될 오늘의 어린이와 청소년들은 핸드폰,

컴퓨터, 자가용, 햄버거 등 정말 상상할 수 없을 정도의 첨단 산업사회 문화 속에서 새천년을 시작하게 되었습니다. 그러나 우리는 인간사회 붕괴의 위험과 환경파괴의 위험성을 안고 있습니다. 그래서 새천년은 인간중심, 자연사랑의 세기가 되어야 할 것입니다.

우리는 지금 교통통신의 발달로 세계가 하나의 생활 문화권이 된 세상에서 살고 있습니다. 지난 원시적 사회문화가 변화, 발전하여 최첨단 산업사회의 문화가 함께 하는 지구촌이 되었습니다.

우리는 많은 선열들의 희생으로 나라를 꾸려 왔습니다. 국토분단의 고통과 사상과 정치적 자유의 희생 속에서도 경제적 부를 어느 정도 달성했습니다. 4.19와 5.18의 거세고 힘찬 민주화 투쟁으로 민주주의 국가로 발전하여 왔습니다. 그러나 우리 사회와 우리나라 그리고 우리 민족이 세계에 자랑할 수 있는 자랑스러운 사회, 자랑스러운 민족이라고 하기에는 부족한 점이 적지 않은 것 같이 느껴집니다.

자유민주를 외치면서도, 정의사회를 외치면서도, 국민화합을 외치면서도 구호에 그치고 만 것 같기도 합니다. 진정한 자유가 무엇인가, 진정한 민주주의가 무엇인가, 정의가 무엇인가, 화합이 무엇인가, 또 그것을 달성하는데 필요한 조건은 무엇인가.

이제 우리 모두가 함께 생각해 보아야 하겠습니다. 진정한 자유는 자기 마음대로가 아니라 남을 생각하며 함께 하여야 합니다. 민주주의 나라는 국민 모두가 주인입니다. 권리만 생각하고 책임은 생각하지 않는 주인은 진정한 주인이 될 수 없습니다. 자기주장만 앞세우고 남의 주장은 인정하지 않는 주인도 민주사회의 주인이 될 수 없습니다.

사회 모든 조직에서 강자의 횡포나 오만이 사라져야 합니다. 약자만이 주인이라는 생각도 버려야 합니다. 관용과 정직 그리고 성실과 겸손의 생활화가 이루어져야 합니다. 그렇지 않으면 우리가 희구하는 화합이나 민주사회는 이룰 수 없습니다. 갈등만이 증폭되기 쉽습니다.

약자와 강자가 함께 불편 없이 공존할 수 있는 사회가 민주사회입니다. 진정한 강자는 상대를 존중하고 아낄 줄 알아야 합니다.

역사는 승자만의 것이 아닙니다. 패자가 있기에 승자가 있는 것입니다. 승자에게는 그때부터 책임이 따른다는 것을 알아야 합니다. 진정한 승자는 오만이나 독선보다 겸손과 관용과 책임을 더 느낄 줄 알아야 합니다.

새로 맞을 천년에는 지난 천년에 못다 한 우리 사회 많은 과제들이 말끔히 해결되기를 기대하며 평화롭고 국민이 행복한 나라가 되기를 소망합니다. 독선이 사라지고 관용의 정신이, 거짓이 판치는 사회에서 양심과 정직이 생활화되고 극단의 이기주의 물신주의 시대가 가고 사랑과 봉사의 정신이 꽃피우고 자기의 소중함 못지않게 남의 존재도 소중함을 인식하고, 어제의 우리 선열들의 희생에 감사할 줄 알고, 오늘 어떻게 하는 것이 보다 나은 내일이 약속될 것인가를 생각하는 역사의식을 가져야 하겠습니다.

인간은 교육을 통해서 인간이 된다고 합니다. 우리가 바라는 올바른 사람을 기르는 일은 미래를 위한 확실한 투자입니다. 2000년대는 교육의 시대입니다. 학교뿐만이 아니라 전 사회가 전 국민이 교육의 주인이 되는 평생 학습사회가 되어야 할 것입니다. 그렇지 않으면 선진 문명국으로 살아남기 어려울 것입니다.

다행스럽게도 우리나라 국민은 세계 제일의 교육열을 가지고 있습니다. 세계 3대 종교인 불교, 천주교, 기독교도 지구상의 어느 나라 못지않게 크게 번창하고 있습니다. 이것이 우리의 희망입니다. 인간의 올바른 삶을 인도해 주는 강한 교육과 종교가 있기에 우리는 희망이 있습니다.

새천년을 맞는 중요한 역사적 전환점에서 광주는 민주화 투쟁의 성지로 세계의 주목을 받게 되었습니다. 그러나 책임 또한 무겁게 되었습니다. 어렵게 성취한 민주화가 진정한 국민화합, 민족화해와 협력, 통일까지 이어지는 긴 여정이 기다리고 있습니다.

긴 역사 발전사에서 한 국가사회는 그 시대 그 땅에 사는 모든 이의 공동체입니다. 따라서 한 시대의 역사는 그 시대에 사는 모든 이의 몫입니다.

역사는 승자만의 것이 아니며 패자와 함께할 때 제대로 발전합니다. 지난날의 갈등과 불신이 하루속히 소멸되고 관용과 사랑 그리고 믿음으로 이어져 진정한 국민화합, 민족번영, 선진문화, 통일대국 건설을 위해 우리 국민 모두가 함께 새천년을 향해 힘찬 발걸음을 내디뎌야 할 것입니다.

지난 천년 역사를 이끌어 오신 어르신 여러분 노고에 머리 숙여 거듭거듭 감사드립니다.

오늘 새천년의 주인이 될 어린이와 청소년 여러분, 큰 꿈을 실현하여
주시기 부탁드립니다.

새천년을 맞이하여 여러분 모두의 건승과 소망이 이루어지시기를
빕니다.

필자는 2005년 2월 25일에 대전대학교에서 총장 이임식을 함으로써 모든 공직생활에서 물러났습니다. 그날 이임식장에서 드린 이임사는 필자의 공직 생활에 마침표를 찍는 일이나 다름없는 일이었지요. 이 이임사에도 필자가 그간 지녀온 교육 철학과 이념을 응축시킨 점이 있다고 보아서, 이 책의 에필 로그로 삼아 한번 더 올리고자 합니다.

〈감사합니다. 부끄럽습니다〉

– 대전대학교 총장 이임식 (2005. 2. 25) 신극범 총장 이임사 –

존경하는 내외 귀빈 여러분! 학부모님 여러분! 그리고 혜화학원 대전 대학교 교직원 및 학생 여러분!

오늘 제가 혜화학원 대전대학교 제4대 총장직을 대과없이 마치고 퇴임하게 된 것을 무한한 영광으로 생각하며, 지난 4년 동안 저에게 베풀어 주신 은혜에 깊은 감사를 드립니다. 공사다망하심에도 불구하 시고 오늘 저의 이임행사에 직접 참석하시어 저에게 과분한 격려와 석별의 정을 나누어 주신 데 대하여 무어라 감사의 뜻을 올려야 할지 모르겠습니다.

예부터, "회자정리(會者定離)"라 하여 만남은 이별의 시작이라 하였습니다만, 막상 4년의 약속된 임기를 마치고 떠나는 오늘, 이렇게 분에 넘치는 퇴임식 자리에 서고 보니 만감이 교차합니다. 사실 오늘 저의 대전대학교 총장직 퇴임은 4년간의 임기만료 이상으로 저에게는 큰 뜻이 있습니다. 오늘의 이 퇴임은 앞만 보고 달려온 저의 공직생활 반세기를 마감하는 자리이기도 하기 때문입니다. 돌이켜 보건데, 저는 1957년 3월 대학을 졸업하고 현 한밭대학교 전신인 대전공업고등학교 영어교사로 교육계에 첫발을 내디딘 후, 꼭 44년만인 2001년 3월에 교직생활의 출발점인 이곳 대전으로 돌아와 그 동안에 경험한 것을 바탕으로 대전대학교 총장직을 수행하였습니다.

지난 4년 동안 저는 정성을 다한다고 하였으나 그 성과에 대하여 결코 만족할 수 없고 부족함과 아쉬움이 제 가슴을 메우고 있습니다. 4년 전 부임 초기에 학교 사정에 어두웠던 시기 이사장님을 비롯한 교직원 여러분들의 적극적인 지원에 힘입어 대과없이 이 자리를 떠나게 된 것을 생각하면 먼저 혜화가족 여러분의 이해와 협조에 심심한 감사를 드립니다.

세계 속의 명문사학 건설을 지향하여 제 2도약을 기약하는 역사적 시점인 2001년 3월 저는 대전대학교 총장직에 취임하면서 여러분께 몇 가지를 약속한 바 있습니다. 대학 운영의 자율성과 창의성을 강조하였고, 구성원 모두의 인화를 중요시 하겠다고 하였습니다. 투명한 행정을 약속 드렸고, 대학의 질적 고도화와 특성화 추진을 약속 드렸습니다.

그리고 글로벌 시대에 걸맞게 지역과 산학연·관 협력과 국제 교류의 활성화를 강조한 바 있습니다. 그리고 창학이념에 충실하게 총장직을 수행할 것과 재원확보, 교육환경 개선 등의 약속을 드렸습니다.

오늘 저는 제가 약속한 일들을 얼마나 성취하였는가를 반성해 봅니다. 우리 모두에게는 누구나 지난날을 망각하는 습관이 있으나, 4년 전의 대전대학교 모습과 오늘의 대전대학교 모습을 비교해 보면 개벽에 가까운 변화를 하였음을 느낄 수 있습니다. 누군가가 공정한 평가를 기할 수만 있다면 오늘의 대전대학교는 모두가 부러워하고, 중부권뿐만 아니라 우리나라 어느 대학과 비교해도 변화의 폭이 큰 대학, 희망을 주는 대학, 미래가 있는 대학으로 인정받을 수 있다고 확신합니다. 이러한 변화는 그 동안 주모 있는 대학살림으로 1,200억에 가까운 시설 투자가 가능하도록 재정적 지원을 아끼지 않으신 임용철 이사장님과 혜화학원 법인의 뒷받침이 있었기에 가능하였습니다. 이 자리를 빌어 감사드립니다.

대전대학교가 2001년 4월 중소기업 기술지도대학선정, 2002년 1월부터 5년간 교육인적자원부 지정 지역 평생 교육정보센터 지정, 2002년과 2003년 연속하여 특성화 우수대학재정지원 사업선정 및 지방대학 육성지원사업선정 그리고 2004년에 오랜만에 지역협력연구센터(RRC)의 선정 등, 정부와 여러 국가기관으로부터 그 우수성을 인정받아 재정적 지원을 받기도 하였습니다. 그뿐만 아니라 용수골 대학촌 개발사업과 동서를 잇는 순환도로 공사가 멀지 않아 완공되면, 우리 대학은 접근성이나 경관면에서 어느 대학에도 뒤지지 않는 아름다운 자연친화적 그린 캠퍼스가 될 것입니다.

이와 같은 발전이 가능하도록 저와 함께 불철주야 땀흘려 주신 교무위원님들을 비롯한 보직자 여러분과, 교수님과, 직원 여러분과, 학부모님께 감사드립니다. 그리고 제가 재임하는 동안 대전대학교의 발전을 위해 많은 협조를 하여주신 지역의 지도자 여러분과 시민 여러분께도 감사드립니다. 존경하는 내외 귀빈 여러분! 혜화학원 대전대학교 가족 여러분! 그리고 친지 여러분! 오늘 여러분께서 저에게 주신 격려에 다시 한번 감사드리면서 저의 감회를 몇 가지 말씀 드리고자 합니다.

저는 무엇보다 공직생활의 마무리를 고향인 대전에 와서 하게 된 것을 큰 축복으로 생각합니다. 4년 동안 고향의 친지 여러분의 인정어린 지원으로 총장직을 외롭지 않게 수행할 수 있었습니다. 특히 고향의 친구들이 자주 보내주신 양촌곶감의 단맛을 영원히 잊지 못할 것 같습니다. 더욱이 감사한 것은 본인과 혜화학원 대전대학교 구성원들 사이에 얽히고 설킨 관계를 부임 후 알게 된 후 참으로 세상만사가 인연으로 이루어지고 인연이 또한 일을 이루는 것임을 깨달았습니다. 사람이 아무리 능력이 있다 해도 그 능력을 발휘할 기회가 주어지지 않으면 그 능력은 빛을 보지 못하고 소멸됩니다. 이런 뜻에서 저의 경험을 쏟아 능력을 발휘할 기회를 주신 혜화학원 임용철 이사장님을 비롯한 대전대학교 가족여러분께 진심으로 감사드립니다.

저는 대전대학교 구성원 여러분과 혜화학원이 탄생하기 훨씬 전부터 많은 인연이 있었음을 발견하고, 가족 같은 기분으로 총장직을 즐겁게 수행할 수 있었습니다. 혹여나 짝사랑이였을지 모르겠으나 저는 참으로 행복함을 느꼈습니다. 교직원 여러분께도 물론 동기간같은 친숙함에서 할 소리 못할 소리 다하고 꾸지람도 많이 했습니다. 이 자리를 빌어 혹시 서운한 점, 부족한 점이 있었더라도 마음에 담아두지 마시고 너그러이 이해하여 주시기 바랍니다.

저는 여러 가지 직업 중 교육자의 길을 택한 것을 큰 행운으로 생각합니다. 제가 이승만 대통령이 이끈 자유당 시절부터 지금까지 반 백년을 중단없이 공직을 계속할 수 있었던 것은 제가 교육분야에 몸담았기 때문이라고 생각하며 저의 선조님들에게 감사함을 느낍니다. 지금부터 약 백년 전인, 구한말에 저의 조부님께서 고향 논산의 은진 보통학교 훈도로 계셨고, 조상의 선비정신이 저의 핏속에 흘러온 덕분으로 생각하기 때문입니다. 교육은 인간이 동물에서 벗어나 사람으로 성장하기 위하여 필수 불가결한 과정입니다.

그러나 교육은 항상 정도를 가르쳐야 합니다. 잘못된 교육은 아니받음만 못하다고 하는 사실을 우리는 명심하여야합니다. 교육자는 정의와 진리의 편에 서서 교육을 이끌고 또한 역사에 책임을 지는 자세를 가져야 한다고 생각합니다. 교육자는 무엇이 정의인가에 대해서 생각을 게을리 해서는 안 됩니다. 이해 타산적으로 정의와 진리를 해석해서도 안 됩니다. 정치인에게는 힘이 정의가 될 수 있을지 모르나 교육자에게는 '정의'가 힘이 되어야 합니다. 인류 문명사는 선과 악의 싸움의 연속이라고 볼 수 있는 바, 교육자는 항상 선의 편에서 인류의 공동선을 위하여, 그리고 일시적 편의를 위해서가 아니라 백년대계의 긴 안목에서 사리를 판단하고 행동하여야 한다고 믿고 있습니다.   우리나라는 세계에서 으뜸가는 향학열, 교육열을 가지고 있습니다. 그러나 유감스럽게도 올바른 교육관의 결함을 개탄하지 않을 수 없습니다. 사람사는 세상에 사람이 가장 중요하며 사람을 사람답게 하는 교육은 더욱 중요합니다. 그러나 오늘날의 교육은 사람에 봉사하는 것이 아니라, 물질과 명예에 지나치게 아부하는 도구로, 이기적 입신출세의 살벌한 투기장으로 전락하여, 대학이 이렇게 많음에도 입시 전쟁으로부터 우리 청소년들을 자유롭지 못하게 하고 있는 것이 안타깝습니다.

모든 인간, 모든 우리 자녀들은 존귀한 존재입니다. 교육은 그들에게 희망을 주어야 합니다. 교육은 최고만을 위해 존재하는 것이 아니라 최선을 덕목으로 하여야 합니다. 인간을 줄 세워 우열을 가리는 수단으로 쓰여서는 안 된다고 생각합니다. 각자의 능력을 최대로 개발해 주어야 합니다. 교육은 사랑과 믿음에 바탕을 두고 배움과 깨달음, 그리고 즐거움이 있어야 합니다. 저마다 각기 다른 자질을 일깨워주고 가르치고 길러줌으로써 인간이 최대의 행복한 삶을 향유하도록 도와주어야 합니다. 저는 지난 반세기동안 한국 교육과 삶을 함께 하면서 이러한 철학을 가지고 오늘에 이르렀으나, 역부족으로 우리 교육의 오늘의 난맥상을 바로잡는 데 실패하고 현직을 떠나게 되는 것을 부끄럽게 느낍니다.

친애하는 대전대학교 가족여러분! 요사이 대학교육이 보편화되고 학생자원의 감소로 한국의 대학들이 위기에 처해 있고, 지나친 교육 외적 힘의 논리에 근거한 많은 비판 속에서 모든 대학들이 어려움을 겪고 있으나, 우리는 대학의 본질적 기능에 대해서 한번 더 생각할 필요가 있습니다. 대학은 끊임없는 사유와 연구를 통하여 보편적 진리와 가치를 추구함과 동시에 인류의 정신세계를 풍요롭게 하고, 사상과 학문의 정수를 전수교육하여 사회발전에 기여할 창조적 인재 양성을 목적으로 하는 성스러운 인간성의 도장이라고 하는 것을 망각해서는 안 된다고 생각합니다. 그렇다고 우리가 옛날처럼 고답적 차원의 상아탑 속에만 머무를 수는 없습니다. 다 아시다시피 우리나라 대학은 환경 여건이 어려워지고, 세계화 체제하의 무한경쟁 시대에 직면하여, 경쟁력 제고가 대학 생존의 필수적 과제입니다. 따라서 여러분 모두는 주인의식을 가지고 우리의 목표달성을 위해 최선의 노력을 다하여야 하겠습니다. 저는 여러분께서 화합과 협력의 혜화정신으로 뭉쳐 대전대학교의 발전을 촉진시킬 것으로 확신합니다.

저는 지난 4년 동안 대전대학교 생활에서 경험한 많은 추억들을 가지고 여러분 곁을 떠납니다. 앞으로 이 추억들을 되돌아 보면서 인생을 즐길 생각입니다. 한 가지만 여러분께 소개해 드리고자 합니다. 매해 등록금 인상을 하지 않을 수 없는 한국 대학의 현실에서 대전대만이 예외가 될 수는 없었습니다. 어느 해인가 이름을 알 수 없는 한 학생으로부터 이런 카드를 받았습니다.

"이 칼 안 든 도둑놈아, 너 때문에 우리 부모 등골 빠져! 이따위로 학교 운영할려면 학교는 왜 만들었어!"

　저는 이 글을 읽고 다소 기분이 상했으나, 우리 학생들의 효성에 크게 감명 받았습니다. 효성이 있는 학생은 기본이 되어있는 학생으로서 등록금 인상에 대한 당면한 상황을 이해시킬 수 있었습니다. 저는 기자들에게 이 글을 보여주고 대전대학교 학생들은 효성이 강하다는 것을 자랑하였습니다. 아마도 그 학생은 등록금 값을 하기 위해 더욱 열심히 공부하고 실력을 길러 훌륭한 인재로 성장할 것으로 믿고 있습니다.

　존경하는 혜화 가족 여러분! 내빈 여러분! 저의 총장직을 이어갈 임용철 이사장님은 우리가 다 알다시피 지난 10여 년간 법인 이사장으로서 우리 대학의 발전 계획을 주도해 오셨고 지난 4년간 제가 총장직을 원활이 수행할 수 있도록 모든 지원을 아끼지 않으신 분입니다. 이번에 임용철 이사장 본인이 직접 총장직에 취임함으로써, 명실공히 실세 총장으로서 혜화학원의 건학이념을 충실히 달성할 수 있는 능력을 갖춘 준비된 총장이라고 확신합니다. 그동안 본인에게 베풀어 주신 협조와 격려를 새로 취임하시는 임용철 이사장님께도 배가하여 베풀어 주시기 바랍니다. 이번 저의 퇴임행사 준비에 수고하신 선길균 기획협력처장과 남상호 교무연구처장, 그리고 허옥군 사무처장을 비롯한 준비위원 여러분께 감사를 드리고 퇴임문집 "화합의 리더십"과 저의 논문집 "변화의 시대교육의 과제" 편집 출간에 밤을 새워 수고한 고광률 대전대 신문사 상임편집국장의 노고에 각별한 격려의 뜻을 전합니다. 그리고 지난 4년간 주말도 쉬지 못하고 총장 비서실 업무를 맡아 나와 함께 고생한 양덕주 실장, 김선영, 이은구님들께 감사의 뜻을 전합니다.

여러 가지 부족한 저를 오늘까지 이해와 관용으로 이끌어 주신 모든 분들께 진심으로 감사드리며, 은혜에 보답할 길을 찾는데 여생을 게을리 하지 않을 것을 약속드립니다. 제가 떠나더라도 혜화인의 한 사람으로 기억하여 주시길 바랍니다. 끝으로 혜화학원 대전대학교의 무궁한 발전과 이 자리에 참석하신 내외귀빈과 혜화가족 여러분의 건강과 행운을 기원하면서 이임 인사에 갈음합니다. 감사합니다.